公共管理拔尖人才培养体系研究

徐艳晴　蔡龚涛　著

山东大学出版社
SHANDONG UNIVERSITY PRESS
·济南·

图书在版编目(CIP)数据

公共管理拔尖人才培养体系研究/徐艳晴,蔡龚涛著.—济南:山东大学出版社,2023.3
ISBN 978-7-5607-7812-9

Ⅰ.①公… Ⅱ.①徐… ②蔡… Ⅲ.①公共管理—人才培养—研究—中国 Ⅳ.①D63

中国国家版本馆 CIP 数据核字(2023)第 049492 号

策划编辑 刘 彤
责任编辑 邵淑君
封面设计 王秋忆

公共管理拔尖人才培养体系研究
GONGGONG GUANLI BAJIAN RENCAI PEIYANG TIXI YANJIU

出版发行 山东大学出版社
社 址 山东省济南市山大南路 20 号
邮政编码 250100
发行热线 (0531)88363008
经 销 新华书店
印 刷 济南乾丰云印刷科技有限公司
规 格 787 毫米×1092 毫米 1/16
18.5 印张 311 千字
版 次 2023 年 3 月第 1 版
印 次 2023 年 3 月第 1 次印刷
定 价 88.00 元

序

公共管理涉及公共部门运行与公共事务管理，在长期、动态的变迁中渐趋精细化、复杂化，其作用在现代社会日益凸显。如何培养出合格的特别是拔尖的公共管理人才，适应国家治理体系和治理能力现代化的需求，成为高等院校面临的重大议题。

徐艳晴教授等所著的《公共管理拔尖人才培养体系研究》正是在此背景下撰写而成的。作为专门讨论公共管理学科人才培养的著作，本书翔实地讨论了公共管理拔尖人才培养体系的重要组成部分，对公共管理拔尖人才培养模式的理论基础、内涵、外延等都进行了阐述和说明。本书以前瞻性的视角，通过整合既有的公共管理人才培养的相关知识和阐述典型高校拔尖人才的培养模式，以求对公共管理拔尖人才培养模式进行科学定位和建构性叙述。

改革开放以来，有关拔尖人才研究的著作不胜枚举，它们从不同的学科视角和框架对拔尖人才培养模式作了尽可能全面的总结和梳理。本书的独特之处在于，它不但较为清晰地梳理了公共管理学科拔尖人才培养模式的具体框架，而且从地方治理需求出发，着重论述了地方高校公共管理人才培养的总体发展现状，为培养特色拔尖人才提供了一定的理论指引和经验借鉴。

本书表述流畅、讨论翔实、资料丰富、视角全面、维度多元，有助于我们从国家治理体系和治理能力现代化视角以及新文科理念出发，重新审视目前国内高校公共管理人才培养模式及其成效。

句　华
北京大学政府管理学院

前　言

坚持和完善中国特色社会主义制度，推进国家治理体系和治理能力现代化是实现“两个一百年”奋斗目标的重大任务。应对百年未有之大变局，人才培养是关键。所谓“致天下之治者在人才”，深入实施新时代人才强国战略，需要在各领域培育出一大批拔尖人才。只有完善拔尖人才的培养机制和政策措施，才能打破制约人才发展的有形障碍，从社会观念和思想意识入手破除深层次的无形束缚，才能真正培育出治理体系更迭和治理能力提升所急需的拔尖人才。正如习近平总书记所言：“人才资源作为经济社会发展第一资源的特征和作用更加明显，人才竞争已经成为综合国力竞争的核心。谁能培养和吸引更多优秀人才，谁就能在竞争中占据优势。”[①]

党的十八大以来，国家在高校人才培养、使用、评价机制等方面出台了一系列科学、务实、管用的改革举措，并取得了积极成效。但在推进相关工作的过程中，遇到了一些亟待解决的问题，急需公共管理学科的智识贡献和研究准备。在“两个一百年”奋斗目标的历史交汇期，开启全面建设社会主义现代化国家的新征程，时代呼唤着公共管理学的回应与贡献。公共管理拔尖人才的培养不仅是时代所需，而且是大势所趋。本书以国家治理体系和治理能力现代化作为重要的叙事背景，立足于中国公共管理学科的发展现实，

---

① 中共中央文献研究室.习近平关于科技创新论述摘编[M].北京：中央文献出版社，2016：112.

紧扣公共管理学的学科特色，尝试从学科性的视角出发，建构拔尖人才培养体系的系统理论，主要包括核心概念及其外延的界定和阐释、人才培养理论的总结和归纳、人才成长规律的分析等，以期为公共管理学科拔尖人才培养体系提供基础性的理论分析框架。

基于公共管理学科拔尖人才培养体系的理论建构，本书采用历史分析和现状调查的双重视角，对20世纪80年代行政学重建以来公共管理学科培养的发展沿革进行长时段的历史回溯。在归纳总结历史脉络的基础上，尝试对公共管理学科发展的总体状况进行有深度的时代剖析。尤其是对“政产学研用”培养模式进行详细观察，探究制约“政产学研用”深度耦合发展的主要因素，并且立足于公共管理拔尖人才培养质量的评价体系，全面讨论人才培养质量之困。同时，依托比较行政学和经典案例的研究方法，对国内拔尖人才培养的典型案例进行分析，主要包括浙江大学竺可桢学院、北京大学元培学院、武汉大学弘毅学堂以及清华学堂计算机科学实验班。通过比较分析和案例分析，力图归纳出国内拔尖人才培养的共性，进而呈现出具有普遍借鉴意义的成功经验。

在总结国内公共管理拔尖人才培养的成功案例的基础上，本书立足于海南自由贸易港建设的特殊政策背景，对海南大学公共管理拔尖人才的培养现状进行全面调研。通过聚焦人才培养的满意度及其影响因素，剖析现有的人才培养模式的成效和存在的问题，进而提出海南大学公共管理拔尖人才培养模式的建设路径。在此基础上，本书尝试结合新文科理念和国家治理现代化的视角，研判公共管理拔尖人才培养体系的变革前景，阐释人才培养目标的新方向和培养方式的新变化，并就实施系统性教育改革和人才培养的课程改革等重要问题提出有针对性和时代性的优化建议。

徐艳晴

2021年5月

目 录

导 论

拔尖人才的培养直接关系到一国教育的发展，进而影响国家的综合国力。探索建立拔尖人才培养的有效机制，是建设创新型国家、实现中华民族伟大复兴的中国梦的必然要求。当前社会发展处于重要的转型期，公共治理问题渐趋复杂化与多元化，这也对公共管理人才培养提出了更高的要求。下面，首先阐述公共管理拔尖人才培养的研究背景，讨论建立完善的公共管理拔尖人才培养体系的重要意义。同时，系统地梳理国内外拔尖人才培养的相关文献，对相关领域的研究作全面分析，以便为后续的比较研究和分析提供理论基础。

第一节 研究背景与意义

一、研究背景

教育强则国家强，人才兴则民族兴。“办好我国高校，办出世界一流大学，必须牢牢抓住全面提高人才培养能力这个核心点，并以此来带动高校其他工作。”[①]2016 年 12 月，习近平总书记在全国高校思想政治工作会议上发表重要讲话，他站在实现中华民族伟大复兴的中国梦的全局和战略高度，科学地回答了高校培养什么人、怎样培养人以及为谁培养人这一根本问题，为新形势下发展高校教育事业、提高我国人才培养层次指明了方向。人才是

① 习近平谈治国理政(第二卷)[M].北京：外文出版社，2017：377.

第一生产力，在实现中华民族伟大复兴的中国梦的征程中，越接近这一目标，就越需要发挥高等教育的作用，以科学知识涵养拔尖人才。尤其是在科学技术快速推广与应用的当下，培养一批专业的拔尖人才是突破制约产学研相结合的体制机制瓶颈，让机构、人才、装置、资金、项目等充分活跃起来，促使科技成果更快实现推广应用、转移转化的一大关键。

为深入贯彻全国教育大会精神，全面落实立德树人根本任务，加快培养一大批拔尖人才，极力促进我国建设成为世界主要科学中心和思想高地，教育部联合中组部、财政部于2009年启动了“拔尖人才培养计划”（以下简称为“拔尖计划”），旨在服务于中国的未来发展需求。《国家中长期教育改革和发展规划纲要（2010—2020年）》也提到要“培养信念执著、品德优良、知识丰富、本领过硬的高素质专门人才和拔尖创新人才”，明确指出高等学校改革和发展归根结底是多出拔尖人才、一流人才、创新人才，并将拔尖人才的培养列入国家发展的总体规划中。2018年，教育部等六部门开始逐步推进实施基础学科拔尖学生培养计划2.0，立足数学、物理学、化学、生物科学、计算机科学，新增天文学、地理科学、大气科学、海洋科学、地球物理学、地质学、心理学、基础医学、哲学、经济学、中国语言文学、历史学共17门学科，在“拔尖计划”前期探索有效模式的基础上，进一步拓展范围、增加数量、提高质量、创新模式，形成拔尖人才培养的中国标准、中国模式和中国方案。可以看出，尽管各门类学科人才培养建设水平参差不齐，但毋庸置疑的是，中国模式的拔尖人才培养体系正逐步、有序地构建。

2020年年初，突如其来的新冠肺炎疫情给全球带来了巨大冲击。暴发的疫情犹如一面镜子，映照出突发性公共卫生危机中的社会治理百像，也凸显出推进国家治理体系和治理能力现代化的重要性。治国之要，首在用人；用人之要，重在治国理政的人才。旨在培养治国理政人才的公共管理学科，在逐步发展的40多年里，为国家培养了大批管理人才。然而，公共管理人才培养与社会发展需求之间存在脱节，并且久未得到有效解决。一是专业理论教育与管理实践脱节。许多公共管理专业的课程设置趋同，人才培养手段单一，轻视对人才的管理实践及创新能力的培养，导致专业理论教育与实践创新脱节。二是同质化管理人才培养与社会对高端人才的需求脱节。公共管理专业以“流水化”模式对学生开展基础理论教育，使得人才培养渐趋同质化，导致同质化的人才培养与社会对高端人才的需求脱节。这些人才培养问题导致难以培养出高层次管理人才，遑论满足经济社会转型升级对高层次管理人才的需要。因此，探索建立完善的公共管理拔尖人才培养体系，培养出一批专业、高效服务社会主义现代化建设的公共管理拔尖人才是实现国家治理体系和治理能力现代化的一项基础性、关键性的重大工程。

二、研究意义

面对当前我国社会转型升级对高层次管理人才的需求，针对公共管理人才培养的脱节问题，立足公共管理学科自身特色，遵循拔尖人才成长规律，探索完善公共管理拔尖人才脱颖而出的新机制，优化人才培养方案、人才培养方法、人才培养机制等，以科学、可行的理论与实践成果为“拔尖计划”的深入实施提供参考，是推动公共管理学科改革实践进程、发展壮大公共管理拔尖人才队伍的关键一环。整体而言，探索建立完善的公共管理拔尖人才培养体系有以下三大深层意义：

（一）明晰学科发展定位，推动教育教学改革

19世纪末20世纪初，近现代意义的行政学（即公共管理学）自诞生便被引入中国，并在中国逐步生根、发展。[①] 但由于20世纪50年代学科大调整而停办了近30年，公共管理学科从1986年恢复重建至今仅37年。1997年，国务院学位委员会进行学科目录修订，公共管理首次被列为一级学科，涵盖行政管理、社会医学与卫生事业管理、教育经济与管理、社会保障、土地资源管理等5个二级学科，由此，正式确立了公共管理学科作为哲学社会科学及管理科学重要组成部分的地位。毫无疑问，公共管理学在国内仍然是一门相当年轻的学科，而且是处在起步阶段的“年轻学科”，在发展过程中显露出许多问题，突出表现为学科定位不清晰、缺乏独有的研究范式、缺乏整全性的分析框架等，比如在当前国内高校“强化一级学科，淡化二级专业”的学科建设背景下，我国公共管理学科一直呈现“大而化之”的发展趋势，学科边界模糊进一步导致“身份认同危机”，这成为学界近几年共同关注的一大

① 参见陈振明.中国特色公共管理学的建构与发展（构建中国特色哲学社会科学）[N].人民日报，2018-06-11(16).

热点问题。除此之外，理论基础不够扎实、知识体系不够完整、研究方法不够规范、研究水平不够高、知识与理论创新不足、理论研究落后于实践发展、针对性和实用性不够强等一系列问题也制约着我国公共管理学科的发展。[①]

“深处种菱浅种稻，不深不浅种荷花。”只有找准合适的“土壤”，才能获得长久的发展，学科建设也是如此。改革开放后，公共管理学的发展步入快车道。社会主义现代化建设的现实需求迫切需要我们立足国情、扎根中国实践，全面构建具有中国特色、中国风格、中国气派的公共管理学，用中国话语体系去解决重大现实问题，实现中国之治。

（二）完善拔尖人才培养体系，扩充高素质教育队伍

“十年树木，百年树人。”教育既是文明传承的纽带，也是兴国安邦的基础。当今世界新一轮科技革命和产业变革蓄势待发，培养造就一大批拔尖人才无疑是实现经济社会跨越式发展的重要支撑，而这一切根植于教育的发展。立德树人是教育的第一要务，时代需要拔尖人才，拔尖人才的培养需要更为完善的教育体系。教育是一项连贯的、长期性的工程，这也决定了人才的培养绝非一时之功，而是一个持续积累的过程。在知识经济的现代型社会，拔尖人才的成长不能寄希望于单个层次的教育，而需要将各级、各门类教育任务统筹起来，通过长期的、完整的、系统化的培养来实现。审视我国目前的人才培养体系，不足之处较为明显。教育部2021年全国教育事业统计主要结果显示，2021年各类高等教育在学学生总规模为4430万人，高等教育毛入学率仅为57.8%；2021年全国共招收博士生12.58万人，硕士生105.07万人，共117.65万人。在学研究生333.24万人，其中，在学博士生50.95万人，在学硕士生282.29万人。[②] 可以看出，无论是高等教育的规模，还是人才培养的层次结构，都有待进一步优化。

只有完善现有的教育体系，强化各阶段教育衔接，优化人才培养结构，才能促使拔尖人才计划真正落地、落实。“教”是言传身教，授业解惑；“育”是训练培养，成就人格。“教”与“育”天然不可割裂。对于处在人才金字塔

---

① 参见娄成武.我国当前公共管理学科发展的若干问题探讨[J].中国大学教学，2010(5)：4-6.

② 参见2021年全国教育事业统计主要结果[EB/OL].(2022-03-01)[2022-03-05].http://www.moe.gov.cn/jyb_xwfb/gzdt_gzdt/s5987/202203/t20220301_603262.html.

顶端的拔尖人才而言，其培养也将得益于专业的拔尖教师，全方位创新人才培养体系需要将基础教育、本科教育、研究生教育贯通起来，做好衔接，让拔尖人才的培养具有延续性，持续、稳步地提升拔尖人才培养的规模和质量。①

（三）强化人才绩效评价，构建动态质量管理

强化爱才、重才、用才的人才工作理念是使人才培养计划发挥功效的精神要义。为一切有志成才的人创造更广阔的发展空间，提供更多的深造机会，除了从培养机制、政策环境和思想观念入手，还需要注重激励、保障机制的构建。综观当前高校学科及项目评价指标体系，关注重点无外乎学科生产投入和科研产出，对于高校的核心使命——人才培养却并不过多涉及。科学有效的绩效管理目的导向性强，可以帮助管理者与被管理者快速定位问题，进行针对性的修正，以实现既定的组织目标。因此，建设高水平一流大学，谋求真正意义上研究型大学的内在驱动发展，首先需要理顺教学和科研的关系，强化以人才培养为中心的评价体系，明确高校的核心使命。一方面，在现有的高校各种评价量化指标体系的基础上，围绕国家高级专家培养选拔、博士后事业发展、吸引高层次留学人才、研究生课题科研项目管理等多项人才培养政策，着眼于实现专业拔尖人才发展目标，建立健全在专业公认和注重实绩原则指导下的学科拔尖人才考核评价指标体系，推动专业技术人才评价的专业化、程序化和社会化进程，建立社会和业内认可的评价制度；另一方面，构建以绩效评价为基础的人才激励机制，建立完善的动态追踪管理机制，完善按劳分配为主体、多种分配方式并存的分配制度，改革单位内部分配福利制度，实行报酬与绩效挂钩、按岗定酬、按任务定酬、按业绩定酬、协议工资等多种分配方式，从多方面打破机制体制限制和政策壁垒，积极提高人才的地位和待遇，真正营造出能培养大批拔尖人才的良好的行业环境。

良好的环境凝聚人才，有效的机制激励人才，两者共同形成人才政策落实的长效保障机制，进而推动我国高层次人才队伍建设，激励并引导广大拔尖人才积极投身于社会主义现代化建设。

① 参见张大良.完善具有中国特色的拔尖创新人才培养机制——在拔尖人才培养工作研讨会上的致辞[J].中国大学教学，2017(6)：4-5，17.

第二节　文献综述

基于对相关文献的整体把握，本书以中国知网(China National Knowledge Infrastructure，CNKI)为数据源，以关键词“公共管理拔尖人才”和“拔尖人才”分别进行“全文”“精确”检索，发现“公共管理拔尖人才”在线检索结果仅有4篇文献，其中有3篇学术期刊、1篇硕士学位论文。根据本书的研究主题，其中与拔尖人才培养相关的仅仅为2篇期刊论文，内容分别是：以河南师范大学政治与公共管理学院试验班为例探讨高校人文基础学科拔尖人才培养新模式创新；立足国家治理体系和治理能力现代化这一新契机，讨论公共管理学科应如何把握机会借以拓展拔尖创新人才培养新路径。而以“拔尖人才”为主题检索文献，初步得到5669篇相关文献资料，涵盖学术期刊、学位论文、会议论文、报纸等多类别资料，可考查内容更为深入，研究视角多样，所以，文献综述以“拔尖人才”为主题进行阐述。

一、国内文献综述

拔尖人才是综合国力的重要组成部分，同时也是国家发展的核心动力，对拔尖人才价值观的把握及引导是增强国际竞争力的迫切需要。2002年11月，党的十六大报告明确提出要“造就数以亿计的高素质劳动者、数以千万计的专门人才和一大批拔尖创新人才”以满足未来社会的发展需求。其后，随着教育改革相关配套政策的跟进落实，我国现阶段对拔尖人才或高层次人才的重视度逐渐加强。但回顾梳理相关文献发现，学界对拔尖人才的关注由来已久，最早可追溯到20世纪80年代。1985年3月7日，邓小平同志在全国科技工作会议上发表讲话，指出：“要创造一种环境，使拔尖人才能够脱颖而出。改革就是要创造这种环境。”[①]基于通过改革创造使拔尖人才脱颖而出的环境这一视角，一批学者对拔尖人才的培养与选拔展开了讨论，但文献数量仅有14篇。相关研究主要围绕三个方面作了具体的说明和讨论，

① 邓小平文选(第三卷)[M].北京：人民出版社，1993：109.

包括对拔尖人才的再认识[①]、使拔尖人才脱颖而出的环境改革探讨[②]和具体领域下拔尖人才的培养与选拔[③]。整体而言，这一阶段的文献少且“不成型”，学界对于“拔尖人才”这一主题的基本理论框架、研究范畴和实践探索等未达成共识，关注点集中但理论视角单一，仅围绕改革开放纵深推进下人才的重要性进行阐述，对于拔尖人才的内涵认定、功能及其与一般人才的差异和联系等内核问题并未触及。

直至20世纪80年代末，随着各高校对拔尖人才培养的有益探索，基于实践结果的理论总结涌现出来，包括基于中科院下属79个研究所和中国科技大学的350名科技骨干的调查而提炼的对科技拔尖人才成长的思考[④]、石家庄地区专业技术拔尖人才管理经验总结及社会效应的反思[⑤]、华中理工大学教改（少年）班综合改革的实践与思考[⑥]、西南师范大学（现西南大学）师资队伍建设的反思[⑦]等，涵盖科技、医学、教育等具体行业拔尖人才培养。内容在原有的定位认识、培养管理和选拔机制的基础上有所精进，出现了理论化、多维性视角的审视，如人才选拔的考量引入了编制行为指标式量表的运用[⑧]和“过三关法”的评价[⑨]，人才培养的反思开始从硕博研究生教育[⑩]和知识分子工作[⑪]等角度切入。可以看出，学界对拔尖人才的再认识并非简单地

---

① 参见张弓.对培养拔尖人才的再认识[J].沈阳体育学院学报，1985(2)：1-5.

② 参见李寒林.略谈拔尖人才脱颖而出的环境[J].中州学刊，1986(6)：65-66.

③ 参见朱枝富.如何选准党政管理型人才？[J].政治学研究，1986(2)：61-65；岳金库，张迪，王玠玮.从战略高度谈谈运动队的整体改革——兼谈体育拔尖人才的培养[J].辽宁体育科技，1986(5)：4-9；王洪林.情报拔尖人才脱颖与环境改革[J].情报杂志，1987(1)：23-27.

④ 参见周钧.加强队伍建设 促进科技拔尖人才成长[J].科研管理，1989(4)：45-50.

⑤ 参见石家庄地委组织部拔尖人才管理研究课题组.石家庄地区专业技术拔尖人才管理及社会效应[J].中国人才，1989(10)：10-13.

⑥ 参见张端明.培养拔尖人才的初步探索与试验——华中理工大学教改（少年）班综合改革的实践与思考[J].高等教育研究，1990(3)：33-39.

⑦ 参见何向东.搞好拔尖人才的培养——西南师大师资队伍建设浅谈[J].江苏高教，1990(6)：56-58.

⑧ 参见李明.人员测评工作的一个新尝试——关于科技专业拔尖人才选拔的研究[J].浙江大学学报（人文社会科学版），1991(1)：102-110.

⑨ 参见包季鸣，郑绍濂.用“过三关法”促进年轻拔尖人才脱颖而出[J].研究与发展管理，1992(2)：46-51.

⑩ 参见王玉章.努力在博士生中培养拔尖人才[J].学位与研究生教育，1992(6)：13-14，56.

⑪ 参见张洪亮.加强和改进高校知识分子工作[J].山西大学学报（哲学社会科学版），1993(4)：40-42.

停留在对国家政策的剖析上，而是基于实践的发展有了较为深入的思索。1994 年，人事部宣布将组织实施“造就跨世纪学术和技术带头人计划”，通过“两阶段走”的行动纲要为新世纪人才培养指明了方向，其中第一阶段就明确提出：“到 1997 年，培养五六千名或更多一点 30—40 岁的拔尖人才，其中一部分达到国内学科带头人的先进水平，少量有基础的学科带头人达到世界科技先进水平。”[①]在该跨世纪人才培养战略工程的指导下，国内不同高校、单位和行业的实践探索成果愈加丰硕，在一定程度上促进了学术理论的进一步发展。截至 2002 年，学界相关研究成果达到 45 篇，研究关注的焦点偏向于围绕各种特色的拔尖人才培养实践案例展开一系列对培养内容、方式、选拔、管理、经验总结等核心问题的探讨。

进入 21 世纪，党的十六大报告首次以最高规划纲要对我国未来教育拔尖人才培养定调。随后，拔尖人才培养在更具指向性、具体化的行动计划的强力驱动下得到蓬勃发展。2009 年“拔尖计划”正式启动，力图“在高水平研究型大学和科研院所的优势基础学科建设一批国家青年英才培养基地，建立拔尖人才重点培养体制机制，吸引最优秀的学生投身基础科学研究，形成拔尖创新人才培养的良好氛围，努力使受计划支持的学生成长为相关基础学科领域的领军人物，并逐步跻身国际一流科学家队伍。”[②]截至 2014 年，参与“拔尖计划”的高校已达 19 所。2015 年 10 月，国务院印发《统筹推进世界一流大学和一流学科建设总体方案》，针对大学以及学科建设明确提出了“双一流”的任务要求，并分三个阶段制定了时间表，其中“培养拔尖创新人才”作为培养社会主义建设者的根本任务被提出。2019 年 4 月，“六卓越一拔尖”计划 2.0 启动实施，推动全国高校掀起一场“质量革命”。这标志着拔尖创新人才培养目标和任务俨然成为我国高等教育内涵式发展和高等教育强国战略的重要载体。[③] 各高校大胆改革、努力创新，不断在优秀学生选拔、因材施教培育以及强化队伍建设等方面进行有益探索，正式拉开了培养新时代中国特色社会主义现代化进程所需的拔尖人才的建设序幕。基于广

---

① 我国将实施造就跨世纪学术和技术带头人计划[J].南京政治学院学报，1994，10(6)：49.

② “本书编写组”.“基础学科拔尖学生培养试验计划”进展报告：2009.01—2011.12[M].北京：高等教育出版社，2012.

③ 参见曾海春，龚洪.“双一流”建设中拔尖创新人才培养的内生逻辑与路径构设[J].江汉大学学报(社会科学版)，2020，37(5)：115-123，128.

泛、深入的实践，学术界围绕拔尖人才培养的讨论，无论在广度还是深度上都有了很大的提升，研究视角从经济社会发展对人才的刚性需求逐渐向教育教学改革转变，关注的重点也不再局限于对拔尖人才培养实践的总结与反思，开始聚焦高校学科建设大背景下拔尖人才培养的模式构建和高层次能力培育与发展等多维度的谈论。

基于学界现有的研究成果，按照主题相关度进行选择和取舍，梳理讨论如下：

（一）拔尖人才的内涵研究

从字面上看，“拔尖人才”似乎并不难理解，“人才”是主体，重点在于“拔尖”。但不同学者的观察角度不同，会造成相关议题的侧重点不同。因而，拔尖人才的内涵可以被视为该学术命题的基础性原理，是学者把握相关议题的重要抓手。综观理论界和学界对于“拔尖人才”这一概念的认知，主要可从其概念、价值观和成长规律三个方向来把握。

一是对拔尖人才概念的研究。对于拔尖人才的界定，目前我国学界还没有统一的定论。其中具有典型性的观点如下：陈希指出，拔尖创新人才应在自己的专业知识领域有很深的造诣，精通专业理论，掌握应用技能，他们对探索未知世界具有浓厚的兴趣和丰富的想象力，具有创新的勇气和思维方式，有强烈的创新意识，有全面、完善、合理的素质结构和知识结构，有宽广的国际视野，能够站在科学的前沿跟踪世界先进水平，有很强的国际竞争意识。[①] 马德秀认为，所谓“拔尖人才”，就是在知识、能力和素质等方面超出一般人，出类拔萃，能凭借自己的创造性劳动为社会作出较大贡献，在人才队伍中起领军与核心作用的人才。[②] 郝克明认为，拔尖人才应该是在各个领域特别是在科学、技术和管理领域有强烈的事业心和社会责任感，有创新精神和能力，为国家发展作出重大贡献，在我国特别是在世界领先的带头人和杰出人才。[③]

二是对拔尖人才价值观的研究。袁贵仁提出，价值观的形成有两个直

---

① 参见陈希.按照党的教育方针培养拔尖创新人才[J]. 中国高等教育，2002，23(23)：5-7.

② 参见马德秀.造就拔尖人才的几点思考[J].中国高等教育，2008(8)：6-8.

③ 参见郝克明.造就拔尖创新人才与高等教育改革[J].北京大学教育评论，2004(2)：5-10.

接的前提条件:需要和自我意识。需要是形成价值观的客观前提。不同的主体需要不同,价值观也不同。整个价值观系统是建立在主体需要系统基础之上的、对主客体之间的价值关系进行反思并整合而形成的观念系统,它综合了主体的需要和期望。① 王素玲认为,价值观的培育应该应用马克思主义理论体系,既要注重人才的普遍性特征,也不能忽视人才的个性。②

三是对拔尖人才成长规律的研究。李嘉曾认为,拔尖人才培养的有效途径有三个方面:适应社会需求与引导全面发展,实行因材施教与强化个性特征,重视非智力因素与优化综合素质。③ 叶赋桂等讨论了拔尖创新人才培养应有的新思维,培养拔尖创新人才应遵循人才成长的规律,发现有志于学术研究的优秀人才,创造有利于人才成长的环境和制度,赋予学生和教师应有的学术自由和权利,并真正实行研究性教学。④ 李永瑞等指出,拔尖人才的培养与高校有一个或数个特色鲜明、实力超群的学科点有密切关系;学缘异质性是拔尖人才普遍具有的高等教育传记特征;属地优质高等教育资源的可获得性是“50 后”两院院士出生地分布规律最重要的影响因素。⑤

(二)拔尖人才培养模式和路径的研究

人才培养的关键是人才培养模式的创新。围绕培养目标、教学内容、培养制度、培养过程这四个最主要的要素构建的培养模式是指导人才培养实践的科学理论,也是使人才培养朝着科学化、系统化道路迈进的行动指南。面对教育教学改革的紧迫性,国内各高校在顺应经济社会发展、科学技术进步和高等教育体制改革的大趋势下不断深化人才培养模式改革,稳步提高人才培养质量,总结出了众多可靠的经验。其中,王树国将哈尔滨工业大学拔尖创新人才培养的经验总结如下:“英才班”培养计划;学生主动学习模式

① 参见袁贵仁.价值观的理论与实践:价值观若干问题的思考[M].北京:北京师范大学出版社,2013.

② 参见王素玲.知识、能力、培育与价值观培育——以《马克思主义基本原理概论》课为例[J].思想政治教育研究,2011(2):87-89.

③ 参见李嘉曾.拔尖人才基本特征与培养途径探讨[J].东南大学学报(哲学社会科学版),2002(3):138-142.

④ 参见叶赋桂,罗燕.拔尖创新人才培养的新思维[J].复旦教育论坛,2011,9(4):19-23.

⑤ 参见李永瑞,黎翔.50 后两院院士高等教育传记特征与政策建议[J].北京师范大学学报(社会科学版),2010(4):33-39.

的探索;借鉴国外的经验,提高拔尖人才培养能力;行业领军人才培养;强化组织体系“教研”功能的探索。① 蒋香仙等指出,在课堂上应该转变师生之间的关系,以学生为主体,倡导学生自主独立学习。注重实践教学,强调“用中学”,倡导知行合一。② 张红伟等通过实证分析,总结出了探究式、探讨式、研究式的课堂教学模式,通过研讨课提高学生查阅文献、总结归纳、创新开发等多方面的能力。③ 张伟以华中科技大学拔尖创新人才的实验培养为原型进行个案研究,总结了拔尖创新人才培养的导师制加创新基地的有效培养模式。④ 张大良在纪念钱学森诞辰100周年暨拔尖创新人才培养座谈会上提出,实验培养基地的建立、教授治学的推行、教师队伍的发展、选拔生源的自主多元、完善教学管理、改进人才培养模式、营造创新性学术氛围、提升教学条件、加强国际交流等是拔尖人才培养的重要途径。⑤

(三)拔尖人才能力培育与发展的研究

考察我国高等院校历来人才培养实践,本科教育无疑是重中之重。在教学资源分配上,各高校更多地向本科生培养倾斜。可以说,过分关注本科教育而忽视其他阶段的教育在拔尖人才培养中的作用是国内高校拔尖人才培养的一大掣肘。瞿振元等通过梳理67名在改革开放后接受高等教育的两院院士的相关经历,分析了高等学校在培养拔尖人才中的作用,提出了“拔尖创新人才成长的基础是优秀的本科教育。高质量的科研训练是提升拔尖人才的研究能力、培养拔尖创新人才的关键,而这一训练多数是在硕士生、博士生阶段完成的”论断。⑥ 叶赋桂等也认为,研究型大学人才培养质量的

① 参见王树国. 关于一流大学拔尖人才培养模式的思考[J].中国高等教育,2011(2):9-11.

② 参见蒋香仙,周平,洪大用.国内高校本科拔尖创新人才培养的实践与思考[J].北京教育(高教版),2012(7):124-126.

③ 参见张红伟,刘黎,高博.四川大学拔尖创新人才培养模式创新试验区——吴玉章学院2007级人才培养方案的改革与思考[J].高等理科教育,2009(2):83-85.

④ 参见张伟.华中科技大学培养拔尖创新人才的案例研究[D].武汉:华中科技大学,2007.

⑤ 参见张大良.学习践行钱学森教育思想 大力培养拔尖创新人才[J].中国高教研究,2012(1):15-17.

⑥ 参见瞿振元,韩晓燕,韩振海,等.高校如何成为拔尖创新人才培养的基地——从年轻院士当年的高等教育经历谈起[J].中国高教研究,2008(2):7-11.

关键在于研究生培养质量，拔尖创新人才的培养主要依靠研究生教育。[①] 叶俊飞更是提出拔尖人才的培养具有长期性，不能局限于本科 4 年，至少应向后延深至研究生培养阶段，甚至还可以提早至高中阶段。与此同时，拔尖人才培养还应该注重不同培养阶段的整体协调与配合。[②] 随着众多学者将目光聚焦于更高层次能力培育的研究生教育，关注研究生教育与发展的相关论述也逐渐丰富。杨叔子强调研究生要立大志、会深思、敢涉险，努力成为拔尖创新人才。[③] 周叶中则提出，在遵循拔尖创新人才成长规律的同时，要将研究生教育向跨学科人才培养方面大力推进。[④] 杨长年等从创新能力培养的角度出发，围绕培养目标的制定、智力及知识的培养、创新思维的塑造、创新环境的营造等维度，对我国研究生教育提出了一些思考及建议。[⑤] 基于培养拔尖创新人才导向，孟成民等提出了研究生教育质量链管理理论架构，对构建研究生教育质量保障体系、强化研究生教育质量管理提出了建议。[⑥]

此外，立足于高层次能力培育与发展的研究型大学创建也是学者关注的热点之一，如王世斌、焦磊、靳玉乐等学者分别就美国研究型大学人才培养的经验展开了较为深入的分析。[⑦] 而李元元从国内实践出发，以华南理工大学的探索与实践为例，探索构建开放环境下的研究型大学拔尖创新人才培养模式。[⑧] 谢梦等认为，研究型大学承担了培养拔尖创新人才的重任，而博士生教育是以培养创新型学术人才为主要目标的办学层次，以 L 院士课题组为案例，对研究型大学拔尖创新博士生培养激励机制展开了深入、细致

---

① 参见叶赋桂，罗燕.拔尖创新人才培养的新思维[J].复旦教育论坛，2011，9(4)：19-23.

② 参见叶俊飞.从“少年班”“基地班”到“拔尖计划”的实施——35 年来我国基础学科拔尖人才培养的回溯与前瞻[J].中国高教研究，2014(4)：13-19.

③ 参见杨叔子.《游褒禅山记》对研究生教育的启思[J].中国高教研究，2003(6)：4-9.

④ 参见周叶中.关于跨学科培养研究生的思考[J].学位与研究生教育，2007(8)：7-11.

⑤ 参见杨长年，李北群.创新型国家建设视阈下的我国研究生教育[J].云南民族大学学报(哲学社会科学版)，2013，30(6)：156-160.

⑥ 参见孟成民，朱蕾，朱效传.基于培养拔尖创新人才导向的研究生教育质量链构建与管理研究[J].高等农业教育，2013(11)：96-99.

⑦ 参见王世斌，肖凤翔.对教学学术性与学生学术实践的追求——美国研究型大学培养拔尖创新人才的基本策略[J].天津大学学报(社会科学版)，2012，14(3)：213-218；焦磊，谢安邦.美国研究型大学跨学科研究发展的动因、困境及策略探究[J].国家教育行政学院学报，2016(10)：89-95；靳玉乐，廖婧茜.美国研究型大学拔尖创新人才培养的经验及启示[J].大学教育科学，2017，3(3)：43-50.

⑧ 参见李元元.开放环境下的研究型大学拔尖创新人才培养模式构建——基于华南理工大学的探索与实践[J].现代教育管理，2011(5)：98-101.

的讨论。[①] 关注于校长执行力的董险峰则通过大规模实证性调查明确了校长执行力的核心组成要素，进而构建校长执行力模型，提出研究型大学校长执行力优化路径，以期满足研究型大学培养拔尖创新人才和服务创新型国家的需要。[②] 李勇军等提出，大学生创新能力培养是研究型大学人才培养的核心目标，其应当制定以创新能力培养为目标的人才培养方案，努力培养拔尖创新人才。[③] 张序余等从人才培养基地建设与研究型人才培养入手，对研究型大学人才培养基地建设中研究型人才培养的思路、模式和对策进行了全面的阐述和总结。[④]

二、国外文献综述

虽然国内外对拔尖人才的称呼不同，但在研究内容上具有一致性。其他一些国家，尤其是西方发达国家很早就认识到了拔尖人才的重要性。美国从 20 世纪 80 年代开始进行高等教育的大规模改革，将创新人才培养列入高等教育改革的日程。1998 年，美国博耶研究型大学本科生教育委员会发表《重建本科生教育：美国研究型大学发展蓝图》的研究报告，明确提出研究型人学要造就 21 世纪"科学、技术、学术、政治的富于创造性的领袖"。美国高校的荣誉教育就是在高等教育大众化阶段将培养精英人才作为目标的培养活动，与我们的拔尖人才培养相一致。国外关于拔尖人才的研究也可以分为三类，具体阐述如下：

一是关于拔尖人才招生环节的公平与效率的研究。拔尖人才的招收方式一般不同于常规招生，诸多高校为了能够较快锁定优质生源，采取了提前招录的方式。一部分学者对此类方式较为支持，如李森昊(Sam-Ho Lee)认

---

① 参见谢梦，王顶明.研究型大学拔尖创新博士生培养激励机制——L 院士课题组案例研究[J].高等工程教育研究，2016(1)：158-161.

② 参见董险峰.研究型大学校长执行力模型构建及其优化路径研究[J].国家教育行政学院学报，2012(2)：30-33.

③ 参见李勇军，符建湘，龚理专，等.论研究型大学人才培养的核心目标——创新能力培养[J].实验技术与管理，2008，25(2)：29-32.

④ 参见张序余，陈如松，金国钧.人才培养基地建设与研究型人才培养[J].江苏高教，2005(6)：107-109.

为，通过提前录取的方式可以招收到兴趣、目标更为明确的学生。[①] 克里斯托弗·艾弗里(Christopher Avery)等认为，提前录取可以保障学校的入学率并且可以提前规划系统性的培养方案。[②] 李昊等构建了"顶级清算"的理论，说明提前录取有助于消除学生择校的模糊性和不稳定性，从而加强学生对于学校的认同感。[③] 但是也有部分学者对此类方式持反对态度，如伊丽莎白·詹森(Elizabeth Jensen)等通过持续的跟踪和实证调查证明，提前招录的学生并没有展现出较强的学习能力或者作出突出的成果。[④]

二是关于拔尖人才培养模式的研究。不同国家和地区形成了各具特色的培养模式，其中政府和学校分别扮演着不同的角色。以美国为例，政府推动的荣誉教育最具有代表性。德尔·西格勒(Del Siegle)等通过对 149 所大学一年级的荣誉学生进行问卷调查发现，荣誉学生要取得成功，必须对某个领域感兴趣以及认为对这一领域的研究有意义。[⑤] 乔治·丹尼森(George Dennison)表示，荣誉教育的发展可以促使学校和教师集中注意力，进而推动学术共同体的产生，并且可以开发引人入胜但要求苛刻的课程，以此增强学生应对全球性问题的能力。[⑥]

三是关于拔尖人才培养质量评估体系的研究。道格拉斯·布莱克穆尔(Douglas Blackmur)认为，认证和认可是高校人才培养外部质量保障的主要特点。[⑦] 罗恩·约翰斯顿(Ron Johnston)认为，在教育质量的评价过程中，学生被视为"教育产品"，教育质量可以通过学生个性化需求的满足度和促

---

① LEE S H. Jumping the curse: Early contracting with private information in university admissions[J]. International Economic Review, 2009,50(1):1-38.

② AVERY C, LEVIN J D. Early admissions at selective colleges[J]. American Economic Review,2010,100(5):2125-2156.

③ LI H, SUEN W. Risk sharing, sorting and early contracting[J]. Journal of Political Economy, 2000,108(5):1058-1091.

④ JENSEN E J, WU S. Early decision and college performance[J]. Economics of Education Review, 2010,29(4):517-525.

⑤ Siegle D, Rubenstein L D, Pollard E, et al. Exploring the relationship of college freshmen honors students' effort and ability attribution, interest, and implicit theory of intelligence with perceived ablity[J]. The Gifted Child Quarterly, 2010,54(2):92-101.

⑥ Dennison G. Honors education and the prospects for academic reform[J]. Innovative Higher Education, 2008,33(3):159-168.

⑦ Blackmur D. A critical analysis of the INQAAHE Guidelines of Good Practice for higher education quality assurance agencies[J]. Higher Education, 2008,56(6):723-734.

进社会经济发展的作用程度这两个方面进行衡量。①

三、文献述评

我国实施拔尖人才培养计划已有近40年，尤其是基础学科类拔尖人才培养一直备受国家重视，因此关于各学科领域的拔尖人才培养体系的研究成果较为丰富。国内学者对拔尖人才的概念界定、功能作用、特征要素等内容进行论述，围绕拔尖人才的培养实践情况进行了总体概述，同时对拔尖人才培养模式的主要环节及其路径进行了说明。国外学者也分别从拔尖人才的概念、培养模式的路径和培养质量三个方面加以阐述。但目前来看，国内外学者均较少从公共管理学科视角讨论公共管理领域拔尖人才的培养模式。实际上，不同学科对拔尖人才的概念界定有其独特性，由此衍生出的培养模式也有较大差异。因此，学界有必要从学科性视角出发重新审视拔尖人才的内涵，并为公共管理拔尖人才培养模式的构建提供理论指引。

① Johnston R J. Quality assessment of teaching: Inputs, processes and outputs[J]. Journal of Geography in Higher Education, 2007, 18(2): 184-193.

第一章　公共管理拔尖人才培养体系的内涵与外延

随着中国经济的快速发展和经济结构转型，拔尖人才越来越得到社会各界的普遍重视，学界基于不同的学科视角对拔尖人才这一概念纷纷作了阐述。本章从公共管理学科视域讨论拔尖人才及其培养体系的内涵与外延，分为四节：第一节以基本概念为切入点，讨论公共管理拔尖人才的特征；第二节介绍公共管理拔尖人才培养的基本特征与成长要素；第三节从公共管理拔尖人才的发展方向论述公共管理拔尖人才应具备的基本能力素养；第四节介绍公共管理拔尖人才培养体系的相关内容。

第一节　公共管理拔尖人才的概念界定

公共管理拔尖人才的内涵既涵盖拔尖人才这一普遍性概念所具有的要素，又具有学科行业的特性。界定公共管理拔尖人才概念的内涵与外延，对于构建完善的公共管理拔尖人才培养体系和提高人才培养成效具有重要意义。

一、拔尖人才的概念

（一）人才的内涵

人才古称“人材”，最早出自《毛诗序》。古代典籍有较多关于人才的论述，如“菁菁者莪，乐育材也。君子能长育人材，则天下喜乐之矣”（《诗经·

小雅》);“人才高下,不能钧同”(汉代王充《论衡·累害》);“大家习学礼乐,成就出些人才,也可以助一助政教”(清代《儒林外史》第三三回)。《辞海》中将人才解释为“有才能学识的人”。中华人民共和国成立初期,中央人民政府报告中并未出现“人才”一词,而是以职业为基础对人进行分类,并赋予政治性,如工人阶级、农民阶级、城市小资产阶级等。1982 年,党的十二大报告首次出现“专业人才、专门人才”等概念,开始从综合素质的角度对人进行分类,并确立“具有中专以上学历和初级以上职称的人员”即为人才这一标准。2002 年,党的十六大报告提出“培养和用好各类人才”,并出现了“拔尖创新人才”“高素质新型军事人才”“善于治党治国治军的优秀领导人才”等概念,虽然未明确指出人才的标准,但是将人才的标准和范畴加以扩大化,不再局限于学历和职称这两个标准。2003 年,中共中央、国务院下发《关于进一步加强人才工作的决定》,提出“要坚持德才兼备原则,把品德、知识、能力和业绩作为衡量人才的主要标准,不唯学历、不唯职称、不唯资历、不唯身份,不拘一格选人才。鼓励人人都作贡献,人人都能成才。”[①]2010 年,中共中央、国务院印发《国家中长期人才发展规划纲要(2010—2020 年)》,指出“人才是指具有一定的专业知识或专门技能,进行创造性劳动并对社会作出贡献的人,是人力资源中能力和素质较高的劳动者。”[②]从“人才”一词概念的演变中可以看出,随着经济社会的发展,人才的内涵在不断发生变化,界定标准也趋向于多元化。抛开对于人才的标准界定,从本质上而言人才是具有较高的品德修养,能够凭借自身在某一领域掌握的知识与技能为社会作出一定贡献的个体。

(二)拔尖人才的内涵

拔尖意指超出众人水准,具有突出性和领先性。不同领域对于拔尖人才的标准界定不一,美国心理学家罗伯特·斯滕伯格(Robert J. Sternberg)的“五角内隐理论”(Pentagonal Implicit Theory)为定义拔尖人才提供了形式或结构。该理论认为,应该从卓越(Excellence)标准、稀缺(Rarity)标准、

① 傅治平.党政干部“四观”教育学习读本[M].北京:人民出版社,2004:204.

② 中华人民共和国中央人民政府.国家中长期人才发展规划纲要(2010—2020 年)[EB/OL].(2010-06-06)[2022-05-20].http://www.gov.cn/jrzg/2010-06/06/content_1621777.htm.

产出(Productivity)标准、展示(Demonstrability)标准和社会价值(Value)标准等五个方面考查拔尖人才。[①] 根据这一理论,本书将拔尖人才定义为:在人才群体中掌握更为广泛的知识和具有更加精湛的技能的少数人,是在某一领域内作出较大贡献并获得绝大多数人认可的高素质群体。拔尖人才最少具有三个方面的特征。一是具有高超的专业知识水平或技能。这一维度以大多数人作为参照,拔尖人才是大多数人当中的佼佼者。二是需要作出较大贡献。拔尖人才不仅自身拥有广博的知识和专业技能,更需要将其转化为推动社会进步和发展的诸多成果。三是具有高素质并获得绝大多数人认可。绝大多数人认可并非只针对专业知识或技能,也包括对品德等多方面的认可。拔尖人才不仅可以促进社会发展,而且能够依靠自身的成就及品格在某一领域形成较大的影响力和号召力。

二、公共管理拔尖人才的概念界定及其特征

(一)公共管理的内涵

国内外学者对公共管理的范畴并未有十分清晰的界定。“公共管理”一词的出现源于20世纪80年代西方学者对公共行政这一范式的批判,他们倡导用“新公共管理”来代替“公共行政”或“新公共行政”。西方学者采用“新公共管理”的概念,更加强调公共部门即政府作为行动主体在政治经济学理论的指导下转变行政理念,将企业管理的绩效、竞争、激励等核心要素与政府行为重新组合,从而更加注重效率、效能和效益。可以看出,国外早期对公共管理概念的研究仍以政府为核心主体。之后,随着市场失灵和政府失败现象频现,出现了弥补市场和政府不足的第三部门,即非营利组织或非政府组织。第三部门依托组织内部成员及非营利性收入,在社会环保、教育、卫生、文化等领域提供公共服务和产品。因第三部门涉及大量社会公共事务,因此渐渐被纳入公共管理行为主体中。

国内学术话语体系中的公共管理的概念与西方有较大不同。虽然就公共管理主体而言,两者具有相似性,即强调政府是主体,也包括第三部门等,

---

① 参见阎琨,吴菡.拔尖人才培养的国际趋势及其对我国的启示[J].教育研究,2020,41(6):78-91.

但国内公共管理的主体范围更加广泛，凡是与公共利益和事务相关的主体，都可以被视为公共管理主体，包括基层群众自治组织、国有企业、事业单位等。此外，国内公共管理更加注重政府应具有公平价值导向，而非经济价值导向。国内学者也分别对公共管理的内涵提出诸多论断。陈庆云等认为，公共管理是由政府、非政府公共组织和民众组成的管理体系共同管理社会公共事务的活动。[①] 陈振明提出公共管理（学）是一个研究公共管理活动或公共管理实践的学科，是一门综合地运用各种科学知识和方法来研究公共管理组织和公共管理过程及其规律性的学科，它的目标是促使公共组织尤其是政府组织更有效地提供公共物品。[②] 蓝志勇提出公共管理包含公共行政（为公共事务行使国家政治权力的意思，偏重宏观施政）和公共经营管理（强调在行政管理的过程中，不只是宏观施政，要注重细节，像经理人一样经营管理）两层意思。[③] 本书综合国内外学者对于公共管理的定义，认为公共管理是以政府为主，包括第三部门、事业单位、基层群众组织等的参与，在公共管理相关理论和专业知识的指导下，借用政治、经济、法律等手段，对公共事务活动进行管理，以实现增进、分配与调整公共利益。

（二）公共管理拔尖人才的内涵

公共管理拔尖人才即公共管理领域的高素质群体，既有与其他领域拔尖人才的共性，又有其作为公共管理领域人才的特性。具体来说，公共管理拔尖人才是具有公共管理学科素养和系统的知识理论，并在公共管理相关行业内贡献自身价值，取得公共管理领域内乃至社会各界认同的群体。按照社会需求不同，公共管理拔尖人才可以划分为不同类型，大致包括三类。第一，能够创造和推动公共管理理论发展的学术型拔尖人才。这类公共管理拔尖人才以促进学科发展和理论建构为主要目标，并且能够为具体的公共管理行为提供指导，一般包括高校、党校公共管理类教师以及公共管理类研究机构研究人员等。第二，掌握公共管理知识并且从事公共事务管理的

---

① 参见陈庆云，鄞益奋，曾军荣，等.公共管理理论研究——概念、视角与模式[J].中国行政管理，2005(3)：15-18.

② 参见陈振明.什么是公共管理(学)——相关概念辨析[J].中国行政管理，2001(2)：13-16.

③ 参见蓝志勇.公共管理学科的理论基础与基础理论[J].学海，2020(1)：30-37.

应用型拔尖人才。这类公共管理拔尖人才或经过了系统性的公共管理知识训练，或在具体实操中总结和形成了大量关于公共管理的经验认知，能够利用已有知识从事公共事务管理并取得了一定的成就，一般包括长期从事公共管理事务的管理人员。第三，具有公共管理知识且同时具备其他专业理论知识，能够从事多种行业事务的复合型拔尖人才。复合型拔尖人才体现在知识、能力、思维等的多元复合。公共管理拔尖人才的复合性强调将公共管理知识与经验作为基本技能，借用其他学科知识和行业经验，较快地适应并从事多类行业事务。

（三）公共管理拔尖人才的特征

社会的发展离不开拔尖人才的引领和推动，而拔尖人才的培养需要大量的成本投入。当代中国社会的发展最重要的动力来源之一在于管理体制改革，实现制度创新以释放和催生新动力，因而公共管理拔尖人才的重要性不言而喻。公共管理拔尖人才具有两个典型特征。一是高稀缺性。公共管理拔尖人才需要经过长期的学术理论训练或大量的实践经验积累，要培养一个公共管理拔尖人才，无论是对个体还是对国家来说，都需要耗费大量的成本，因而公共管理拔尖人才总量较少。在我国现行的教育模式下，公共管理学术型拔尖人才至少需要长达 23 年的求学过程，之后再经过连续几年的学术成果产出，才能最终成为得到社会认可的高素质拔尖人才。2021 年，具有招收公共管理学科博士生资格的高校仅有 50 所，每年招生指标不足 1000 人，与我国 14 亿多人口体量相比，公共管理学术型拔尖人才显得较为稀缺。二是高贡献性。公共管理与人们的生活密切相关，凡是涉及公共利益的事务都离不开管理，社会秩序的维持也与管理紧密联系。公共管理拔尖人才的高贡献性体现在两个方面：第一，公共管理学术型拔尖人才在追求真理的过程中逐渐具备了独立思考能力、创新思维和批判意识，可以为政府及公共部门运作存在的困境提供机理性阐释，进而建构未来发展蓝图；第二，公共管理应用型拔尖人才和复合型拔尖人才基于已有的知识结构，投身于具体的公共事务实践之中，在公共管理理论知识的指导下，加之自身具备的分析决策能力、开拓创新能力以及人际关系处理能力，有效调节公共利益和化解公共矛盾，最终增加公共利益。

第二节　公共管理拔尖人才培养的基本特征与成长要素

公共管理拔尖人才一般具有完善的知识结构、综合的能力结构和良好的人格素质等特征。完善的知识结构是指公共管理拔尖人才在系统掌握公共管理的理论基础之上，同时具备其他学科的理论知识和专业素养。广泛的知识储备也是公共管理拔尖人才进行创造性活动的基础，有利于其解决复杂的公共管理问题。

一、公共管理拔尖人才培养的基本特征

（一）拔尖人才培养需要具备的基础特征

1.拥有综合的文化素质是公共管理拔尖人才的根本保证

现代人提倡知识和智慧，比以往任何时候都更追求构建自身综合的知识结构框架，提倡自然科学知识和社会科学知识的融合。尤其是公共管理问题涉及的主体、议题、环节更加多元化，这都要求公共管理理论型与实务型人才掌握更全面的专业知识。

2.致力于人类利益是公共管理拔尖人才的最高境界

随着知识经济时代的到来，物的价值相应贬值，而人的价值却与日俱增。现代人在学习的过程中奉献自己的才能和智慧，在为社会服务的发明创造活动中为国家利益作出贡献。特别是公共管理学科旨在培养以追求善政良治为己任的拔尖人才，因此公共性将成为公共管理拔尖人才的重要标签。

3.具有创造性思维和创新精神是公共管理拔尖人才的基本特质

公共管理拔尖人才需要有崇尚创新、追求创新的意识，能够从多角度、多方向、多维度思考问题，突破逻辑推理的局限，善于发现和提出问题，敢于质疑前人的知识和经验，不要固守前人的成果，要善于继承、发展、创新，推动治理体系和治理能力不断完善和提高。

此外,公共管理拔尖人才还需要具有顽强的意志品质和面对挫折的忍耐力,具有创新学习和自主获取知识的能力,具有合作精神和良好的竞争个性。任何个人的进步和成功都离不开合作,缺乏利他主义倾向的人很难被他人选择成为合作伙伴。团队精神是公共管理拔尖人才的重要人格,只有合作才能弥补不足,增强实力。公共管理拔尖人才必须具有良好的合作精神、真诚的工作态度和处理人际关系的能力,并要学会与他人合作。高尚的人格魅力、坚定的爱国之心、扎实的理论基础、强烈的创新意识和科学的怀疑精神都有着重要的作用。

(二)拔尖人才培养需要的素质特征

1.体现我国教育目标

公共管理拔尖人才培养是中国人才培养与发展规划在高水平大学中的具体实施,其目标与中国教育目标是一致的。例如,浙江大学竺可桢学院以培养精英人才、鼓励教育创新、满足教育为国服务的基本要求为目标,强调学生应具备人文素质和科学精神。这充分体现了学校教育目标与中国教育目标的一致性。

2.体现鲜明的时代要求

培养大批公共管理拔尖人才,不仅是新时期我国教育发展的一项重要任务,而且还为教育的发展和改革开辟了更广阔的空间。对于一个发展中国家来说,国家的建设和发展需要大量的公共管理拔尖人才。因此,一批高水平大学肩负着培养公共管理拔尖人才的重要使命。为国家和社会培养大批高素质公共管理拔尖人才,既是国家发展、科技发展和文化发展对研究型大学的要求,也是历史赋予研究型大学的使命。

3.注重知识和能力的综合运用

公共管理教学非常注重拔尖人才基础学科知识的训练,强调牢固、宽泛的知识是从事科学研究的基础,同时也强调能力的培养、研究性学习、主动实践和科技创新。

二、公共管理拔尖人才培养的成长要素

(一)公共管理拔尖人才的外在成长要素分析

1.社会因素

社会对人们有很大的影响。人类赖以生存的物质条件和政治、文化等环境由社会提供,因此人类的发展受到社会的制约。稳定的社会环境、优越的经济条件、开放的政治和文化环境,是推进公共管理拔尖人才发展的重要因素。

2.工作与家庭环境因素

环境对人的成长也很重要。这里的环境因素主要是指工作环境和家庭环境。充满竞争和选拔氛围的工作环境将促进人的自我发展,使人不断努力和进步。相反,消极的工作环境会导致人们懒惰。和谐的家庭环境也是公共管理拔尖人才成长的因素之一。家庭成员之间的包容、理解和帮助有利于学术创新和发展。此外,轻松的生活环境也有利于公共管理拔尖人才的成长。过重的生活压力和负担会导致其高度焦虑,不利于学术创新。

(二)公共管理拔尖人才的内在成长要素分析

内在要素即事物发展的内因,是拔尖人才培养的主要影响因素。影响公共管理拔尖人才发展的内在要素包括如下几个方面:

1.浓厚的兴趣及好奇心

对现实问题保持强烈的好奇心是进行科学研究和开展实践的前提,好奇心强的人更善于发现问题和剖析问题的内在成因。兴趣可以提高我们的注意力,这样可以驱使个体投入更多的精力。在科学研究和工作实践中,我们经常遇到各种困难和瓶颈。如果我们对正在从事的内容不感兴趣,就很难有坚持研究和克服困难的动力。因此,强烈的兴趣和好奇心是公共管理拔尖人才成长的内在因素之一。对现实世界充满好奇心的年轻人才更有可能成长为拔尖人才。

2.完整的素质结构

公共管理拔尖人才成长的另一个重要的内在因素是完整的素质结构,

包括专业知识、理论实践、生活经验等。除了自身学科的研究，公共管理拔尖人才还应与其他学科人才交流互鉴，多学科交叉有利于引领科研队伍不断创新，适应外部环境的变化。对学科理解的深度决定了顶尖创新人才看待学术研究问题的广度和深度，进而影响其把握学科发展热点方向的敏锐度。因此，公共管理拔尖人才既需要不断地进行专业学习，也要进行跨学科学习，不断完善自身的素质结构。

3.良好的抗压与抗挫折能力

在公共管理拔尖人才的成长过程中，总是伴随着压力与挫折。公共管理拔尖人才在积累专业知识和产出科研成果时压力是巨大的，如果没有良好的抗压能力，就会对前进产生倦怠，举步维艰。

4.较强的创新意识和能力

创新能力是新世纪知识性时代对人才的基本要求之一，创新能力可改变一个人的修养、思想以及命运。公共管理拔尖人才的创新意识有助于激发其创造力，凝聚团队力量，取得科研成果，实现群体与个人的双重价值。创新意识也有利于提高自身的学术敏感性，把握学科发展方向，找到良好的突破点，引领学科研究方向和选题。

5.坚持不懈的主观努力

个人的成长和发展最终取决于自己不断的努力，只有不懈努力，才能成为优秀的公共管理拔尖人才，才能不被时代甩在后面。公共管理拔尖人才只有具备坚持不懈的精神，保持强烈的上进心，不断努力，才能实现个体价值。

（三）公共管理拔尖人才培养需要的基本要素

1.敏捷的思维

公共管理拔尖人才具有非凡的思维能力，能迅速接收和处理信息。对于一些复杂化的问题，公共管理拔尖人才可以在尽可能短的时间里厘清问题线索及其内在的因果关系。公共管理拔尖人才不仅有着良好的记忆力，还有高度的理解力，能够从一个实例中推断并进行类比学习。

2.涌现的创造力

学术出彩的背后是研究人员的才华。只有当一个人拥有较强的创造力时，他才会从大多数人视而不见的现象中发现出彩点。公共管理拔尖人才能对普通人视而不见的材料表现出异常的好奇心，赋予普通材料价值，从而实现学术和实践创新。

3.持久的专注力

人的精力是有限的，因此需要在特定的时间里调动全部的智力和注意力，朝着一个稳定的目标持续努力。公共管理拔尖人才只有拥有持久的专注力，才能提高工作效率，并深耕于某一领域而有所产出。

（四）公共管理拔尖人才培养需要的培养要素

1.“三制”培养

（1）学分制。形成于19世纪的学分制是建立在学术自由的理念之上的，它不仅给教师提供充分的教学和科研自由，而且允许学生享有充分的学习自由，包括自由选课、自由选择教师和自由转学。由此产生了现代大学中的选修制和学分制。

（2）导师制。导师可以担任学生成长引路人的角色，有利于精准地开发和调动学生的学术潜力、研究热情或实践能力。具体来说，“一对一”“面对面”的指导具有明显的好处，导师能够更加了解学生的需求和动机，带动人才全面发展。

（3）进入—退出制。实行进入—退出制是为了在学校营造一种积极向上的竞争氛围，促进优良的学风，即促进形成自主选择、勇于挑战和敢冒风险的文化，保证高等学校的优质资源切实有效地用于公共管理拔尖人才的培养，其秉持公开公正的原则，进入和退出均以考核制为基准。

2.“三小”教学

（1）“小学分”课程。研究发现，部分公共管理拔尖人才认为一般课程缓慢且枯燥，渴望参与跨学科的或创造性的学术工作。为此，结合公共管理拔尖人才自身的特点，设计相应的“小学分”课程，例如“成功学”“沟通学”等，注重通识教育，注重培养人才的基本能力和素质，包括沟通、书写和思维判断力，从而使其专业基础更扎实。

(2)“小班化”教学。小班化设计的目的是让教师能够充分了解每一个学生的特点，从而贯彻更具针对性的教育教学。同时，小班化教学有利于促进师生互动，更好地培养学生的沟通和协作能力。

(3)“小组别”研讨。在教学方法上，除讲授法之外，美国高校的荣誉教育项目非常注重教学方法的多样化，“小组别”研讨主要包括专题研讨会、体验式学习等形式。

第三节　公共管理拔尖人才具备的基本能力素养

公共管理拔尖人才的发展方向大体可以分为三类：第一类继续从事公共管理科研教学工作，第二类进入党政机关等公共部门，第三类则进入企业等。不同领域对公共管理拔尖人才所具备的能力要求不一，科研教学领域要求公共管理拔尖人才具备较强的科研创新能力、学术写作能力和课程教学能力；党政机关等公共部门则要求公共管理拔尖人才具备公文写作能力、综合协调能力、人际关系交往能力等。虽然不同领域对公共管理拔尖人才所具备的能力要求侧重点不同，但也具有共通的知识能力要求。

一、慎思明辨与表达沟通能力

慎思明辨是指具有问题意识，能够反思问题产生的原因，同时拥有正确的价值观以判断社会是非。在大数据时代，社会问题层出不穷，产生问题的原因也千差万别，任何一类问题的生成原因没有绝对的一致性，因此公共管理拔尖人才在科研或实践中需要有具体问题具体分析的能力。特别是，随着数据应用的普及，社会问题和事实逐渐简化成数字，这样虽然有利于提升对于问题的分析速度，却难以有效地揭示问题的真实成因，因此公共管理拔尖人才必须要有思辨能力。思辨性阅读、审辩式思维是大数据时代极其宝贵的品质，否则个体可能会沦为信息和机器的奴隶。此外，海量数据也会带来数据幻想，即虽然数据能够直接证明某一观点，但是数据的产生来源却经不起推敲，可能引导人们得出错误的结论。

公共管理的研究或实践无不蕴含着对公共性的审视——制定的公共政

策是否优良、财政资源配置是否合理以及公共服务供给是否充足，其判断标准是能否满足大多数人的需求及符合绝大多数人的利益。公共管理学科的发展也经历过从对效率价值的追求到对公平价值的追求的转变，实际上，效率与公平是一体两面，公平是实现效率的根本，效率是保证公平的前提。低效供给局面下的公平是一种低质量和不可持续的公平，而高效率发展下的不公平也会导致社会存在越来越多的不稳定因素。因此，公共管理拔尖人才应当把握效率和公平的二元关系，在特定时期辩证地看待二者的权重。

慎思明辨也需要有效、清晰和有力度的表达。公共管理科研拔尖人才需要向政府和社会提出资政建议；公共管理实务拔尖人才需要表达和解释自身的观点和建议，在一定的情形下还需要说服利益相关主体以获得支持。表达沟通能力是指表达者能够通过语言交流，并借助肢体动作、沟通技巧等清晰地向听众传达自身观点、情感等信息，同时能够准确地获知对方的态度和想法。这一能力一方面可以通过开设口才表达课的方式进行系统训练，另一方面可以通过汇报、辩论、演讲等方式进行潜移默化的培养。

二、调查研究与问题解决能力

信息化时代，事实现状和发展规律不能靠“想当然”或书斋里的异想天开而生成，数据成为反映客观事实的准确指标。无论是公共管理实务拔尖人才，还是科研拔尖人才，都必须走出办公室，走向社会，在万千变化的社会环境中深耕调研，掌握第一手资料。任何观点和建议的提出不是基于主观经验、权威或者是局部的知识，而是基于真实的资料。调研不仅是掌握数据的重要途径，而且是发现问题和寻找问题的过程。所以，公共管理拔尖人才应当充分学习和掌握调研的方法及对调研数据进行分析的方法。基本的调查研究方法可以分为定量和定性两类，具体又可以包括调查研究、文本分析、案例研究等，这也要求公共管理拔尖人才掌握相应的各类统计分析软件的应用。

实务部门中，公共管理拔尖人才一般任职于多个岗位，承担不同的事务工作。究其根本在于，公共管理拔尖人才一般不具有特定的专业技能，在工作岗位中可代替性以及可塑性均较高。因此，为了提高公共管理拔尖人才的市场竞争力和专业技能，应加强对公共管理拔尖人才的问题解决能力的培养。

三、理论创新与文本写作能力

公共管理学科自20世纪90年代被正式确立后，其理论体系和研究范式仍处于不断发展和建构的过程中。中国已经迈入国家治理体系和治理能力现代化的进程中，大量植根于中国特色场域的公共问题逐渐衍生和呈现，这急需公共管理学科给予及时的回应，用中国特色公共管理理论体系予以解答。因此，公共管理拔尖人才应当具有较强的理论创新能力。培养理论创新能力，需要从内外两个维度共同推进，其中重要一环就是公共管理拔尖人才需要具备完善的知识结构和扎实的理论素养，因此课程的开设需要尽可能综合与多元，同时注重对受教育者进行深度理论训练。

理论创新能力是指能够为技术发展和实践活动提供有价值的新观点、新思想和新理论的能力。理论创新是在掌握现实情境的基础上，回应社会需求，其产生的重要源泉就是要有想象力。公共管理学想象力是一种综合运用镜像开发、融合以及对照等方式或机制来寻求对公共管理的当下现实、实践或认知活动进行超越的思维活动和创新能力。公共管理研究也越来越重视动态过程要素、人的要素、外部和关系网络要素、无形要素以及新兴技术要素，关于要素的知识的发展是深刻认识真实的公共管理的基础和前提。①

文本写作可以分为三类：一是学术文本写作，二是公文文本写作，三是调研文本写作。三者在文体格式、行文逻辑和呈现对象上虽有不同，但都需要通过文字表达出理论观点和建议。文本写作的具体要求包括分析系统性、全面性、具体性、深刻性、逻辑性和美学性。简言之，文本写作既需要符合相应的写作规范，又要能够呈现独到的观点或如实地刻画社会事实及其规律。公共管理拔尖人才应接受公文写作培训和论文写作培训等，以满足未来从事的科研或实务工作需求。

---

① 参见孙志建.想象力、知识使命与中国公共管理学的理论创新[J].探索，2018(6)：50-65.

第四节　公共管理拔尖人才培养体系概念

体系是指具有相互关系的子系统按照一定的逻辑或原则组合成具有稳定结构的有机整体或系统。人才培养体系由培养什么样的人才以及怎样培养人才两个核心子系统构成。具体来说，培养什么样的人才即人才培养目标，形成这一目标的核心因素包括人才培养的理念、社会刚性需求以及成熟化的理论指导；怎样培养人才即人才培养模式，其核心要素包括课程体系、教育手段、教学组织等各类具体方式，由核心要素构成多元组合模式。本书采纳后一种划分方式，即人才培养体系等同于人才培养模式，其涵盖人才培养目标，但是为了突出人才培养目标的重要性，故将人才培养目标单独论述。

一、人才培养模式

人才培养模式有不同的解释和定义，基于不同的目的可以有多角度的解读。1998 年，教育部召开第一次全国普通高等学校教学工作会议，印发《关于深化教学改革，培养适应 21 世纪需要的高质量人才的意见》。该文件指出："人才培养模式是学校为学生构建的知识、能力、素质结构以及实现这种结构的方式，它从根本上规定了人才特征并集中地体现了教育思想和教育观念。"[①]学界最早提出人才培养模式概念的学者是刘明浚等人，其在《大学教育环境论要》中指出："人才培养模式是指在一定的办学条件下，为实现一定的教育目标而选择或构思的教育、教学式样。"并提出人才培养模式的诸要素包括"课程体系、教育途径、教学方法、教学手段、教学组织手段等"。[②]吴绍芬认为，人才培养模式的核心要素主要有四个，即人才培养的教育理念、教学培养过程、培养制度和培养的质量评价体系。[③] 姜朝晖等指出，人才培养模式涵盖人才培养过程的各个环节，主要包含人才培养目标和规格、专

---

① 魏所康.培养模式论：学生创新精神培养与人才培养模式改革[M].南京：东南大学出版社，2004.

② 刘明浚.大学教育环境论要[M].北京：航空工业出版社，1993.

③ 参见吴绍芬.高校人才培养模式改革的理性思考[J].大学教育科学，2010，2(2)：31-34.

业设置及课程体系、人才培养目标的实现路径及保障措施等要素。[①] 王青林提出，人才培养模式是指在一定的教育理论、教育思想的指导下，按照特定的培养目标和人才规格，以相对稳定的教学内容和课程体系、管理制度和评估方式实施人才教育的过程的总和。[②] 姚凯等以复旦大学为例构建了涵盖课程体系、师资队伍、教学方法、赛事活动、内外资源和创业生态等内容的“六位一体”的创业型人才培养模式。[③]

学界虽然对于人才培养模式的概念界定并不统一，但是其涉及的核心要素大同小异，主要包括人才培养目标或理念、课程体系及专业设置、教育组织手段和管理制度等。

综上所述，本书把人才培养模式定义为：人才培养模式是指高等教育机构根据发展理念和教育理论，针对一定的群体设定人才培养目标，并为实现多元既定目标开设系列相关课程和配备完善的师资等各种资源和条件，以及建立支撑教育得以有序发展的制度和机制。

二、人才培养目标

人才培养目标作为人才培养模式的首要前提，决定着人才培养模式的具体构成，对人才培养模式的各组成要素起着统领性作用。培养目标的设定与转变是为了匹配不同时段社会和个人的发展需求，国家战略、教育理念等因素均会影响具体目标。中华人民共和国成立以来，我国的人才培养目标在历史纵向发展过程中呈现出明显的阶段性特征。我国高校人才培养目标根据社会经济发展的需要，主要可以划分为四个阶段。

第一个阶段：1949—1978 年，由于国家需要大量的研究人员和补充高校师资力量，则以培养理论型、研究型人才为主。

第二个阶段：1979—2001 年，我国实施改革开放的国家战略，市场经济体制机制开始建立，各行各业岗位数量大幅增加，高校人才培养主要为市场

---

① 参见姜朝晖，钟秉林.民办本科院校人才培养模式的研究现状与展望——我国民办高等教育改革与发展探析(六)[J].中国高等教育，2011(22)：13-16.

② 参见王青林.关于创新应用型本科人才培养模式的若干思考[J].中国大学教学，2013(6)：20-23.

③ 参见姚凯，李思志，王姣姣.高校创业型人才培养模式研究——以复旦大学为例[J].现代教育管理，2020(4)：40-46.

经济服务，因而强调人才的应用性。

第三个阶段：2002—2016 年，由于科技、经济、社会建设等多方面发生巨大变化，改革开放的步伐进一步加快，一方面，我国的理论研究与西方相比仍较薄弱；另一方面，我国市场经济也急需高素质应用型人才支撑，因此高校人才培养以从事研究的人才和具有高综合素质能力应用型人才两者并重为主要目标。

第四个阶段：2017 年至今，党的十九大以来，我国社会主要矛盾转变，国家经济增长点深层次调整，世界发展局势剧烈变化，这都要求人才培养目标作出新调整，新时代下应当培养拥护党的领导、具有崇高的理想信念、出众的才学、高尚的情怀且能够为建设社会主义现代化强国服务的接班人。可以看出，我国人才培养目标逐渐呈现出复合型、综合型和多元化导向特征。

三、公共管理拔尖人才培养定位

公共管理学重在管理，核心在于实现管理之效能。现代行政学的产生根植于美国实践的发展，新公共管理的产生也来源于英美的改革实践。实践是检验真理的唯一标准，立足于改革实践，回应社会的现实关切既是每个公共管理学人应有的学术担当和使命，也是公共管理学科长远发展的根基。进入新时代，面对国内国际两个大局的复杂形势以及高质量发展的需求，社会公众更期待政府以有所担当、有所作为之姿态实现社会的有效治理。党的十九届四中全会明确围绕如何坚持和完善中国特色社会主义制度、推进国家治理体系和治理能力现代化作出了一系列重大战略部署，强调要突出坚持和完善支撑中国特色社会主义制度的根本制度、基本制度、重要制度，着力固根基、扬优势、补短板、强弱项，构建系统完备、科学规范、运行有效的制度体系，加强系统治理、依法治理、综合治理、源头治理，把我国制度优势更好地转化为国家治理效能，为实现“两个一百年”奋斗目标、实现中华民族伟大复兴的中国梦提供有力保证。因而，紧密围绕我国的制度优势和国家治理体系的建设，聚焦于国家治理现代化的实现，是当下及未来公共管理学发展的核心要义。在这一背景下，要清醒地意识到当前国家治理体系和治理能力方面存在诸多亟待完善之处，应基于历史新方位明晰国内公共管理学实现内生式发展的逻辑定位，在追求学科创新发展的道路上精准定位公共管理拔尖人才的培养方向，是拓展公共管理拔尖人才培养路径的首要一步。

公共管理学科虽然在国内起步较晚，但发展规模格外庞大，各大高校基本都已开设公共管理学科。然而，反观公共管理人才的培养现状，却不尽如人意，主要表现为以下两点：

一是社会需求主体对公共管理专业人才的吸纳意愿低，专业人才流失困境严峻。理论上，公共管理作为一门以政府为核心的公共部门整合社会多元力量，广泛运用多种方法对各种社会活动进行计划、决策和控制，以强化政府的治理能力，提升政府绩效和公共服务品质，最终实现公共福祉与利益的学科，在国内国际社会的重要转型期下，面对社会治理矛盾在公共管理领域愈加集中显现的现状，始终在公共突发事件处置、推进公共事业的改革、城市基础治理等热点问题的解决中占据重要席位。但实践中，社会人才市场对公共管理人才的需求却并不及社会发展表现得那般急切。[①] 主要面向政府和公共管理部门而培养的公共管理人才就业形势多年来一直很严峻，从历年公务员招考数据中可以看出，政府和公共管理部门对公共管理类学生的直接需求量并不大，甚至不及企业。这也加剧了公共管理人才在专业向上深造过程中流失严重，学科建设发展在一定程度上受到限制。

二是公共管理人才培养成果与专业设置预期发生错位，专业人才的社会适应性不高。根据近几年公共管理专业学生就业意愿调查，超半数的学生更倾向于从事企业管理工作，相比之下希望进入政府及公共事业单位的学生占比大大减少。加之公共管理人才的创新素质低于社会需求，专业领域人才理论自信缺乏，研究敏感度不够高。随着近几年政策修改力度与频次的大幅提升，专业人才对政策制定起到的作用大小是摆在公共管理学人面前的一道现实问题。如果说国家颁布一项政策，公共管理人才只是一味地解读或是宣传，那永远都不能称之为专业人才。公共管理拔尖人才的培养应着重塑造公共政策制定者的“左膀右臂”，而不是盲目的追随者。[②] 这也

① 参见葛秋萍，李淑芳.公共管理类创新人才培养与社会需求的和谐发展路径[J].中国行政管理，2008(12)：53-56.

② 参见于小强，罗梁波.新时代的公共管理学科转型——公共治理青年论坛岳麓山倡议[J].甘肃行政学院学报，2018(5)：56-66，126-127.

从侧面印证了公共管理拔尖人才培养的社会适应性还有待提升。

这些现实问题的存在，意味着公共管理拔尖人才培养应从实践和理论两方面入手，做到人才培养突出专业性、满足需求性、强化社会适应性，真正实现公共管理拔尖人才培养高质量发展，以专业知识与技能服务经济社会发展需要。具体说来，公共管理拔尖人才培养要在适应时代的潮流中，牢牢扎根中国行政实践，以公共管理学科的专业话语透析现实问题症结所在并寻求解决之道，在国家治理体系整体视域下提供中国方案。基于这样的定位，公共管理拔尖人才的培养要坚持以下三个原则：

第一，强化本土化意识，以增强公共管理拔尖人才的使命感为指导塑造拔尖人才的精气神。历史经验证明，纯粹的“拿来主义”非长远之计，只有立足本土实际进行恰当的改造创新，取长补短，化为己用，才能行稳致远。历史地看，没有国家治理体系和治理能力现代化，就没有真正意义上的中国特色社会主义现代化。[①] 党的十九届六中全会作出的重大战略部署拓展了当代公共管理的范畴、视域与空间，我们要着重锻造公共管理拔尖人才的历史使命感，加强对我国扩大改革开放进程中有关公共政策、公共管理、公共治理实践的本地化研究，以发展中国特色公共管理理论体系为己任，积极参与国家治理现代化实践，参与国际治理并促进全球治理进步。

第二，强化理论自信心，以探索构建公共管理学专业话语体系为目标来提升公共管理拔尖人才的专业度。公共管理拔尖人才的核心竞争力在于自身的专业性，而专业性的形成取决于学科的专业度或边界。陈科霖曾借助“半山腰设槛”和“山底设槛”两种“爬山”进路形象地对学科边界问题进行说明，“山底设槛”的准入方式会模糊学科边界，公共管理拔尖人才培养则可以侧重采取“半山腰设槛”的方式。[②] 公共管理学既是一门实践的学科，也是一门理论的学科，从理论到实践最后再回到理论是公共管理学的归宿，公共管理拔尖人才要想脱颖而出，必然离不开坚实的专业理论支撑，要用专业话语体系打造自身专业度。

---

① 参见蔡劲松.聚焦治理能力现代化　促进公共管理学科创新[J].中国高等教育，2019(23)：10-11.

② 转引自于小强，罗梁波.新时代的公共管理学科转型——公共治理青年论坛岳麓山倡议[J].甘肃行政学院学报，2018(5)：56-66，126-127.

第三，强化体系创新性，以丰富和完善公共管理拔尖人才知识体系为要点规范公共管理拔尖人才培养方法论。现代学科体系发展日益呈现出交叉渗透、创新涵育的态势。公共管理学本身就兼具融合性，它从法学、政治学、社会学和管理学等学科演化而来，在发展中不断借鉴、汲取其他学科知识理论和新技术，如互联网、大数据和人工智能等。随着现代科学技术的发展，国家治理体系和治理能力现代化在一定程度上表现为通过数据整合、开放、共享为政府部门、社会机构和公众提供科学、有效的服务，并利用现代技术方式提供基本治理手段，通过流程再造促进跨部门、跨系统、跨地域、跨层级的高效协同治理的实现。这样旨在构建数字化、网络化、智能化集成应用系统作为公共治理的重要实践方式，将是未来公共管理学发展的新态势、新路径。因此，要注重加强公共管理学与其他学科知识体系的交叉融合，注重培育跨学科的思维，提升跨学科学术能力，为培养创新型、复合型公共管理拔尖人才奠定基础。

四、公共管理拔尖人才培养模式的概念

人才培养模式依据学科特性而具有多元性和异质性，因而在不同学科中，构成人才培养模式的元素与内容不同、组合结构各异。在新时代背景下，公共管理拔尖人才培养模式的目标是培养与公共利益和公共事务相关的学术型、应用型以及复合型公共管理拔尖人才，目标和价值导向的差异性使得公共管理领域的人才培养模式也呈现较大的差异性。具体而言，公共管理学术型拔尖人才培养模式，其目标是培养具有扎实的理论基础、独立的研究能力且继续从事学术研究的人才，课程结构体系由系统化专业理论体系、国际化视野、学术前沿、研究方法与能力等构成，课程考核则侧重于学生掌握理论知识的深度和广度，为学生提供的发展平台和资源则以学术为导向，包括学术会议、讲座等；公共管理应用型人才培养模式，其目标是培养掌握公共管理基础理论知识、能够从事公共事务管理的人才，课程体系设置一般倾向于更加具有实务特征的课程，课程考核则侧重于学生在虚拟和实际的公共事务情境中的应对能力，为促进学生获得较多的就业见习平台和机会，往往构建多链条的校内外联动机制；公共管理复合型人才培养模式，其目标是培养掌握交叉学科基础知识体系、具备从事学术研究或从

事公共事务管理潜力的人才，课程体系设置则以交叉性、通识性、创新性、实践性课程为主，课程考核侧重于全方位考查学生的综合能力和多学科基础知识掌握情况，为使学生将复合型知识融会贯通，一般采用大院系、大类培养制度。

第二章　公共管理拔尖人才培养体系的理论概述

公共管理拔尖人才与其他领域的拔尖人才在成长规律和培养路径等方面既存在着共性特征，也有其自身的独特性。因此，应当探究公共管理拔尖人才发展的内在规律性，并尝试提出公共管理拔尖人才培养体系的理论框架。本章分为四节：第一节介绍公共管理拔尖人才培养的理论基础；第二节分析公共管理拔尖人才成长的客观规律；第三节搭建公共管理拔尖人才培养模式的系统理论框架；第四节具体讨论公共管理拔尖人才能力培养体系的建构。

第一节　公共管理拔尖人才培养的理论基础

公共管理拔尖人才培养的理论基础主要脱胎于一般性拔尖人才培养的普适性理论，拔尖人才的成长规律、教育教学的价值导向以及社会经济发展需求三个维度分别有着不同的拔尖人才培养理论基础：人的全面发展、因材施教和以学生为中心的教育理念既能够实现学生全面发展，又能够凸显个性的需求；公平与效率兼顾的理念和积累优势理论能够实现教育资源稀缺性和教育公平性的二元平衡，同时依据教育评价理论和创造力投资理论可以有效地设置课程体系；人力资本理论和人才金字塔理论可以实现培养的拔尖人才满足经济社会发展的客观和长久需要，也催生了精英教育必然性的教育理念。

一、人的全面发展、因材施教和以学生为中心的教育理念

人的全面发展的理念是马克思主义中实现“人的全面而自由的发展”这一观点在教育领域的具体体现，也是教育的重要任务之一。这一发展理念更符合世界历史发展趋势。培养拔尖人才首先是培养出德才兼备的全面发展型人才，特别是要使学生在接受教育的过程中身心、知识、技能、品德、精神等方面都能够得到发展。人的全面发展更加强调教育作为工具而非目标，强调个人发展的目的而非教育手段的意义。习近平总书记提出的“人人皆可成才、人人尽展其才”人才思想的精髓，坚持了人民主体，深刻地揭示了人才发展的客观规律，具有实践性、创新性和开放性的鲜明特征。[①] 因此，人的全面发展教育理念也需要更加重视学生的全员化和整体性发展，强调树立多元化、多样性的质量观，在教学方式上需要更加开放化、个性化，在教学评价标准上需要从单一性向综合性转变，要更加全面、多维地评价教师和学生。[②]

因材施教理念最早是由我国古代著名教育家孔子提出的，它作为教育领域不可或缺的原则，不断被传承和发展。早期，社会发展需求的单一性，使得人的发展也呈趋同性特征。近些年，社会化分工日臻完善和细致，对于人的特性发展的需求也逐渐加强。因材施教是在人的全面发展的基础上，承认学生在接受度、性格、兴趣以及未来规划方面的差异性，从而更有针对性地开展教育活动。在高等教育大众化普及阶段，因材施教需要根据学生的特性以及潜力和发展规划定位，是培养拔尖人才的必要理念。因材施教的根本目的是要保证每一个受教育者在自身条件基础上成为卓越的人，使每一个学生通过教育不仅获得生存能力，而且还获得创造幸福生活的能力。[③] 因此，因材施教是教育公平导向和培养拔尖人才的题中应有之义。

以学生为中心的教学理念旨在充分激发和调动学生的主动性、积极性

① 参见龚云.习近平人才思想的精髓——论“人人皆可成才、人人尽展其才”思想[J].人民论坛，2019(3)：35-37.

② 参见吴朝晖.努力构建以立德树人、全面发展为导向的人才培养体系[J].中国高教研究，2019(3)：1-6，29.

③ 参见何菊玲.因材施教原则的教育正义之意蕴[J].华东师范大学学报(教育科学版)，2018，36(2)：110-116，157.

和创造性，是学生全面发展与因材施教的首要前提和条件。以学生为中心的核心要旨包括是否真正地关注了学生成长，体验到了学生成长，再进一步就是教师能否“共情”般地感受到学生的成长，即学生是否在教师的指导下向上成长。① 以学生为中心的教育理念并非弱化教师和规范化教育的地位和作用，反而更加凸显教师在学生成长过程中扮演的“引路人”的角色，需要教师走出课堂，走入学生的生活之中。培养拔尖人才需要给予学生更多的关注，因而教师要在完成既定的课程教学任务的前提下，发现学生的特性和优势，并有针对性地开展教学活动。

二、公平与效率兼顾的理念和积累优势理论

公平与效率兼顾的理念强调人才培养既应当保障每个公民的受教育权利，又要考虑资源利用最大化的现实需要；既要实现全民族素质的整体提升，又要实现科研创新驱动。事实上，公平和效率并非二元对立，要同时满足两者的基本要求，应当合理地分配资源。资源是由全体劳动人民共同创造的，因此资源的基本特征之一就是具有普惠性。但在普惠的基础上，为了能够实现资源的可再生性和扩充，需要将资源转化成资本，即提高资源的利用效率。

积累优势理论提出，在坚持公平的基础上要极力追求效率，这样不仅可以有效地实现资源的最大化利用，而且有助于拔尖人才的培养。积累优势理论自 20 世纪 40 年代由罗伯特·默顿(Robert Merton)等人提出并不断发展，默顿先后指出，优势包括两类：一类是与能力有关的优势，另一类是与能力无关的优势。而后，默顿又基于积累优势这一逻辑提出了马太效应。莫顿指出：“个人的自我选择与制度的社会选择相互作用，影响人们在某一特定领域中接近机会结构的一个个可能性。当个人的角色表现达到了制度所要求的标准时，尤其是当它大大超过这些标准时，这便开始了一个积累优势的过程。在这一过程中，个人获得了持续扩大的机会以更进一步地拓展他的工作(以及获得与该工作有关的奖励)。由于精英机构在其领域中具有相对多的促进研究工作的资源，有幸进入这些机构的天才就会更有潜力获得

① 参见陈光磊，杨晓莹.大学教学“以学生为中心”的现实困境与超越[J].国家教育行政学院学报，2018(12)：72-77.

明显的积累优势。这样,奖励系统、资源分配系统以及社会选择机制,就会借助于提供一种分层的机会分配以扩大科学家作为研究者的作用,从而在科学中产生和维持某种阶层结构。”①在高等教育逐渐流水化和普及化的背景下,个人获得的资源是平均的,尤其在个人能力差距较小的情境下,积累优势往往难以创造。虽然积累优势理论并不可以直接论证个人的成功与其获得的优势是否呈线性关系,但它能够在一定程度上解释当能力及环境大致相同时为何个人取得的成就会相差甚远这一现象。在此理论指导下,拔尖人才的培养思路之一便是让个人快速获得较为集中的资源,并将资源转化为个人继续成长和发展的资本。

三、教育评价理论和创造力投资理论

教育评价与教育发展如影随形,但是学界对于教育评价的概念也有不同的界定。辛涛等将教育评价定义为:在系统地、科学地和全面地搜集、整理、处理和分析教育信息的基础上,对教育的价值作出判断的过程,目的在于促进教育改革,提高教育质量。② 齐宇歆将教育评价等同于教育测评,认为“评价=行为方式的描述(量的测量或质的描述)+行为方式的价值判断”③。雷新勇提出,教育评价是对教师、学校、学生进行评估,旨在确定教育的有效性以及学生整合和理解信息的程度。任何一项教育评价都至少包括以下环节:确定评价目的;设计评价计划和方案;确定需要评价的特质及其观察标志;开发观察工具或测试工具;分析观察数据或测试数据,获取评价信息;报告评价结果。④ 从上述学者的概念争论中可以看出,教育评价不是单环节的评价,而是对“教师—教学—学生”三个环节的综合性评价,是基于特定的价值导向,对教育目标、行为、过程及结果进行测量和评估分析,其根本目标是对教育的效果进行总体把握并且不断修正教育模式。因此,教育评价作为拔尖人才培养的重要一环,一方面可以为对培养模式效果进行综

---

① MERTON R K, The sociology of science: An episodic memoir[M]. Bloomington-Normal: Southern Illinois University Press, 1979.

② 参见辛涛,李雪燕.教育评价理论与实践的新进展[J].清华大学教育研究,2005(6):38-43.

③ 齐宇歆.当代教育评价理论及其历史演进过程中的知识观分析[J].远程教育杂志,2011,29(5):76-82.

④ 参见雷新勇.关于教育评价改革的若干思考[J].中国考试,2020(9):10-14.

合性评价提供基本依据，另一方面可以为后续模式的改进提供指导。

创造力投资理论最早是由美国心理学家罗伯特·斯滕伯格和陶德·陆伯特(Todd Lubart)于1991年借鉴经济学术语“买低卖高”而提出的。创造力需要六种不同的但相互关联的资源：智力、知识、思维风格、人格、动机和环境。[①] 斯滕伯格在创造力投资理论的基础上，又提出了创造力贡献说，他把具有创造性贡献的人分为三大类：接受现状的，这类人对现有的领域是认可和满意的，他们的任务主要是在现有的基础上对该领域进行完善，推动其不断前进；挑战现状的，即对现状不满，并提出新的发展方向，使某一领域发生根本的转变；整合现状的，即把先前的两个不同方法加以整合，使其成为一个新的方法。[②] 事实上，拔尖人才的培养是基于个人创造力发挥的现实需要而开展的。现代社会中，创新成为民族和国家的核心竞争力，而创新就需要人才在掌握知识的基础上不断挑战现有状况，进而推动社会发展。

四、人力资本理论和人才金字塔理论

现代人力资本理论形成于20世纪50年代末，由于传统经济增长理论难以解释第二次世界大战后经济迅猛增长的现象，人力资本凭借其解释力登上了经济学理论的舞台。诺贝尔经济学奖获得者、美国著名经济学家西奥多·舒尔茨(Theodore W. Schultz)于1960年提出人力资本理论，随后又指出教育的发展即对人力的投资是经济增长的主要原因。诺贝尔经济学奖获得者、美国著名经济学家加里·贝克尔(Gary S. Becker)也进一步说明，通过正规化教育能够给个人的经济收入带来巨大的变化，并提出了估算人力资本投资回报率的计算方法。人力资本理论指出，人们在受教育的过程中获得的知识和能力也是一种资本，是区别于物质资本的人力资本。在一定意义上，人力资本同物质资本具有相同的属性，即人力资本是带来未来收益的源泉。由于人才资本收益率更高，因此是更重要的一种资本。[③] 高等教育对

① 参见田友谊.创造力系统观及其对创造教育的启示[J].清华大学教育研究，2006(1)：106-113.

② 参见臧玲玲，唐俭欣.美国青少年创造力培养的理论与实践[J].外国中小学教育，2012(2)：27-32.

③ 参见闵维方.人力资本理论的形成、发展及其现实意义[J].北京大学教育评论，2020，18(1)：9-26，188.

拔尖人才的培养也受到人力资本理论的极大影响，人力资本理论既提高和强化了人的主体性地位和作用，也强调了教育的价值和意义。教育不仅是消费活动，更是投资活动，从长远来看，劳动生产率的提高离不开劳动者素质的提升，拔尖人才作为一种重要的生产要素，对经济发展有着巨大的影响。

人才金字塔理论是基于人或者劳动力的异质性而言的，人的禀赋、兴趣、资源等条件不同，以及工作岗位、性质、内容不同，使得拔尖人才培养也应该呈现多元化发展局面。构建我国人才金字塔体系应当采用紧盯国际顶尖人才做高“塔尖”、聚焦科技创新人才做强“塔身”、注重基础实用人才做厚“塔基”这一具体路径。[①] 塔尖即拔尖人才，其对于学科发展和社会进步起着领头的作用，塔身即进行深入培养后可以转变成塔尖的人才，塔基即社会各行各业的基础性人才。在我国目前的人才结构中，由于塔基和塔身的人才培养投入成本少、见效快、易培养，因而数量庞大。相反，塔尖由于人才培养需要较高的成本、较长的时间而数量稀缺，人才金字塔呈现无塔尖型。在此背景下，急需高等教育大力培养拔尖人才，从而重塑人才金字塔模型，使得社会有序运转和发展。

五、精英教育必然性的教育理念

精英教育必然性的本质是公平理念的延展。随着高等教育的普及化，大众教育的呼声渐趋高过精英教育，导致出现人才培养的流水线生产的现象。精英教育的内涵和价值在新时代下需要重新对待和考量，具体来说，首先，精英教育是少数人的教育，但不等于少数人的特权，精英是在公平竞争的基础上选拔的，每个人进入精英门槛的机会和概率相对公平，这也符合机会和才能成比例的公平理论。其次，科学技术的发展和进步需要专门持续从事研究的研究型人才，而在现实生活中，大众教育首要解决的是就业问题，其培养目标是应用型人才，因而需要精英教育来培养研究型人才，这也是社会分工导致的必然性。再次，由于个体的兴趣爱好、价值观、理想追求等存在差异性，大众教育并不能有效地满足个体需求，因此需要针对不同的

① 参见吴伟俊.人力资本异质性理论与人才“金字塔”体系构建[J].学习与实践，2019(1)：51-56.

群体采取独特的精英教育培养模式。精英教育既包括培养研究型人才，也可以旨在培养应用型人才，这是基于个体差异产生的必然性。最后，国家先后出台教育中长期规划，致力于集中资源培养一批高水平大学和学科，而高校内部需要契合国家战略规划，采取集中部分资源开展精英教育的方式，从而满足我国中长期发展需要。

第二节　公共管理拔尖人才成长规律分析

人才的培养、开发与使用是一门科学，有其自身的规律性。遵循规律则事半功倍，违背规律则事倍功半。在社会学领域，规律是指“事实加上大概率”，即事物在大多数情况下发展变化才有的结果，具有一定的普遍性，人才成长规律如是。相较于更为普遍的人才成长规律，拔尖人才的成长规律有其独特性，从公共管理拔尖人才的成长规律来看，主要包括优势积累效应规律、非均质化规律和最佳年龄教育规律、长周期成长规律、系统化培养规律。

一、优势积累效应规律

“骐骥一跃，不能十步；驽马十驾，功在不舍。”(《荀子・劝学》)事物的变化与发展是螺旋式上升的，正因为积累，所以才会有量变到质变的结果。拔尖人才的成长追求结果的高质量，但没有人生而知之，公共管理拔尖人才定然是在“了解现实治理实践图景—认识治理理论—踏入现实治理实践中—再重新认识治理理论”的无尽循环中和不断积累优势的过程中成长起来的，也就是优势积累效应规律。但这个过程中的优势积累并不是盲目的，而是循序渐进，在科学指导下进行的。具体而言，优势积累效应规律包括时间积累、师承效应和马太效应三个要点。

(一)时间积累

时间积累是心理学中的一个概念。乘数理论指出，单位自发性支出的增加会引起支出连锁地增加，从而使总产出以一种放大的形式增加。时间积累是指对机体有影响的时间持续作用所造成的生物效应的积累或叠加现象。

常言道："一锹挖不成井，一口吃不成胖子。"拔尖人才的优势必然来自个人的积累，积累学识、经验以形成自己的优势。首先，积累学识，做到大量识记。人的大脑就是一个潜能巨大的存储器，"读书破万卷，下笔如有神"，只有在平时做到博闻强识，通过大量的记忆、积累，人才会变得聪明睿智。其次，积累经验，学会常思考。如果说积累是一条单行道，那么思考就是两侧最特殊的指标，它告诉我们怎样从昨天走到了今天。毕竟明天又是全新的一天，只有思考了，才会形成经验，帮助我们在无意中记住它，免做无用功。然而，无论是知识还是经验，都不可能与生俱来，只有通过相当长的时间积淀，通过大量的学习和实践才能获得。故而，时间积累是优势积累的首要之功。

（二）师承效应

师承效应是指在人才的教育和培养过程中，徒弟、学生一方在德识、才学方面得到师傅、老师一方的指导与点拨，从而在继承与创造过程中与同行相比少走弯路，达到事半功倍的效果，有的还形成"师徒型人才链"。[①] "名师出高徒""强将手下无弱兵"便是师承效应的重要体现。一方面，优质的教育资源是拔尖人才成长的基础，一流的大学、优秀的老师在拔尖人才成长的过程中能给予更高水平的指导，引导学生尽快进入专业领域的最前沿，促进拔尖人才的涌现；另一方面，培育出优质的学生反过来要求院校进一步加强学科建设，老师进一步提高专业功力。两者互相促进，相对更容易产生成长的机会，而一旦获得机会，就能获得更多的优势，从而进一步积累优势，也就是所谓的"教学相长"。某种程度上，优秀的人总是喜欢与优秀的人相处，从另一个优秀的人身上学习其优点。优秀的人相交无遗，能使彼此更加优秀。

（三）马太效应

马太效应出自圣经《新约·马太福音》的一则寓言："凡有的，还要加倍给他叫他多余；没有的，连他所有的也要夺过来。"1968 年，著名社会学家罗伯特·默顿归纳提出了马太效应这一概念，他认为任何个体、群体或地区，

---

① 参见蔡翔，谢梅英，程发新，等.中国院士群体师承效应的量化研究[J].科技管理研究，2021，41(23)：133-140.

在某一个方面（如金钱、名誉、地位等）获得成功和进步，就会产生一种积累优势，就会有更多的机会取得更大的成功和进步，突出表现为“强者愈强，弱者愈弱”的一种社会现象。表面上，“马太效应”似乎与“平衡之道”相悖，但实则它也是“平衡之道”的一极，是一种需求与有限的资源的平衡——现有的资源终究是有限的，强者走在前沿，便更容易获取丰厚的资源，也更能得到更多对自身有利的机会；而处于劣势的人，发展将会受限，甚至走下坡路，从而实现资源的调配。就拔尖人才的形成而言，当他们开始具备一定的优势时，就相应地获得更多的机会继续积累优势，这样就形成一个良性循环，脱颖而出的机会更大。

二、非均质化规律

均质化即标准化，强调同类的整齐划一，就如同一个流水线上生产的同一种商品，彼此之间无甚差别。然而，人的成长具有个别差异性。正如世界上也没有两片相同的树叶，世界上没有两个相同的人，每一个人都是独一无二的，是有个别差异的。同样地，人才的发展，需要给予人才一定的自由空间，鼓励人才培养独立性、自主性和创新能力，使之能够自我引导、自我发展。著名教育家蔡元培先生就曾说：“教育者，与其守成法，毋宁尚自然，与其求画一，毋宁展个性。”[①]拔尖人才的“拔尖”，意味着其与普通人或者一般人才相比必然存在不同之处。由此可见，拔尖人才的成长绝不是均质化的，否则必然会导致个人特征的大众化、思维的僵硬化，甚至泯灭个性、消除创新能力。试想如果所有的拔尖人才都是一个模板，这又如何称之为拔尖人才？这就是拔尖人才成长的非均质化规律。

就公共管理拔尖人才而言，理论型人才、实干型人才特质的侧重点各有不同，面向不同领域的人才，技能要求也不尽相同。因而，公共管理拔尖人才的选拔和培养要充分尊重个体差异，因材施教，因人而用，最大限度地调动人才的积极性与创造性。

三、最佳年龄教育规律

个体身心的发展具有阶段性，这也决定了教育工作必须根据个体不同

---

① 蔡元培.中国伦理学史：外一种[M].太原：山西人民出版社，2020：196.

年龄阶段的特点分阶段进行。如果不顾学生的年龄特征和接受能力，在人才培养过程中搞“一刀切”“一锅煮”，违反个体身心发展的阶段性规律行事，必然只会是“揠苗助长”。1998 年，江泽民同志在出席中国科学院第九次院士大会和中国工程院第四次院士大会时提出：“纵观世界科学技术发展史，许多科学家的重要发现和发明，都是产生于风华正茂、思维最敏捷的青年时期。这是一条带有普遍性的规律。”[①]把握人才成长的阶段性规律，结合实际针对不同年龄阶段的学生提出不同的具体任务，采取不同的教育内容和方法，在个人素质发展的最佳年龄期内施以相应的教育，以求取得最佳的教育效果，这就是最佳年龄教育规律。

在人的生命周期中，在不同的年龄具有的生命状态各不相同。伴随着生理上的发展，人的心理也逐渐健全，在精力充沛、思维活跃的“关键期”，个人更富有创新精神，敢于质疑，勇于创造，是个人作出成绩的最佳年龄时期。一般情况下，一个人在不同的年龄阶段，创新能力是不一样的。根据医学上的研究结果，人从出生到 25 岁左右(有个体差异，有的人要到 30 岁左右)，是一个人生理发育的成长期，过了 25 岁以后人的生理将处于一个 10 年左右的平衡维持期。从生理上说，这个平衡维持期是一个人的黄金时期，也是从事创造创新活动的黄金时期。[②]

四、长周期成长规律

(一)人才选拔的长周期性

人才选拔作为人才进入培养体系的门槛，其设定初期就需具有长期性，是后续人才培养计划开展的首要前提。现有高校的自主招生选拔以理工科类为主，虽然“强基计划”重视对文科的选择，也采取了综合性的评价选拔手段，如笔试、综合面试等一系列环节，但也是以暂时性的考核为主。研究生人才选拔过程更是存在这种问题，即便相当多的高校侧重于通过夏令营等方式提前选拔研究生，通过短时期的学习和个人表现，对学生进行测评和认定，选择优秀学员进入研究生群体，但是这样选拔的研究生往往是应试能力

① 江泽民文选(第二卷)[M].北京：人民出版社，2006：134.

② 参见胡弼成，上官晴.论教育时序[J].高等教育研究，2012，33(9)：13-18.

较强，缺乏持续性的科研能力，在后续的科研过程中易暴露出专业知识不牢固、缺乏创新性思维等缺点。博士生则普遍采取申请考核方式，由学生本人提供个人的研究成果，筛选后经导师组考核方可进入博士阶段学习，其更加注重学生的科研学术成果和长周期性的产出结果，有利于升学后高层次人才培养计划的稳步实施。但总的来说，目前的人才选拔缺乏动态性的测评，不能由选拔而拓展到对整个培养体系进行监测，对于学生的潜力、资质和未来创新能力仍缺乏足够的考核，因此需要优化选拔对策，将其视作人才培养体系中的关键一环，突出整个选拔过程的长周期性。

（二）人才培养的长周期性

拔尖人才的成长需要长周期的培养，目前公共管理学科采取本硕博分段式培养，各阶段的培养方案相对独立，整个培养体系呈现出短期化效应，本硕博一体化较少，大多采用直博生或硕博连读的方式，但总体而言，目前直博生占博士招考人数的比例仍较低。直博生或硕博连读生培养突出长周期培养理念，其一体化培养的模式打破了原有的层次性人才培养模式，将本硕博三个阶段的知识体系连贯起来，将本硕博三个阶段的培养方案融会贯通，统一安排课程学习、实践及培养手段等。学生接受系统性理论基础训练、持久性学科方向钻研，具有明确的目标导向要求，不仅极大程度地缓解了培养时间的压力，而且符合公共管理拔尖人才的成长规律，使其成长过程呈现系统性螺旋式上升，学生能够全面掌握专业知识和技能，形成系统的理论知识框架。但目前，硕博生培养依然是以普通招考的类型为主流，硕博连读和直博生人数比例较低。普通招考中，考生可以跨学科考入其他专业，进行多学科交流学习。普通招考即按照传统的分层分段式培养模式，每个时间段有固定的培养方式，相较于本硕博一体化培养模式，具有较小的沉淀成本，考生自主选择也是其优势所在。如今应逐步增加直博生比例，构建公共管理本硕博一体化培养体系，对于进一步突出公共管理拔尖人才的培养，向国家和社会输送创新型人才具有举足轻重的作用。

（三）团队建立的长周期性

拔尖人才培养多以研究团队的形式出现，相较于理工科形成了较为完整的研究团队，公共管理学科目前在各高校范围内尚未形成较为明确和稳定的研究团队，导师制度也是以单一导师培养学生为主，不利于充分利用师资力量和资源，而且导师群体的研究领域各有特色，单一导师培养不利于构建人才的全方位知识体系。此外，师资队伍的建立也需要教师间彼此磨合、相互配合，并且师生之间的默契培养也需要时间，构建有梯度的研究团队需要较长时间。研究团队建立的长周期性不仅需要强大的师资力量和人才引入，还需要构建相应的互动交流体系。导师队伍建设依托领军人才、省管专家等科研教师逐步组建研究团队，一是采取学院内部选拔优秀教师进入研究团队；二是采取招贤纳士等方式扩充师资力量；三是由团队首席专家通过申报国家社科基金课题等方式逐步挑选和挖掘所需的教师。另外，应创新导师制度，一方面在招生、制订培养计划、研究团队建设等方面赋予导师更多的权利；另一方面构建信息化服务平台，为团队、导师、学生之间的交流提供更多的便利性，促进培养体系计划顺利开展。

五、系统化培养规律

系统论的视角从理工类向社科领域发展演变，也成为各学科共同关注和重视的一项思维理念。实际上，拔尖人才的养成不是孤立发展的过程，而是多方合力共同作用的结果。公共管理拔尖人才的成长环境复杂多变，环境包含诸多要素和主体，不同的变量和主体对于公共管理拔尖人才的成长具有不同的影响，因此要充分重视环境中诸多要素变量对公共管理拔尖人才的影响，并且根据影响的范围和程度，有针对性地弥补各类要素。公共管理拔尖人才的成长过程是历时性状态，在不同阶段需要拔尖人才逐步形成不同的能力，拔尖人才培养的总目标分解至各阶段，呈现出多元目标并行发展的态势。因此，需要将公共管理拔尖人才培养的对象、培养主体和培养环境视为交互融合的有机整体。任何一个要素的改变，都要求其他要素相应地进行调整，特别是要围绕最终培养目标，结合培养对象的发展需求，有计划、及时地进行调整。更重要的是，培养对象是具有主体意识的个体，所以要充分重视培养对象主体自适应性能力的建设，让培养对象能够发挥主观能动性，一方面适应既定的培养体系；另一方面能够根据自身需要与培养主体进行有效互动，以便调整培养体系。

（一）动态发展的培养过程

公共管理拔尖人才的培养是一个动态发展的过程，包括设定阶段目标、预测发展趋势、结果相辅相成，共同推动公共管理拔尖人才培养内部整体性发展。

1.设定阶段目标

根据系统论的观点，目标的设定是系统整体运作的关键所在，在公共管理拔尖人才的培养过程中，系统的稳定运行需要设定各个阶段的目标。培养目标的设定首先要具有前瞻性，定位于培养当前以及未来社会发展所需的公共管理人才，把公共管理拔尖人才定位在一个合适的位置上，适应学科和发展的需要；其次，目标设定要具有可及性，建立在现有的教育资源平台上，切勿超出资源负荷；最后，目标设定还需具有动态性，结合变化的环境设定阶段目标，及时调整更换，构建弹性目标，以适应环境的发展。

2.预测发展趋势

培养计划阶段目标设定后，需预测其发展趋势。根据目标和学生的发展现状，预测公共管理学生的行为结果及成就达成的概率，检测目标设定的科学性。根据现实情况采用定性或定量的预测方法，比较多项预测结果，对其进行平均，并考虑在培养过程中环境的稳定性，提高预测的精准度。依据预测结果及时调整目标。

3.结果实时反馈

公共管理拔尖人才的培养要实时反馈结果，以此观测公共管理拔尖人才培养的回报率。通过收集公共管理拔尖人才的实际成果产出（社会贡献）、用人单位反馈、其他主体（父母或老师）反馈等多元反馈结果，采取考核或其他量化方法，检测目标实现的情况，为后续目标的制定和计划的调整提供依据。

（二）计划连续稳定

实施计划的连续稳定性是公共管理拔尖人才培养的重要保障。公共管理拔尖人才的培养是一个很长的阶段，需要投入大量时间，在这个过程中，人才教育除了着重于认知学习，还应关注社会与发展环境的变化。充裕的发展时间、空间及连贯、稳定的学习路径，为公共管理拔尖人才的培养提供了现实条件，保障其实现特定的学习目标。我国“强基计划”为此提供了教科书式的范式，从本科开始培养综合素质优秀的人才，探索建立本硕博衔接的培养模式，为学生提供充足的发展时间。

（三）适应性的环境变化

除了人才培养计划内部系统运转，其发展环境需要相应地调整变化，建立能够推动公共管理拔尖人才发展的国家战略和政策体系，为人才的成长和培养提供完善的政策环境。同时，打造环境友好型校园为公共管理拔尖人才的发展提供良好的教育环境。国家出台的一系列改革措施能够夯实我国人才发展的制度性基础，为人才的培养和长远发展造就良好的环境，并且为拔尖人才的成长和发展提供根本性保障。而友好型的校园环境则直接影响着人才培养体系的实施成效。

1.建立推动个人发展的国家战略和政策体系

经济发展进入新时代，我国的发展战略也应调整，除了注重经济发展外，开始强调人才强国战略，将人才视为第一生产力，目的在于提高高素质人才比例和培育拔尖创新型人才。在人才培养和激励上加大投入力度，调整人才结构，为国家提供高精尖人才，使我国由人口大国转变为人才强国，以此提高综合国力。在推行人才培养的战略计划下，我国不断优化拔尖人才发展的政策环境，例如我国的“强基计划”作为一项人才培养政策，是适应时代变化、培养拔尖人才的重要改革政策，其服务于培养意向投入国家重大战略工作和综合素质较高的学生，聚焦于各个重点学科领域，提供相应的物资、政策和资金支持。国家政策引导优秀人才向短缺领域发展，为人才发展提供良好的物力、财力、技术以及教育资源和政策上的支持，引导全社会重视人才的培育，打造培养拔尖人才的优良环境。国家改革一系列人才制度，其根本目标在于能够形成“人人皆可成才”的良好环境，而后在此基础上，通过出台积极的和普惠性的人才政策为拔尖人才的未来发展提供重要保障。此外，国家鼓励各地充分利用国内外优质教育培训资源，加强教育培训合作，培养高水平的国际化人才，有利于缓解部分地区人才培养师资力量短缺问题，为建立高质量人才培养体系明确了发展路径。

2.创建友好型的学校环境

学校是拔尖人才培养的主要基地，环境友好型校园的建设是培养拔尖人才的关键之举。建设友好型的学校环境，首先，必须结合学校所在地区的经济、社会、文化发展状况，遵循大政方针下的教育理念，创新教育手段和方式，在实行大众化教育的基础上，注重挖掘有潜力的学生，实施有针对性的培养方式。其次，完善硬件设施，为公共管理拔尖人才的培养提供必要的教学场所。公共管理学科注重解决现实问题，所以应建设公共管理类实验室，如公共管理决策模拟沙盘、公共事务流程模拟与再造实验区、情景模拟与行为测评实验区、电子化公共事务实训与开发实验区、个案工作室模拟区、公共危机管理实验区、城市管理数据中心、公共危机管理虚拟仿真实验室等。另外，要丰富校园电子图书资源，推动教育数字化进程，开发建立公共管理案例数据库等。再次，在软件设施上，变革学校管理理念，强化教师和管理人员的服务意识，打造优良的校园文化氛围，创新学校的管理模式和管理方式，为公共管理拔尖人才的成长提供形式丰富的校园文体活动。最后，校、院两级需要为培养公共管理拔尖人才提供充足的经费支持，有选择性地倾斜教学资源，集中和引导优质教学资源向“高需求”倾斜。除了内部建设外，还应继续推动友好型校园环境建设对家庭、教育系统乃至整个社会的影响，从而建设支持公共管理拔尖人才发展的友好型家庭环境、友好型社会环境等。

第三节　公共管理拔尖人才培养模式理论框架

在不同的理论视角下，构成人才培养模式的基本要素具有较大差异。在诸多理论中，以五要素说最具代表性，即人才培养模式涵盖培养目标、师资力量、培养制度、专业设置、成效评价等。其中，培养目标是核心引领，规定了培养模式的实施方向和主要路径；师资力量是关键要素，直接影响人才培养模式的实施成效；培养制度是基本保障，确保制度实施的常态化和可行性；专业设置是具体路径，负责贯彻落实人才培养目标；成效评价是运行支撑，促进人才培养模式的调整和完善。

一、公共管理拔尖人才能力培养导向

公共管理实务型拔尖人才未来从事公共管理相关领域的工作，特别是成为公务员队伍的一员，尤其需要具备相应的职业素养，包括诚实守信、爱岗敬业、服务群众、奉献社会、办事公道，以及满足2018年新修订的《中华人民共和国公务员法》规定的其他要求。在达到职业素养的基本要求后，应当有与之匹配的职业能力，从而能够有效胜任各类公职岗位。公共管理实务型拔尖人才至少需要具备公共决策能力，公共组织管理能力，公共政策的设计、执行和评估能力，公共危机管理能力，沟通协调能力等。因此，高校对于公共管理应用型人才的培养需以塑造公共管理综合能力为导向。而且不同的能力，其培养途径、方式和具体手段均有所不同，高校可以通过在师资队伍建设、课程结构安排、实训活动设计方面进行改进，如通过校地合作以建立实习基地和吸纳校外导师、开设案例分析课程、举办公务员模拟大赛等方式实现。高校在系统性培养模式中，需要有针对性地训练和形塑学生的各类能力。

二、公共管理一流师资队伍的建设

公共管理拔尖人才的培养离不开高校公共管理类教师这一重要主体，而且学生培养质量很大程度上取决于教师队伍的建设水平。高校公共管理类教师是公共管理拔尖人才培养的核心力量，教师队伍的建设不仅要满足当下的需求，还要实现人才培养的可持续性发展。打造一流公共管理学科和培养公共管理拔尖人才，首先要建设一支高水平教师队伍。高校公共管理类教师是指接受过公共管理专业知识体系系统训练的，具备从事公共管理相关研究及教学能力的教师。因此，高校公共管理类教师队伍的配置既要吸纳研究型教师，也要引入实务型教师，从而满足多元化培养目标。高校公共管理类教师队伍应当按照现代人力资源管理的理念、方法和原则进行建设，实现师资队伍在年龄结构、研究方向、功能作用等方面的合理配置。

三、公共管理拔尖人才培养课程的设置

（一）课程教学

公共管理课程设计和教学应具有独特性，课程教学需兼顾理论知识体系讲授和实践问题导向，可以采用“摸底—讲授—模拟—实习”的顺序依次教学。在人才培养的过程中，首先要对培养对象的基本情况（专业基础知识能力、未来就业求职意向等）加以了解和掌握，以便后续因材施教。此外，课程教学尤其需要体现交叉性，或通过选修学科设置，或通过专业课程体现。学科交叉是科学、教育发展的必然趋势，在具体的学科选择过程中，高校必须立足本校的主体学科和优势学科，并满足大项目研究和学科平台建设的需要。为了更好地推动世界一流学科的建设，高校要为学科交叉创设良好的环境。[①] 交叉学科有助于寻找学科创新增长点，有助于学生搭建完整的知识体系，更有助于在分化学科背景下的再集中。公共管理学科涉及种类繁多的公共事务，要求公共管理拔尖人才具有跨学科的知识背景，能够掌握具有复杂性、尖锐性、普遍性、专业性、变化性和发展性等特点的各类学科基础知识。公共管理拔尖人才课程教学内容如图 2-1 所示。

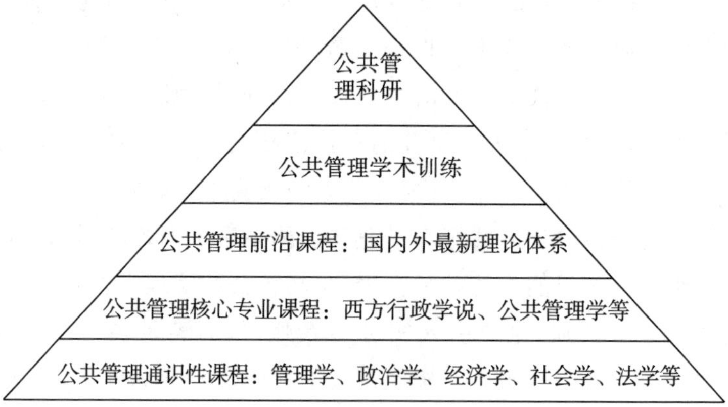

图 2-1　公共管理拔尖人才课程教学内容

① 参见刘献君.学科交叉是建设世界一流学科的重要途径[J].高校教育管理，2020，14(1)：1-7，28.

（二）学分学年制

国内高等教育人才培养采取的课程修学方式是学年制或者学分制。学年制即通过学年来计算学生的学习成果，要求学生在规定的学习时间内各科课程均满足基本条件便可毕业。这一方式有利于课程安排的稳定性和连续性，有利于学生按照既定年限按部就班地完成相关课程，并且有利于整体教学进度的保证。但是，学年制方式下不能够体现学生的主观能动性，采取统一的标准和内容不利于学生的差异化培养。学分制即以课程学分计算，在最基本的年限内只要完成一定的学分即可毕业，学习年限具有一定的弹性。学分制是根据课程内容的重要性、专业性、难易度等进行设定的，可以引导学生根据自身实际情况择优选之，培养拔尖人才。不过，学分制因其具有较高的灵活性而增加了教学成本，且需要学生本身具有较高的认知度和选择基础。公共管理拔尖人才应采取学年制和学分制相结合的方式，即本科生阶段以学年制为主，特别是前一到两年以通识教育为主，可以采用集体教学和按年完成学业的方式。但是在本科三年级及以上，可以采用学分制，以充分激发学生的自主性，集中资源进行精英教育。

（三）主辅专业结合

高等院校公共管理人才培养一般采用单一专业制，要求学生在一定时间内完成专业规定的各项要求，从而授予某一学位。不过，近些年，辅修第二学位更受追捧。公共管理拔尖人才需要有多元化的学科知识，因此辅修第二学位不仅有助于其加深对公共管理专业知识的理解，而且能够进一步提升学生的综合能力。学生在学有余力的同时，可以有更好的平台和机会以激发兴趣、提升综合能力。主辅结合使得公共管理拔尖人才能够在未来生涯规划上有更充分的准备，为成为复合型人才奠定基础。此外，在引导学生选择辅修专业方面，需要根据学生自身的兴趣爱好和基础知识，让辅修成为主修的辅助，实现两者的有机融合，尽可能避免辅修成为学业负担。

四、公共管理拔尖人才培养的制度机制

（一）大类人才培养制度

大类培养模式是对“按二级专业招生与培养”的传统模式的改革，旨在“按类培养”，即学生能够在具备一级学科要求的公共基础知识后，根据个人兴趣再选择二级学科深入学习，从而学校更加具有针对性地培养学生，学生也具有更强的主体性意识。在大类人才培养模式下，课程设置需要进行较大的变动，特别是大一阶段通识课教育需要既有普及性特征，又能够让学生在一定程度上了解不同专业的特色和要求。除此之外，与大类人才培养模式相配套的是课程教学改革、课程体系调整、教学方法转变等。具体来说，公共管理拔尖人才采取大类人才培养模式，使得基础教学表现出趋同性，各类型学生需要共同接受统一的课程教学，因此课程内容的难易程度和结构设置需要平衡拔尖学生和普通学生的需求。在课程设置上，既要有基础性课程，又要开设面向基础较好的学生的课程。而且，在大类人才培养模式下需要注重引导学生的兴趣和明确未来发展方向，不断增强和树立学生的主人翁意识，所以大类人才培养模式教学需要具有应用性、启发性、时代性。大类人才培养模式更加需要按照分层、分类、分阶段的原则，依次、有序、系统地教学。

（二）招生制度

公共管理拔尖人才在不同培养时期，人才选拔方式具有较大差异。本科阶段，人才的招收主要通过高考这一相对较为单一的方式。不过，学校可以在全校范围内进行二次选拔，从而挑选出最为适宜的学生进行培养。硕士阶段和博士阶段，公共管理拔尖人才的选拔方式多元且呈体系化。一般来说，为了挑选优秀的研究生，具有招生名额的各高校会通过组建夏令营等方式吸引学生报考并进行选拔。此外，学生还可以通过参加全国硕士研究生统一考试进入硕士阶段学习。上述两种途径都能够选拔出较为优秀的学生。博士生选拔主要有三种方式，即硕博连读、申请考核、统一考试，目前来说，随着申请考核制度的优势不断凸显，越来越多的公共管理博士点院校采

取此种制度。通过申请考核制度选拔的博士研究生，一般能够作为学术型人才进行深度培养。

高校招录制度是筛选拔尖创新人才的关键环节，事关国家繁荣发展和社会稳定，目的是让优秀人才得到更高阶段教育学习的机会。如今我国形成了本科生、硕士研究生和博士研究生三种招录制度。

1.公共管理类本科生招录制度

党的十一届三中全会后，我国恢复了高校人才选拔制度。40 多年来，高考制度在改革中不断探索，为我国市场经济和国家现代化发展提供了充足的人才。经过 1978—1984 年改革酝酿期、1985—1998 年改革试验期和 1999 年至今改革深化期三个阶段，我国本科人才选拔制度逐步成熟稳定。① 在选拔内容、选拔时间、选拔对象、考试科目等方面建立起一套完整的制度，形成了以高考制度为主、高校自主招生政策为辅的本科人才选拔机制。例如，北京大学元培学院在学生选拔上，主要通过高考直接将学生招入学院，从这些年元培学院的具体招生来看，通过高考可以有效地筛选出学习能力强、基础知识扎实的学生。

除了高考制度外，当前我国少数重点大学也有部分自主选拔本科人才的权力，在符合国家各项法律法规的基础上，灵活采用各种特殊的自主招生方式选拔优秀人才，对于具有学科特长的学生，可以通过保送或者提供优惠政策予以录取。高考制度总体注重对学生的数理逻辑和读写能力考查，而对其他能力关注度不足。高校自主招生制度对高考制度的薄弱处作了很好的补充，拓宽了招生录取途径。“强基计划”作为自主招生制度的重要内容，在统一高考的基础上进一步考核学生的学科素养，当前已有 36 所双一流 A 类大学发布“强基计划”。② 如北京大学“强基计划”规定：考生必须达到所在地本科一批录取最低控制分数线，并且满足“强基计划”入围标准，最终录取结果取决于考生笔试和面试的综合素质。此外，对于在国家级学科竞赛中获奖的同学，各高校在准许其破格入围的基础上对于学生获奖学科的相关

---

① 参见梁传杰，丁一杰.我国硕士研究生招生制度——演变轨迹与演进逻辑[J].研究生教育研究，2021(4)：59-65，84.

② 参见刘海燕，蒋贵友，陈唤春.我国拔尖创新人才选拔与培养的路径研究——基于 36 所高校“强基计划”招生简章的文本分析[J].高校教育管理，2021，15(4)：93-100，124.

知识进行针对性考核。

公共管理下设的六个二级学科均是文理兼收的专业，此种招收方式既有利于扩大生源范围，也有利于学生充分发挥自身的优势，同时满足高校实施复合型人才培养的要求。部分高校在新生入学后会再次组织公共管理拔尖人才选拔，二次选拔机制给学生提供了另一次选择机会。例如，浙江大学其他学院同学也可以通过申请和考核进入竺可桢学院进一步学习。浙江大学竺可桢学院除了选拔保送的优秀考生以及录取高考生外，还设置了二次选拔制度，竺可桢学院公共管理英才班会在大二学生中遴选具备领导和管理潜力的优秀学生进入该班学习。

2.公共管理类硕士研究生招录制度

相较于本科生而言，硕士研究生发现问题、分析问题和学术研究的能力有了进一步提高，能满足服务社会主义现代化建设的高层次、高素质的专门人才的需求。硕士研究生招生考试是最主要的硕士研究生选拔方式。硕士研究生的招录对象主要是本科毕业以及同等学力本科毕业的学生。考生需要通过初试环节、复试环节和政审环节才能成为硕士研究生。报考阶段，本科生可以选择报考学术型硕士研究生或专业型硕士研究生，其考试内容会有部分差异，如专业型硕士研究生英语科目为英语二。初试公共课科目由国家统一命题，根据报考情况和录取人数划分A区和B区国家分数线。复试阶段通常以“笔试＋面试”的形式考查，面试内容包括英语和专业课，相较于初试环节考查知识水平，面试环节更加注重考查学生的综合素质。除了硕士研究生招考外，推免制度也是一项重要的招录制度。获得免试资格的同学不用参加全国统一的研究生招生考试，只需要通过录取学校正式推免环节。免试机会主要分布在一本批次高校，推荐免试的同学主要包括两种情况：一是考生本科成绩优异，二是符合高校提供的特殊政策。如吉林大学除常规推荐免试研究生外，还采取“创新人才”特别推荐方式，选拔有发明专利、高水平作品、在学术期刊上公开发表学术论文的高素质创新型人才。此外，特殊政策包括研究生支教团推免专项计划、农村学校教育硕士师资培养计划、医学长学制、新疆高层次双语人才计划等多样推免计划。[①]

近几年,具有公共管理学科硕士点的高水平大学逐步提高了推免招录的研究生数量和比例,对学生的本科专业、类别、科研经历等提出特定要求,从而便于进一步挑选出具有从事公共管理研究潜力的学生。一般而言,高校招录的推免生需要获得本校的保研指标,但有部分高校打破了这一限定,给予学生额外的推免面试资格。例如参加"清华大学中国公共政策案例分析大赛"并获奖的团队中两位表现优异的本科生将会获得清华大学公共管理学院硕士项目的推免面试资格。与此同时,高校并未对参加统考的学生的专业作过多限制。上述多种选拔渠道可以使公共管理人才来源更加多元化,打破唯分数论这种单一的选拔模式。

3.公共管理类博士研究生招录制度

博士生教育是我国学历教育层次的最高等级,是衡量一个国家高水平人才教育的关键。博士研究生招录方式经过几十年的发展,已经形成了三种成型的选拔方式:普通招考、硕博连读、直接攻博。博士普通招考与研究生招生考试相似,考核以笔试为主,考核科目包括思想政治、外国语和专业课。普通招考可以更好地确保招考的公平性,但考核内容侧重于知识记忆,难以全面考查考生的综合能力,因此出现了其他博士生选拔形式。硕博连读即硕士研究生和博士研究生进行连续培养,在学制上属于长学制学习,通过缩短硕士培养时间,培养专业领域的优秀人才。招生计划一般由各校自主把控,也有部分高校对招生名额作了限制,如上海交通大学规定硕博连读的名额应少于博士研究生总招生人数的30%。硕博连读主要选拔流程为:二年级硕士生提出申请,经过硕士生导师和与接收博士生导师同意,进入复试阶段。直接攻博将学习起点进一步推前,即从优秀应届本科毕业生中选拔直接读博的学生,在三种模式中直接攻博的贯通性最强。[②] 普通招考制存在选拔效率低和考试机械化等问题,于是北京大学在2003年探索性开展申请—考核制。截至2021年,已有42所世界一流建设高校通过申请—考核制

---

① 参见赵军魁.大学生自主学习能力培养问题审视及对策探究[J].辽宁教育行政学院学报,2019,36(4):39-43.

② 参见王荣.高校人才选拔制度改革成就、问题与前瞻——基于考生视角[J].人才资源开发,2019(11):15-17.

招收博士研究生。[①] 申请—考核制是对三种传统博士招录机制的补充，即考生不参加由学校组织的统一考试，而是由个人提交申请材料，在审核评定通过后进入复试的选拔机制。复试内容更加侧重于学生学术素养、科研潜力、创新能力等方面，一改普通招考中侧重知识记忆的考查方式，对学生专业综合素质有了更高的要求。

目前具有公共管理博士点的高校，主要采取申请—考核制的模式招录博士生，按照"学生递交申请资料—学院初审赋分并公示复试名单—学生参加复试—导师组打分并公示录取名单"的基本流程进行招录。但不同高校考查的侧重点不同，而且每个环节的程序也会有较大差异。首先，学生递交的申请资料包括论文发表、主持或参与项目、著作编写、学术参会等内容，但各院校在初审阶段对不同指标赋予的权重不尽相同，而且初审选拔的门槛也有较大差异。例如四川大学公共管理学院在2022年普通招考博士研究生招生简章中明确要求报考者需要至少在北大核心或以上级别期刊公开发表与专业相关的学术论文1篇(见刊，或有DOI号)。在复试环节，各院校也结合招生要求，分别赋予笔试或者面试不同的权重，如中国人民大学公共管理学院采用笔试和面试两种考核形式，各占50%，成绩加总为考生总成绩。其中，笔试为闭卷考核，由学院组织，总分150分，包括专业知识100分(含专业知识70分、研究方法30分)、外语50分，考试时间为3.5小时，通过笔试的考生才能进入面试。面试由各专业博士生招生专家小组负责，主要考查考生的综合素质，总分150分，其中外语听力及口语50分、综合素质部分(含学术基础、知识结构、科研能力等)100分。而浙江大学公共管理学院2022年博士生招考简章中规定：复试包括笔试和面试，其中笔试100分，面试分为学科专业素质测试与导师组面试，复试成绩由学科综合测试、学科专业素质测试、导师组面试三者成绩加总组成，三者的权重依次为30%、35%、35%。

4.联合培养制度

联合培养制度是在我国改革开放和教育改革进一步深化的趋势下，根据社会发展和人才发展需要而推行的拔尖人才培养模式，主要包括校企培

① 参见孙志远，陈小红.硕博连读制度的现状、问题与对策——以C9联盟高校为例[J].高等财经教育研究，2019，22(2)：11-19.

养、校所培养、国际联合培养三种形式。其中，国际联合培养模式在全球化背景下发挥着愈加重要的作用，旨在培养具有国际视野和能够进行高水平对话的公共管理拔尖人才。目前国际联合培养模式有以下类型：一是国家公派出国联合培养研究生。培养对象一般为国内在读的博士研究生，其基于国家课题或者博士期间科研项目，到国外高校、科研院所进行进一步的课题攻关。此类型培养时间较长，但学籍关系仍然保留在原高校。二是中外高校交流出国联合培养研究生。该形式是指国内高校和国外高校或者教授之间签订培养协议，通过校内选拔进行国际交流，在交流形式上更具灵活性和自主性。三是短期学术交流。它是指经导师和学院批准后出国参加学术会议或学术培训，培训时间一般不超过三个月。这几种培养模式的培养主体通常涉及两个以上中外学术组织，能够充分利用中外学术培养资源，具有十分重要的意义。首先，有助于提高我国国际化人才培养的质量。我国博士研究生培养与西方相比，发展时间不长，在师资力量、学术平台等方面，国外有较为完善的学术环境可以促进我国的高水平人才培养。其次，有利于加强国际学术交流。国际联合培养加深了我国高校和国外高校的合作交流，联合培养的博士研究生也能进一步拓展国际视野。最后，有助于我国教育体系变革。通过国际联合培养，在培养理念和教材课程方面，可以加强双方资源的流通和交流，进而填补我国薄弱学科的培养空白。

目前，随着高等教育的发展，国际联合培养在我国发展非常迅速，办学规模和参与的高校不断扩大和增加。经过30多年的发展，我国高校与美国、澳大利亚等国家高校建立了众多长期合作项目。2021年，国家建设高水平大学公派研究生项目计划选派9600人，选派类别包括赴国外攻读博士学位研究生和联合培养博士生；国际组织后备人才培养项目300人，选派类别包括赴国外攻读硕士学位研究生和联合培养硕士生。2022年，国家留学基金资助出国留学人员选派简章表明，当前联合培养模式主要分布在博士阶段，将硕士研究生界定为后备人才，在选派人数和资助金额方面少于博士研究生。硕士研究生公派出国培养人数少于博士研究生，但在中外合作项目方面，硕士研究生联合培养方式更加多样。目前，硕士研究生培养方式主要为各高校联系相应的合作高校，签订合作协议，开展交流和合作。培养专业多为小语种或者国内相对薄弱的专业，借助国际培养优势，帮助中国在这些领域培养出更多拔尖人才。本科联合培养方式以交换制为主，国际高校项目交流为当前最普遍的本科联合培养方式。近几年，出国交换、港澳台地区交换的项目数量不断增长，建立本科生交换制的高校越来越多。交换合作内容包括学分互认、教师互聘、高校间展开科研合作等。此外，还有中外合作办学形式，包括学校合作办学和学院合作办学。中外合办高校如西交利物浦大学、宁波诺丁汉大学等。学院合作办学通常是以国内学校为依托，与国外高校合作建立国际联合学院。如北京大学和莫斯科大学共建研究生院，上海交通大学与密西根州立大学共同建立工学院。

公共管理类联合培养对象主要是博士研究生群体，少部分高校开始探索本科阶段公共管理类联合培养模式，如海南大学亚利桑那州立大学联合国际旅游学院（以下简称“海大国旅院”），此种模式也是对中外合作办学方式的延续和创新。2022年5月，经教育部审核批准，海大国旅院获批实施本科自主招生的权限，即该院采取自主考核招生，报海南大学及美国亚利桑那州立大学审核，不纳入国家统一招生计划。被录取的学生将注册亚利桑那州立大学学籍，同时在教育部中外合作办学学生注册系统中注册。海大国旅院2022年本科自主招生简章计划招收60人，其中公共服务与公共政策专业招收25人。海大国旅院要求申请人满足限定的英语语言能力要求和高中成绩，需要申请人参加“申请—审核”环节，通过面试后才予以录取。

（三）激励制度

大学激励制度即奖助体系是培养拔尖人才最重要的手段之一，其设定的奖项是否多元、结构是否合理、导向是否明确直接影响培养的质量高低和目标能否达成。本硕博不同阶段的奖助体系有着较大差异，硕士和博士奖助体系相比于本科生奖助体系更加健全，其奖助金额也更加丰厚，这与不同层次的培养人数和目标密切相关。现行本科生奖助体系具有较高的相似性，而研究生奖助体系呈现出“一校一例”的现状，但从总体上看，本硕博奖助体系的核心功能基本相似，形成了以基本保障、奖励优秀、按劳取酬和资助贫困四部分为主体措施的框架体系。[①]

① 参见裴秋蕊.研究生奖助体系对提高研究生培养质量的作用机制研究[J].学位与研究生教育，2015(10)：39-42.

奖学金可以细分为四大类，包括国家奖学金、省内奖学金、校内奖学金、社会奖学金。本科生奖学金的评选以绩点为主，其所占权重为70%—90%，科研与社会实践(包含参与学生活动的次数、担任学生干部、志愿服务、学科竞赛等)所占比重较低。硕博研究生奖学金评选以科研为主，其权重为60%—90%，社会实践和绩点则次之。关于国家奖学金的奖励额度，本科生为 8000 元/生/年，硕士研究生为 20000 元/生/年，博士研究生为 30000 元/生/年，名额均相对较少。关于校内奖学金的奖励额度，本科生为 1000—8000 元，奖励一般要求绩点在本专业前 30%以内；硕士研究生奖学金额度为 5000—12000 元，奖励人数占 50%—95%，少数学校采取奖励人数全覆盖的政策；博士研究生奖学金额度为 10000—30000 元，奖励人数在 50%—95%，少数学校实施全覆盖政策。校内奖学金的额度具有较大的弹性空间，这也有利于学校进行分级奖励，以提升奖学金的激励效果。

自 2014 年研究生教育实施全面收费制后，助学金制度成为奖助体系的重要组成部分，充分发挥了保障和激励双重作用。本科生的助学金主要面向贫困家庭，且覆盖的人数有限，而硕博群体实施了全面覆盖的基本助学金。此外，“三助”(助研、助教、助管)岗位津贴也是助学金的重要构成部分。具体来说，硕士生助学金每年在 6000—8000 元；博士生助学金分阶段发放，对于一般的四年制博士来说，在中期考核前每年发放 13000—15000 元，中期考核通过后每年发放 21000—30000 元，基本上采取全覆盖。实际上，在博士阶段，每个学校的基本助学金和“三助”津贴有着较大差别，例如北京师范大学为 14400 元/年。四川大学基本助学金由国家助学金和学校助学金构成，共计 15000 元/年。浙江大学采取分阶段方式，中期考核前为 13000 元/年，中期考核通过后为 21000 元/年。北京师范大学全日制博士生“三助”岗位津贴标准为 10000 元/年，并采取全覆盖。四川大学的“三助”津贴有较大区别，助研 1750 元/月；助教岗位津贴 A 类：1600 元/月×10 月，B 类：800 元/月×10 月；助管岗位津贴 10—14 元/小时。浙江大学的“三助”津贴中，助研津贴由导师支付，助教津贴为 800 元/月×10 月，助管岗位津贴分为固定岗位津贴 720 元/月×10 月，临时助管岗位津贴为 15 元/小时。

有些学校设立的基本助学金兼具激励性和保障性质，如浙江大学以中期考核为时间节点，大幅增加通过中期考核的博士生的助学金额度。但大多数学校均将助学金视为博士生完成学业的重要保证来源，虽然额度略有差别，但基本涵盖在校日常伙食费。总体而言，各校依据自身的培养目标设定了不同的学业奖学金、基本助学金和“三助”岗位津贴额度及其获得方式，通过采取不同的组合结构充分发挥奖助体系的激励、引导和保障作用，助力于人才培养目标的实现。其中，学业奖学金一般由学校划拨相应资金，因此这一奖励的设定具有高度的灵活性与自主性，其遵循梯度设定的原则，进而有效激发学生的科研实践热情。

目前，研究生奖助体系体现出了较强的科研导向性质，绝大部分学校仍以培养科研型拔尖人才为主要目标，忽略了对实践型拔尖人才的培养。从人才的长远发展而言，应当设定多元导向的奖助体系，特别是加大资助和奖励力度，在采取普惠性奖助方式的基础上，应针对特定培养领域和目标设立专项奖学金，以期形成研究生培养的整体质量和拔尖人才质量共同提升的格局。

（四）导师制度

导师制是目前培养拔尖人才的重要教育制度，与学分制、进入—退出制并行。导师制起源于 14 世纪英国牛津大学，其教育方式为新生入学后个人选择或学校安排导师，导师的学员有几名到十几名不等。在导师制下，导师是培养拔尖人才的第一责任人，不仅负责指导学生学习、写论文和搞科研，教导学生熟悉本学科和相关领域的基础理论知识与方法，还要关心学生的日常生活，引导其树立正确的思想品格。导师是学生人生的引路人，对于学生的培养至关重要。

硕博采取导师制已经成为常态化模式。2020 年，教育部印发《研究生导师指导行为准则》，明确提出八项导师指导行为准则，对导师的行为提出要求，并提出导师肩负着培养高层次创新人才的崇高使命，需完善导师岗位管理制度，明确导师岗位职责，建设一流研究生导师队伍。硕博导师的主要任务不仅包括对学生予以各类科研指导（论文写作、学科竞赛、科研项目申报、毕业论文写作及答辩）、社会实践和实习指导（学生职业生涯规划、日常实习实践），还包括对学生情感、生活等方面关心和帮助，以及提供经费帮助和支持。

硕博导师有着严格的遴选制度，在选聘时，导师不仅需要满足国家要求的高校导师人事任免的基本条件，还应满足所在单位的具体要求，如清华大学规定，只有具有资格的导师才能教导研究生，教学系列的教师原则上不指导研究生；南开大学的导师需要有自己的科研项目才能指导博士研究生。为了保证培养质量，硕博导师一般都有严格的培养指标，硕士生导师每年可招收1—3名学生，以招收1名为主，且每年都可招收；博士生导师每年可招收1—2名学生，大部分只能招收1名，而且并非每年都有固定的招生指标。硕士生导师在招生环节一般起辅助作用，主要由学生通过研究生夏令营申请或者参加全国统考入围后，再与学生取得联系，且多在入校后通过采取师生双向选择方式确定导师。若在确定导师后，因为学生个人或导师工作等情况需要调换导师，需依照各高校出台的规定性文件走调换流程。但对于博士生导师而言，由于博士培养的工程量更大且质量要求更高，因此选择权纷纷通过申请—考核制的方式下放给博士生导师，学生在报考博士前需要与导师取得联系。目前，一些高校还根据学生的发展情况，打破单一导师负责制，促进跨学科指导，以促进学科之间的交流和拔尖人才的全面发展。

此外，在现行的硕博导师制体系下，导师成为代替学校、学院管理学生的第一责任人，承担着来自学校、学院极大的考核压力，学校、学院根据学生的科研能力和各项素质以及导师自己的科研成果等来考核导师的教学成果，以确保对人才的培养，如中国人民大学将科研绩效与导师可带的研究生数量挂钩，优秀的导师可选择增加招生数量，但目前我国高校仍普遍以遴选代替考核，这是今后导师制改革中的一个重点问题。

诸多学校为了进一步提高本科生培养质量，强化师生间的互动交流，也开始试点实施本科生导师制。本科生导师制主要通过学校或学院安排或者师生双向选择的方式来确定本科生的导师，其贯穿大学本科一年级到四年级，突出“全程”指导，导师主要从学业规划、职业规划、人生规划等方面给予学生指导性意见和建议，例如指导学生参加学科竞赛、社会实践、辅导毕业论文等，促进学生综合素质的提高。本科生导师制的激励考核主要为核定工作量，提供绩效补贴，或者直接代替相应的教学课时量等。

导师制是培养拔尖人才的重要制度，导师教育是调动学生的科研热情、提高实践能力的关键。我国导师制发展迅速，但由于起步晚、发展阶段短，仍需要借鉴优秀的实践经验来完善，以此推动拔尖人才的全面发展。

五、公共管理拔尖人才培养的专业实训

专业知识的学习是有限的，但是实务中的知识却是无限的。进入特定领域工作后，指望现场手把手教学是不切实际的，只有提前熟悉、演练，才是根本之道。专业实训的目的就在于此。一方面，专业实训涵盖对书本知识的运用，有利于加强学生对知识的理解；另一方面，专业实训能使学生拥有更多思考的机会，有利于职业素养的形成。通过专业实训的方法，强化学生自我反思能力以及总结能力，提高学生学习的成果，并将其作为学生职业生涯的重要推动力，最终实现学生自我能力的提升。

参照公共管理专业的培养方案，专业实训活动主要分为三类：专业特色实训、校内综合实训和产学研联合实训。专业特色实训更加强调对理论知识的掌握与运用，是"基础理论＋既定条件"的演练，如公务员模拟大赛，它能帮助学生跳出书本，从另一个维度更深层次地理解相关理论知识。相比之下，校内综合实训和产学研联合实训则是在现实情境下的实操，但两者最终的方向有差别。在某种程度上，校内综合实训类似于企业管理，而产学研联合实训则面向以政府为核心的公共部门。两者都强调在真实场景下对复杂信息的处理与应对，有利于学生综合能力的提升，对学生的职业发展也具有一定的导向性。面对专业人才紧缺的现状，专业实训是人才培养中不可缺少的一大环节。我们要加强实训活动设计的科学性及其与专业的连接度，建立和联系更多优质的实训基地，以灵活多样的实训形式，落实有效的实训内容，完善总结评价体系，保障实训活动的效果。

第四节　公共管理拔尖人才能力培养体系的建构

建立一个科学、规范的培养体系是培养公共管理拔尖人才的必要之举。构建一个高水平的公共管理拔尖人才能力培养体系应包含自主学习能力培养体系、学术科研能力培养体系、协作创新能力培养体系三个培养体系。其中，自主学习能力培养体系包括基于兴趣选择、基于内生动机、外在引导激励三个方面；学术科研能力培养体系包含对科研能力的训练、对身心健康的

关注、导师组的系统培养；教育科研与实习基地、理论教学与实践实训、地方政府与科学研究共同构成协作创新能力培养体系。三个培养体系相辅相成，共同促进公共管理拔尖人才能力的提升。

一、自主学习能力培养体系

（一）基于兴趣选择

教师应该通过精心设计自主学习教学，激发公共管理学生的学习热情。面对不同的学生，教师应根据其研究兴趣和自身发展方向进行个性化引导。在公共管理拔尖人才培养过程中，低年级需要强化基础性、通识性课程教学，使学生在对专业方向和自身兴趣有充分了解后再进行选择，这种形式在当前公共管理领域主要表现为大类招生分流制度。[①] 在课程教学环节，授课教师应培养学生正确的学习观和学习方法；通过问题情景模拟、案例分析等教学手段，引导学生深入思考。除了大类招生分流制度，当前基于兴趣导向的培养模式还有其他创新形式，如北京大学元培学院的自由选课、自主选择专业制度适应了学生的发展需要。专业只是作为不同课程的组织形式，学生可以在全校所有院系开设的课程中选修自己感兴趣的课程。

（二）基于内生动机

自主学习模式有利于学生有针对性地学习不同类型的学科知识，变被动学习为主动学习，进而调动学术积极性，激发内生学习动机。教学中需要重视学生在学习过程中的参与，教师可以通过团队学习和实践学习来引导学生进一步思考问题。公共管理课程可以开设案例教学，选择具有代表性和典型性的案例，引导学生参与案例讨论环节，采用小组案例分析的方法，以充分调动学生的参与性和积极性。案例教学鼓励学生以思考为主，没有固定范式的标准答案。还可以安排学生进行情景模拟，使书本中抽象的知识形象化，使学生在模拟和感受的过程中加强对知识的理解和认识。

---

① 参见王昕红，何茂刚，张俊峰，等.长学制直博生培养的五个问题[J].学位与研究生教育，2014(12)：6-9.

(三)外在引导激励

评价和激励制度会激发学生自主学习的热情,起到激励和引导的作用。首先应该建立合理的梯级评价和激励制度,如设立奖学金。学业奖学金一般由学校划拨相应资金,因此这一奖励的设定具有高度的灵活性与自主性,其遵循梯度设定的原则,进而有效激发学生的科研实践热情。通过设立专项奖学金,可以形成研究生培养的整体质量和拔尖人才培养质量共同提高的格局。如武汉大学设立研究生学术创新奖,对在学术研究上有突出成绩的硕士和博士研究生进行奖励。此外,自主学习习惯的培养离不开严格的考核监督制度,需要学校建立全方位、多角度的考核方式,做到理论考核与实践考核相结合、期末考核与平时考核相结合。

二、学术科研能力培养体系

(一)对科研能力的训练

导师制教学旨在加强教师和学生的互动交流,一般通过双向选择确定导师,每位导师指导 3—7 名学生,在学术研究方面予以指导,主要包括以下几个方面:一是在课程论文、实践竞赛和毕业论文写作环节,培养学生发现问题的能力,引导学生对在实践和实习中发现的问题进行深入研究,开展实证调研;二是鼓励学生参与教师课题项目,提高学生的学术素养、创新能力和科研能力;三是结合学科竞赛为学生提供创新与学习平台,激发学生的研究兴趣,同时在团队科研协作过程中锻炼学生的协作意识,增强学生的创新能力,如“挑战杯”大学生竞赛,全国 MPA 案例研究大赛等公共管理领域的高水平竞赛。

(二)对身心健康的关注

导师在人才培养中发挥着越来越重要的作用,除了在学术研究方面培养学生的创新能力和科研能力,对学生的关怀和情感联系也是拔尖人才培养的重要组成部分。学生常常面临学术和毕业的多方压力,常态化的沟通渠道是保证学生身心健康的关键。通过教师和学生的日常生活交流,在学术研究之外满足学生的情感需求。同时,导师在与学生交流的过程中,会给学生带来潜移默化的影响。导师的人格魅力对公共管理学生的科研创新能力有重要影响,开拓创新型的导师既有利于打造学生的创新性思维,也有利于培养学生的合作精神、自信心,形成独立和不惧挫折的品格。部分高校还设有专门关注学生身心健康的导师,如武汉大学弘毅学堂设有生活导师,重在促进师生互动,关心学生生活、心理健康以及思想状况,从"一对多"到"一对少"的转变中深入了解学生个性。

(三)导师组的系统培养

基于学科教学导师制的培养模式,对传统灌输式教学模式进行了很好的补充。在培养复合型拔尖人才的要求下,导师组制是对传统导师制的进一步优化。导师组制即由多个教授、学者共同组成导师组团队,该模式兼备导师制的基本特征,学生和导师双向选择。选取合适的导师,使导师组专业知识面结构完整,老、中、青年教师合理分布。该模式的优点如下:一是培养复合型人才,导师组梯队学科全面、合理,涉及的研究领域广泛,可以提供更加全面的知识指导;二是在不同阶段,导师组制可以提供有针对性的指导。如在本科培养中,在低年级阶段,教学型导师发挥着主要作用;在高年级阶段,导师根据学生的兴趣以及综合素质进行分类选拔,充分因材施教,做到教师资源利用效率最大化。基于导师制的学科教学导师组制对师资、教学资源有更高的要求,是值得进一步推广的导师教学模式。从已有的实践效果来看,导师组制对学生创新能力的提升和科研兴趣的培养都起到了重要作用。

三、协作创新能力培养体系

(一)教育科研与实习基地

公共管理拔尖人才培养是对学生综合能力的全面培养,这一过程要求教师、学校、政府等多个主体协同开展。学校和教师是公共管理拔尖人才培养的第一主体,而实习基地能够为公共管理学生提供丰富的实践机会。学院应在学校实践管理要求下,积极联系政府、企业等单位,开拓公共管理专业实习基地。学院还应综合考虑公共管理专业与实习单位性质的匹配性，打造更完善的实习基地，在筛选、匹配、联系的基础上，结合政府力量，共同建设省级、国家级实习基地。

（二）理论教学与实践实训

实践是检验学生是否具有解决问题的能力的关键环节，要重点培养学生解决实际问题的能力和应用所学知识的能力。在平时的传统学习中，教师可以通过案例分析等方式开展实践教学。同时，通过学习运用实践调研过程中所需要的模拟和分析软件，来培养学生的实践能力。通过参与公共管理调研活动，培养学生的调研能力、统计分析能力以及撰写书面报告的能力。除了开展校内实践理论教学外，也应在实训基地积极开展多样化的实训课程，实践课程可以包含志愿服务、课题合作、专题讲座和实地调研等多种形式。

（三）地方政府与科学研究

高等院校公共管理拔尖人才培养旨在培养出公共管理研究型人才或在实践领域具备管理能力及领导力的管理人才。政府是公共管理学科的重要研究对象，为公共管理学科提供了丰富的科学研究素材。院校与地方政府合作，可以更好地培养公共管理人才的实践能力。因此，高校需要加强与地方政府的联系：一是学校可以定期组织学生到所在地区政府实习或调研，建立良好、稳定的培养关系，对基层政府在行政管理过程中出现的问题予以分析；二是选拔优秀的公共管理拔尖人才到地方政府挂职锻炼，培养学生的实践能力，以便更好地满足社会对公共管理拔尖人才的需求。

第三章 国内公共管理教育的历史发展与人才培养现状

20 世纪 80 年代中期,我国恢复并开展了公共管理学科的教学工作。经过近 40 年的发展,我国逐步建立起了相对完善的公共管理拔尖人才培养体系。近年来,一些高水平研究型大学已经在诸多学科领域就拔尖创新人才的培养模式构建进行了有益的尝试。及时审视当前我国公共管理拔尖人才培养现状,能够更好地总结出成熟经验和瞄定发展难题,为后续的路径完善提供坐标定位。

公共管理学科以致力于解决复杂的现实治理问题为导向不断演变和发展,与之相伴,学科教育也渐趋规模化、制度化、体系化。公共管理学科设置已有 40 余年,各高校也培养了大批公共管理拔尖人才。本章旨在综合审视公共管理拔尖人才发展历史及其现状,共分五节:第一节回顾我国公共管理学科的演变历史;第二节叙述国内公共管理教育的发展过程;第三节以第四轮学科评估为例说明国内公共管理学科教育综合实力;第四节以硕博点为讨论对象进一步介绍国内公共管理学科地域发展的差异;第五节剖析我国公共管理人才培养的总体目标和基本思路。

第一节 国内公共管理学科设置的历史发展沿革

我国行政管理学科在 20 世纪 80 年代得以重新恢复,而后行政管理学科不断发展,特别是近十余年来,行政管理的概念内涵逐步转向公共管理的概念内涵,且公共管理学科根据国内经济社会发展的需要,其外延和范畴进一步扩大。1982年,行政管理学科被重新提出,其归属于政治学门类。之后,行政管理学科一方面因其自身有成熟的研究范式及内容而从政治学剥离出来,另一方面,行政管理学科内部分化为多个研究领域,再加上其他学科门类与行政管理学科的融合,最终以行政管理学科为核心建构起了公共管理一级学科。教育部于1997年正式颁布的《授予博士、硕士学位和培养研究生的学科、专业目录》文件中,将公共管理设定为一级学科,下设行政管理、社会医学与卫生事业管理、教育经济与管理、社会保障、土地资源管理五个二级学科。事实上,社会医学与卫生事业管理、教育经济与管理这两个二级学科除了可以授予管理学学位,还可以授予医学或教育学学位,因而构成公共管理学科的主体主要是剩余三个二级学科。

除了上述五个二级学科外,近些年,政府行为实践导向催生了较多的理论需求,行政管理学的内涵和外延得到不断的深化和扩大,原属于行政管理的研究方向的内容因其具有渐趋完善的理论体系及研究对象,从而有发展成与行政管理专业并列为二级学科的趋势。尤其近些年,随着公共政策的不断发展与现实问题的迫切需要,越来越多的专家、学者呼吁将公共政策从行政管理学科中单列出来,成为第六个二级学科。不少学者致力于借鉴西方政策科学或政策研究及其他相关学科的成果,考察政府公共政策的制定、实施、评价及政策机制与环境的关系等问题,研究政府的公共政策过程,导致一门独立的政策科学的形成。"政策科学被公认为政治学及行政学中的一个重要而有活力的部分,甚至有个别学者主张用它来取代传统的政治学及行政学的研究。"①

此外,我国在2018年机构改革中成立应急管理部,少数高校也基于这一背景相继成立应急管理学科,但对将这一学科下设在哪个一级学科门类下和附设在哪个学院这两个核心问题莫衷一是。因为应急管理不仅涉及危机情况下社会秩序的管理,而且涉及专业技术应对、数据算法操控等多学科领域,所以高校将其设在管理科学与工程或公共管理或防灾减灾科学与工程等一级学科下。2020年年初暴发的新冠肺炎疫情一方面暴露出我国政府及社会在应急管理领域仍存在较多短板,另一方面也揭示出风险社会下危机

---

① 高小平.论中国行政管理学研究的拓展性与聚合性——兼谈行政管理学科定位[J].学海,2020(1):23-29.

具有更大的不确定性、突发性和危害性，以上两个方面也急需我国进一步设定与完善应急管理学科以增强危机应对能力和提升危机意识。因而，有学者强调应急管理是治理能力现代化的主要组成部分。国务院学位委员会办公室也于 2020 年 4 月 16 日下发《关于推动部分学位授予单位加强应急管理学科建设的通知》，教育部直属 20 余所高校将“应急管理”作为二级学科下设在公共管理学科大类中，应急管理成为公共管理学科中第六个二级学科。

为了进一步顺应学科发展规律，服务于社会经济建设，契合研究方法的迭代升级，国务院学位委员会公共管理学科评议组在经过前期广泛调研论证的基础上，于 2023 年 5 月正式发布《公共管理学一级学科下属二级学科指导性目录（2023 年）》和《公共管理学一级学科下属二级学科简介（2023 年）》。指导性目录确定，公共管理学包括 11 个二级学科，分别是行政管理、公共政策、卫生政策与管理、教育政策与管理、社会保障、土地资源管理、应急管理、社会组织管理、数字公共治理、城乡公共治理、全球治理。学科简介详细讨论和厘清了 11 个二级学科的内涵、研究范围以及本学科和其他二级学科的关系，其中行政管理和公共政策可以被视为基础性学科，它们为其他二级学科提供基本原理和方法。

教育部曾先后在不同的文件中公布了统属于公共管理学科门类的二级学科，丰富和细化了学科的内涵。教育部在 2022 年公布了《学位授予单位（不含军队单位）自主设置二级学科和交叉学科名单》（截至 2022 年 6 月 30 日），该名单将各高校结合地方特色而自主增设的二级学科予以公示，如中国人民大学设置的公共财政与公共组织、北京师范大学设置的政府经济管理、中国社会科学院大学设置的退役军人管理保障等。2023 年 4 月，《教育部关于公布 2022 年度普通高等学校本科专业备案和审批结果的通知》（教高函〔2023〕3 号）发布，该通知提出，公共事业管理、城市管理、海关管理、公共关系学、医疗产品管理等专业均属于公共管理类，但诸多本科专业为特设专业或国家控制布点专业。

在全球化、信息化、网络化、智能化的时代背景下，提高治理能力、推进国家治理能力现代化仅仅依靠传统的单一的公共管理学科是不够的，必须强化与其他学科的交叉互动及融合发展，拓展深化公共管理的范式、范畴与空间，促进多学科、跨学科、跨领域的综合交叉、整合集成。中国正在经历第五次信息技术革命，在大变革时代，公共管理的理论体系也发生着剧烈变化和调整，学科的交叉性特征也越来越得以彰显。

第二节　国内公共管理教育的历史发展沿革

国内公共管理教育是从行政管理学本科教育发展而来的，1982 年 1 月 29 日，夏书章教授在《人民日报》发表了《把行政学的研究提上日程是时候了》，伴随着改革开放时代浪潮，从此开启了行政管理学科及其教育的新发展。[①] 1984 年，国务院办公厅和劳动人事部在吉林召开“行政科学研讨会”，会议论证了行政科学研究和教育的重要性，建议筹建中国行政管理学会。[②] 两年之后，行政学作为二级学科下设在政治学一级学科中，并由此正式拉开我国行政管理（公共管理）学科教育的序幕。

薛澜等把 21 世纪前我国公共管理教育大体划分为三个阶段。1982—1985 年为酝酿阶段，在此阶段行政学教育被提上日程，且先后开办了全国范围内的行政学讲习班、研讨会等。1986—1992 年为恢复阶段，一些普通高等院校恢复了本专科层次的行政管理教育，而后逐步兴办了行政学硕士教育。1986 年，武汉大学、郑州大学率先开办行政管理学本科教育，并且武汉大学在政治学硕士点中开招行政管理方向硕士生，随后，南京大学、厦门大学、中国人民大学等高校也纷纷开设。到了 1992 年，中国的行政管理教育已经初成体系，不仅形成了专科、本科、硕士研究生三个纵向的教育层次，而且形成了普通高等教育与各类成人教育（函授、自学考试、夜大、刊授、电大等）共存的行政管理学专业横向教育体系。1993—1999 年为壮大阶段，行政管理学专业在越来越多的学校开设，并且为适应市场经济体制开始更加注重人才培养的质量。[③] 1998 年，中国人民大学、中山大学、复旦大学率先获得行政学博士授予权，这意味着我国行政管理学的本科、硕士和博士的学科体系开始

① 参见夏书章.把行政学的研究提上日程是时候了[N].人民日报，1982-01-29.

② 参见张成福.变革时代的中国公共行政学——发展与前景[J].中国行政管理，2008(9)：8-13.

③ 参见薛澜，彭宗超.历史、现状与未来——中国行政管理教育发展分析[J].中国行政管理，2000(12)：46-52.

完善。[①] 在学科发展与教育模式的探索中，与我国现代行政管理教育几乎同时起步但已趋于成熟的美国公共管理硕士(MPA)专业学位被留学回国的学者和教育考察官员带入视野，国务院学位委员会于1999年批准在我国设立公共管理硕士(MPA)学位。[②]

此外，从开办学校数量来看，我国公共教育的发展过程经历了井喷式增长。2004年，周志忍教授调查统计我国当时设立行政管理本科专业的高校有101所。[③] 截至2020年，根据教育部的统计，开设公共管理类本科专业的高校数量为762所(见图3-1)，公共管理一级学科硕士点高校151个，公共管理一级学科博士点高校52个，我国公共管理的人才培养层级较为分明。

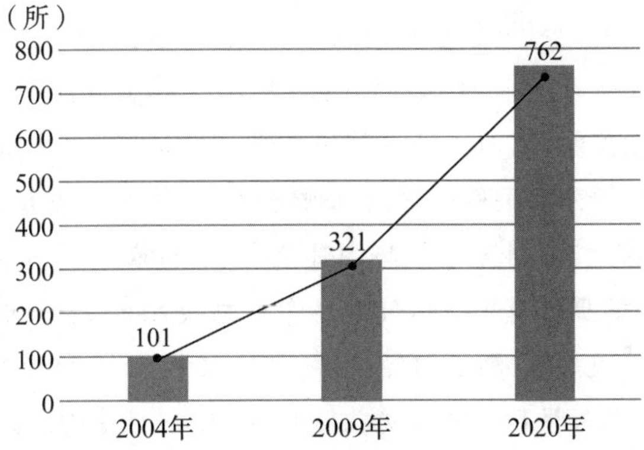

图3-1　2004年、2009年、2020年开设公共管理类本科专业的高校数量

我国公共管理教育经过近40年的建构与发展，至今已形成较为健全的培养模式及发展路径，但是流水化培养出的具备公共管理学科知识的人才难以满足现代化进程中快速且复杂多变的社会需求，人才培养质量成为各个学校更加关注的核心任务。

① 参见李文钊.变革时代公共管理学科的新整合——中国公共管理学科的再思考[J].江苏行政学院学报，2016(6):107-112.

② 参见谢矜，王有强.清华大学公共管理学院的人才培养模式探索[J].中国大学教学，2018(7):42-49.

③ 参见周志忍.论公共管理的学科整合——问题、挑战与思路[J].北京大学学报(哲学社会科学版)，2004(4):30-36.

第三节　国内参评第四轮学科评估高校分布

教育部于2017年12月公布了第四轮全国公共管理学科评估结果，参加此次学科评估的高校有143所，获得评选结果的高校有102所。[①] 其中A+等级的高校有2所，分别是中国人民大学、清华大学；A等级的高校有5所，分别是北京大学、南京农业大学、浙江大学、武汉大学、中山大学；A－等级的高校有7所，分别是北京航空航天大学、北京师范大学、复旦大学、上海交通大学、华中科技大学、四川大学、西安交通大学。

B+等级的高校有14所，分别是中国农业大学、南开大学、天津大学、东北大学、吉林大学、同济大学、华东师范大学、南京大学、厦门大学、郑州大学、中国地质大学、华中农业大学、中南财经政法大学、兰州大学；B等级的高校有15所，分别是中央财经大学、对外经济贸易大学、大连理工大学、东北财经大学、哈尔滨工业大学、哈尔滨医科大学、上海财经大学、第二军医大学、中国矿业大学、中国科学技术大学、山东大学、华中师范大学、湘潭大学、中南大学、电子科技大学；B－等级的高校有14所，分别是中央民族大学、辽宁大学、东南大学、河海大学、杭州师范大学、浙江财经大学、南昌大学、江西财经大学、山东财经大学、湖南大学、华南理工大学、广西大学、重庆大学、西南财经大学。

C+等级的高校有14所，分别是北京科技大学、北京邮电大学、首都经济贸易大学、黑龙江大学、华东理工大学、浙江工商大学、福建农林大学、中国海洋大学、河南理工大学、武汉科技大学、湖南农业大学、暨南大学、西南交通大学、云南大学；C等级的高校有15所，分别是北京理工大学、华北电力大学、天津财经大学、河北大学、沈阳师范大学、哈尔滨工程大学、上海理工大学、苏州大学、福州大学、江西农业大学、华南农业大学、广州大学、贵州大学、云南财经大学、长安大学；C－等级的高校有16所，分别是北京协和医学院、燕山大学、东北农业大学、哈尔滨商业大学、江苏大学、南京中医药大学、安徽医科大学、安徽财经大学、河南大学、湖北大学、西南大学、西南政法大学、贵州财经大学、西北工业大学、新疆农业大学。具体情况见表3-1。

---

① 根据教育部学位与研究生教育发展中心官方平台通知，第五轮学科评估已于2022年7月完成，但由于信息尚未公开，故本书主要对第四轮学科评估结果进行梳理。

表 3-1　2017 年第四轮公共管理学科评估一览表

所在区域	所在省份	高校名称	评估等级
华北地区	北京	中国人民大学、清华大学	A+
		北京大学	A
		北京航空航天大学、北京师范大学	A-
		中国农业大学	B+
		中央财经大学、对外经济贸易大学	B
		中央民族大学	B-
		北京科技大学、北京邮电大学、首都经济贸易大学	C+
		北京理工大学、华北电力大学	C
		北京协和医学院	C-
	天津	南开大学、天津大学	B+
		天津财经大学	C
	河北	河北大学	C
		燕山大学	C-
东北地区	辽宁	东北大学	B+
		大连理工大学、东北财经大学	B
		辽宁大学	B-
		沈阳师范大学	C
		大连海事大学	C-
	吉林	吉林大学	B+
	黑龙江	哈尔滨工业大学、哈尔滨医科大学	B
		黑龙江大学	C+
		哈尔滨工程大学	C
		东北农业大学、哈尔滨商业大学	C-

续表

所在区域	所在省份	高校名称	评估等级
华东地区	上海	复旦大学、上海交通大学	A−
		同济大学、华东师范大学	B+
		上海财经大学、第二军医大学	B
		华东理工大学	C+
		上海理工大学	C
	江苏	南京农业大学	A
		南京大学	B+
		中国矿业大学	B
		东南大学、河海大学	B−
		苏州大学	C
		江苏大学、南京中医药大学	C−
	浙江	浙江大学	A
		杭州师范大学、浙江财经大学	B−
		浙江工商大学	C+
	安徽	中国科学技术大学	B
		安徽医科大学、安徽财经大学	C−
	福建	厦门大学	B+
		福建农林大学	C+
		福州大学	C
	江西	南昌大学、江西财经大学	B−
		江西农业大学	C
	山东	山东大学	B
		山东财经大学	B−
		中国海洋大学	C+

续表

所在区域	所在省份	高校名称	评估等级
中南地区	河南	郑州大学	B+
		河南理工大学	C+
		河南大学	C−
	湖北	武汉大学	A
		华中科技大学	A−
		中国地质大学(武汉)、华中农业大学、中南财经政法大学	B+
		华中师范大学	B
		武汉科技大学	C+
		湖北大学	C−
	湖南	湘潭大学、中南大学	B
		湖南大学	B−
		湖南农业大学	C+
	广东	中山大学	A
		华南理工大学	B−
		暨南大学	C+
	广西	华南农业大学、广州大学	C
		广西大学	B−
西南地区	重庆	重庆大学	B−
		西南大学、西南政法大学	C−
	四川	四川大学	A−
		电子科技大学	B
		西南财经大学	B−
		西南交通大学	C+
	贵州	贵州大学	C
		贵州财经大学	C−

续表

所在区域	所在省份	高校名称	评估等级
西南地区	云南	云南大学	C+
		云南财经大学	C
西北地区	陕西	西安交通大学	A-
		长安大学	C
		西北工业大学	C-
	甘肃	兰州大学	B+
	新疆	新疆农业大学	C-

为了更清楚地呈现地区间的差异，本书按照地理位置和行政区划，将我国分为华北地区（北京、天津、河北、山西、内蒙古）、东北地区（辽宁、吉林、黑龙江）、华东地区（山东、江苏、安徽、浙江、上海、福建、江西）、中南地区（河南、湖北、湖南、广东、广西、海南）、西南地区（四川、云南、贵州、西藏、重庆）、西北地区（陕西、宁夏、青海、甘肃、新疆）。① 由表 3-2 可知，第四轮公共管理学科评估高校分布情况为：华北地区 20 所，东北地区 13 所，华东地区 32 所，中南地区 21 所，西南地区 11 所，西北地区 5 所。其中，华北地区占比 19.6％；东北地区占比 12.7％；华东地区占比最多，为 31.4％；中南地区占比 20.6％。虽然参与学科评估的高校数量不能完全反映各地区开设专业的学校数量，但是大体能够代表一个地区公共管理学科的发展质量和总体情况。目前来看，我国公共管理学科发展状况较好的地区与我国经济社会发展较为发达的地区高度契合。

① 参见陆大道，中国地理学会．中国国家地理：华北、华东[M]．郑州：大象出版社，2007；陆大道，中国地理学会．中国国家地理：中南、西南[M]．郑州：大象出版社，2005；陆大道，中国地理学会．中国国家地理：东北、西北、港澳台[M]．郑州：大象出版社，2007.

表 3-2　第四轮公共管理学科评估的高校地域分布数据

地区	数量/所	占比/%
华北	20	19.6
东北	13	12.7
华东	32	31.4
中南	21	20.6
西南	11	10.8
西北	5	4.9
合计	102	100

第四节　国内公共管理学科硕博点概况

国内目前拥有公共管理学科博士点的高校共有 53 所，分布在 23 个省、自治区、直辖市（见表 3-3），拥有公共管理学科硕士点的高校共有 225 所，在 31 个省、自治区和直辖市（不包含港、澳、台地区）均有分布。

表 3-3　公共管理学科博士点概况

省份	高校
北京市	北京大学
	清华大学
	中国人民大学
	北京师范大学
	北京航空航天大学
	中国农业大学
	中共中央党校（国家行政学院）
	中国矿业大学（北京）
	中国科学院大学

续表

省份	高校
湖北省	武汉大学
	华中科技大学
	华中师范大学
	中南财经政法大学
	中国地质大学(武汉)
	华中农业大学
上海市	复旦大学
	上海交通大学
	华东师范大学
	华东政法大学
	上海财经大学
湖南省	湘潭大学
	中南大学
	湖南农业大学
江苏省	南京大学
	东南大学
	南京农业大学
	中国矿业大学
广东省	中山大学
	华南理工大学
	华南师范大学
黑龙江省	哈尔滨医科大学
	黑龙江大学
	哈尔滨工业大学

续表

省份	高校
陕西省	西安交通大学
	西北大学
天津市	南开大学
	天津大学
辽宁省	东北大学
	东北财经大学
四川省	四川大学
	电子科技大学
吉林省	吉林大学
浙江省	浙江大学
福建省	厦门大学
山东省	山东大学
河南省	郑州大学
甘肃省	兰州大学
云南省	云南大学
广西壮族自治区	广西大学
重庆市	重庆大学
河北省	燕山大学
贵州省	贵州财经大学
内蒙古自治区	内蒙古大学

拥有公共管理学科博士点的地域呈现出不均衡的发展态势，有 8 个省份尚未有博士点高校，12 个省份仅有一个博士点高校。按照广义的地域划分来看，中南地区有 14 所高校拥有博士点；华东地区有 12 所高校拥有博士点；华北地区有 13 所高校拥有博士点；东北地区有 6 所高校拥有博士点；西北地区仅有 3 所高校拥有博士点；西南地区有 5 所高校拥有博士点。拥有博士点

数量较多的主要是中南、华东和华北地区，且三个区域的经济均较为发达，西北地区的经济发展水平相对落后，其公共管理学科发展速度也相对滞缓。

目前，拥有公共管理学科硕士点的高校数量众多，且分布地区相对较为均衡，同时与当地的经济发展水平也密切相关。如北京、江苏、上海、广东等地区经济较为繁荣，设立公共管理硕士点的高校数量也达到10个以上，可以为地方公共治理提供必要的人才保障(见表3-4)。

表3-4　设立公共管理学科硕士点的高校

省份	高校
北京市(28个)	北京大学、中国人民大学、清华大学、北京交通大学、北京航空航天大学、北京科技大学、北京化工大学、北京邮电大学、中国农业大学、北京协和医学院、首都医科大学、北京中医药大学、北京师范大学、首都师范大学、中国传媒大学、中央财经大学、对外经济贸易大学、首都经济贸易大学、北京体育大学、中央民族大学、中国政法大学、华北电力大学、中国矿业大学(北京)、中国地质大学(北京)、中国科学院大学、中国社会科学院大学、中共中央党校(国家行政学院)、中共北京市委党校
天津市(7个)	南开大学、天津大学、天津工业大学、天津医科大学、天津师范大学、天津商业大学、天津财经大学
河北省(8个)	河北大学、河北地质大学、华北电力大学(保定)、华北理工大学、河北农业大学、河北师范大学、燕山大学、河北经贸大学
山西省(2个)	山西农业大学、山西财经大学
内蒙古自治区(5个)	内蒙古大学、内蒙古工业大学、内蒙古农业大学、内蒙古师范大学、内蒙古财经大学
辽宁省(8个)	辽宁大学、大连理工大学、东北大学、大连海事大学、沈阳农业大学、中国医科大学、沈阳师范大学、东北财经大学
吉林省(5个)	吉林大学、长春工业大学、东北师范大学、吉林财经大学、吉林体育学院
黑龙江省(10个)	黑龙江大学、哈尔滨工业大学、哈尔滨工程大学、黑龙江科技大学、东北农业大学、东北林业大学、哈尔滨医科大学、哈尔滨师范大学、哈尔滨商业大学、中共黑龙江省委党校

续表

省份	高校
上海市(13个)	复旦大学、同济大学、上海交通大学、华东理工大学、上海理工大学、东华大学、华东师范大学、上海师范大学、上海财经大学、华东政法大学、上海工程技术大学、中共上海市委党校、上海政法学院
江苏省(19个)	南京大学、苏州大学、东南大学、南京航空航天大学、南京理工大学、中国矿业大学、南京工业大学、河海大学、江苏大学、南通大学、南京农业大学、南京医科大学、南京中医药大学、中国药科大学、南京师范大学、江苏师范大学、南京审计大学、中共江苏省委党校、南京财经大学
浙江省(9个)	浙江大学、浙江工业大学、温州医科大学、浙江师范大学、杭州师范大学、浙江工商大学、浙江财经大学、宁波大学、中共浙江省委党校
安徽省(10个)	安徽大学、中国科学技术大学、合肥工业大学、安徽农业大学、安徽医科大学、安徽中医药大学、安徽师范大学、安徽财经大学、安徽建筑大学、安徽工业大学
福建省(6个)	厦门大学、华侨大学、福州大学、福建农林大学、福建医科大学、福建师范大学
江西省(6个)	南昌大学、东华理工大学、江西农业大学、江西中医药大学、江西师范大学、江西财经大学
山东省(9个)	山东大学、中国海洋大学、山东农业大学、潍坊医学院、山东师范大学、山东财经大学、青岛大学、山东工商学院、济南大学
河南省(4个)	郑州大学、河南理工大学、河南大学、华北水利水电大学
湖北省(12个)	武汉大学、华中科技大学、武汉科技大学、武汉工程大学、中国地质大学(武汉)、武汉轻工大学、武汉理工大学、华中农业大学、华中师范大学、湖北大学、中南财经政法大学、中南民族大学
湖南省(6个)	湘潭大学、湖南大学、中南大学、湖南农业大学、南华大学、中共湖南省委党校
广东省(12个)	中山大学、华南理工大学、暨南大学、华南师范大学、华南农业大学、广州中医药大学、深圳大学、广州大学、广东工业大学、南方医科大学、汕头大学、广州医科大学

续表

省份	高校
广西壮族自治区(5个)	广西大学、广西医科大学、广西师范大学、南宁师范大学、广西民族大学
海南省(1个)	海南大学
重庆市(6个)	重庆大学、重庆医科大学、西南大学、西南政法大学、中共重庆市委党校、陆军军医大学
四川省(7个)	四川大学、西南交通大学、电子科技大学、成都中医药大学、西华师范大学、西南财经大学、西南民族大学
贵州省(3个)	贵州大学、贵州财经大学、贵州医科大学
云南省(4个)	云南大学、云南师范大学、云南财经大学、云南民族大学
西藏自治区(1个)	西藏大学
陕西省(10个)	西北大学、西安交通大学、西北工业大学、西安建筑科技大学、长安大学、陕西师范大学、延安大学、西北政法大学、西安财经大学、空军军医大学
甘肃省(3个)	兰州大学、甘肃农业大学、西北师范大学
青海省(1个)	青海民族大学
宁夏回族自治区(1个)	宁夏医科大学
新疆维吾尔自治区(4个)	新疆大学、新疆农业大学、新疆医科大学、新疆财经大学

第五节　国内公共管理人才培养的目标定位与基本思路

公共管理一级学科由六个二级学科构成，依据教育部下发的《公共管理类教学质量国家标准》描述国内公共管理人才培养目标、方式及其课程标准、师资队伍建设、制度机制设定等。

一、目标与定位

(一)公共管理大类人才培养目标

教育部出台《公共管理类教学质量国家标准》，提出公共管理类培养德、智、体、美全面发展，掌握现代公共管理理论、方法和技术，能运用本学科的基础专业知识和专业技能，具备公共意识、公共精神、公共责任，具有创新精神、创业意识和创新创业能力适应社会发展要求，在党政机关、事业单位、社会团体等公共部门从事管理或服务工作的专业人才。培养目标应适应社会的不断发展和实际需要，进行定期评估与修订。教育部指出，各高校应根据上述培养目标和自身办学定位，结合各自的专业基础和学科特色，在对区域和行业特点与未来发展需求进行充分调研与分析的基础上，以适应国家和社会发展对多样化人才培养的需要为导向，细化人才培养目标的内涵，准确定位本专业的人才培养的具体目标。各高校要主动适应国家治理体系和治理能力现代化建设要求，根据高等学校创新创业教育改革的实施要求，对人才培养质量与培养目标的吻合度进行自我评估，建立专业发展的动态调整机制。

(二)公共管理学科特性

一是学科价值的公共性。公共管理学科主体和客体的公共性以及公共管理所追求的公共利益决定了公共管理学科的公共价值取向，这也是公共管理学科与其他管理学科之间最本质的区别。二是学科基础的综合性。公共管理学科是在借鉴和吸收政治学、经济学、管理学、法学、社会学等相关学科成果的基础上发展起来的一门综合性学科。三是学科内容的专业性。公共管理学科在吸收相关学科成果的基础上，形成了一套以现代公共管理理论为基础，以现代公共事务管理活动为核心，广泛和深入使用现代管理技术的独立的专业知识体系，用以培养专业化的公共管理人才。四是学科方法的多样性。公共管理学科基础的综合性和公共管理对象的复杂性，决定了对公共管理问题的探究和解决需要采用多元与先进的科学方法。五是学科导向的应用性。公共管理学科探讨公共管理实践中所蕴含的客观规律，运用公共管理的理论和实践经验，打造公共意识，构建公共组织和制度体系，推动国家治理体系和治理能力现代化建设，是国家治理所需的核心学科之一。

二、基本思路

（一）实施路径

公共管理类本科专业的基本学制为4年，实行弹性学制，最短修业年限不得少于3年。鼓励学生创新，允许学生根据创业需求调整学业进度，鼓励学生到海外交流。一般要求学生在第四学年内完成毕业论文和参加相应的社会实践，前3年主要研修相应的专业课程。

公共管理类硕士研究生专业的基本学制为2—3年，最短修业年限不得少于2年，一般在第一学年内完成专业课程，第二学年内完成专业实践和毕业论文。

公共管理类博士研究生专业的基本学制为3—4年，最短修业年限不得少于2年，最长修业年限不得超过7年，一般在第1—2学年内完成课程，第3—4学年完成综合考试、论文开题及答辩。

（二）课程设置

1.本科生课程设置

本科生公共管理类各专业总学分应控制在140—160学分，其中理论课程学分数不高于总学分数的85%，实践课程学分数不低于总学分数的15%。对于总学时，各高校可根据总学分要求作适当调整。公共管理类课程设置包括理论课程与实践教学环节两大部分。理论课程主要包括三大类：一是思想政治理论课程，按国家规定执行；二是通识类课程，除国家规定的教学内容外，人文学科、社会科学、外语、计算机与信息技术、体育、艺术等内容由各高校根据办学定位和人才培养目标自行确定；三是专业类课程，主要包括三小类，学科基础课程根据本学科发展要求，开设政治学、经济学、法学、管理学、社会学等相关学科基础课程。公共管理类各专业应开设公共管理、公共政策、公共伦理等专业基础课程。专业必修课程由各学校按教育部印发的《普通高等学校本科专业目录(2012年)》所规定的核心课程来确定，并适时根据教育部的要求进行调整。专业选修课程由各高校根据公共管理类相关专业的学科优势和专业特色来确定。

实践教学环节主要由四个部分构成。一是社会实践与创新创业训练。社会实践是对学生进行思想政治教育和社会工作能力锻炼的重要载体，内容包括志愿服务活动、领导力训练等。创新创业训练是实践教育教学的重要组成部分。为培养学生的综合研究能力，应经常组织与本专业有关的学术活动，本科学生应在教师的指导下独立完成不少于5000字的社会研究报告，也可通过参加实地调研、大学生创新创业训练计划等项目直接申请社会实践与创新创业训练学分。二是实验实训。各专业必须有满足教学需要、符合学科特色和学生就业去向的相对稳定的实训基地。通过技能训练，满足社会发展对公共管理类各专业人才的需求。三是专业实习。各高校应根据教学安排组织学生围绕专业内容开展专业实习，实习地点安排在专业实习基地，实习时间不少于4周。四是毕业论文(设计)与综合训练。第四学年撰写一篇毕业论文(设计)。毕业论文(设计)与综合训练可采取学术论文、项目设计、调研报告、项目分析报告等多种体裁形式。选题应符合公共管理学科研究的方向，能有理论或实践贡献，选题应加强实践性导向。

2.硕士研究生课程设置

由于不同高校间硕士培养模式有差异，故而只概述共性内容。硕士研究生公共管理类专业学分设定一般在32分左右，以理论课程为主。公共管理类理论课程一般包括公共课(政治理论课与第一外国语)、方法课、学科基础课、专业课和选修课。此外，硕士研究生还需要开展相应的社会实践。除了基本的教学、实践课程设置外，论文撰写也是必须开展的教学项目。研究生在学期间应该完成的论文包括课程论文和学位论文。学位论文的选题及内容应与所学专业密切相关，论文形式包括学术论文、调研报告、案例分析等。

3.博士研究生课程设置

博士研究生公共管理类课程教学要求学分设定一般在30分以上，包括公共课(政治理论课与第一外国语)、方法课、学科基础课、专业课以及选修课。博士研究生除了要完成课程教学外，还应当参加学科综合考试、学术讲座以及学位论文研究工作。学科综合考试即博士研究生在完成课程学习后，正式进入学位论文研究阶段前的一次学科综合考试；博士生应在学科综合考试前参加一定数量的与本专业相关的学生讲座；正式申请博士学位前必须参加博士学位论文预答辩，完成预答辩后，经指导教师推荐、研究生院审核批准，可进入博士学位论文评阅和答辩阶段。

（三）师资队伍

1.专业教师队伍规模与结构

各专业应当建立一支理论基础扎实、实践经验丰富、年龄及知识结构合理、相对稳定、水平较高的专业基础课程和专业课程师资队伍，有学术造诣较高的本专业学科带头人。各专业必须有专业基础课程、专业课程的专任教师，人数不少于 8 人，且每位专任教师不得承担 3 门（含 3 门）以上专业基础课程或专业课程教学。有能够满足基本教学要求，高、中、低职称比例合理的实验技术人员队伍。师资队伍建设应注重年龄、学历、专业技术职务、学缘结构的合理配备。年龄结构要求老、中、青结合，梯队合理。学历结构要求专任教师必须具有硕士及以上学位，其中有博士学位的占比一般不低于 40%。专业技术职务结构要求教授、副教授、讲师、助教、技术辅助人员配备比例适宜，其中高级职称者所占比例不低于 30%。学缘结构要求专任教师中最后学历非本校毕业生的比例不低于 30%。

2.教师背景与水平要求

各专业专任教师应具备扎实的本学科专业基础知识，凡最后学历是非公共管理学科的教师，必须进行专业知识培训或补修。青年教师和海外归国教师一般应到公共管理部门挂职锻炼，时间每次不少于 6 个月。各专业教师应开阔学术视野，积极参加国内外学术交流。各学校应创造条件，鼓励未在国外获取博士学位的青年教师到国外进行访学交流，时间不少于 1 年。公共管理类各专业教师应具有较强的教学能力和科研能力。师德高尚，治学严谨，学术端正，在职称评审、荣誉获取等事项中，实行师德一票否决制；教师应具备过硬的教学本领，教学方法科学、教学手段多样、教学改革积极、教学组织过程严密、教学行为规范；各高校应根据自身办学定位，鼓励教师进行科学研究并将先进的科研成果融入教学实践。各高校可以根据专业教学需要，选聘部分实践经验丰富的实务部门专家到高校兼职或挂职任教，承担专业课程教学任务。选聘人员应当符合国家关于教师聘任的规定并具有较高的理论水平和丰富的实践经验，热爱教育事业。

3.教师发展制度环境

各专业应建立基层教学组织，健全教学研讨、集体备课和教学难点重点研讨等机制。实施教师上岗资格制度、青年教师助教制度、青年教师任课试讲制度；实施青年教师培养计划，建立健全青年教师专业发展机制，保证青年教师能够尽快掌握教学技能。院校应加强教育理念、教学方法和教学技术培训，提高专任教师的教学能力和教学水平。

（四）制度机制

1.招录制度

本科生招生制度即全日制普通本科招生章程，普遍依据高考分数进行择优录取，部分有自主招生权限的高校可以采用降分录取等方式。硕士研究生招生制度即各高校自行制定硕士研究生招生管理办法，一般通过国家统一组织的研究生考试进行择优录取，或者根据《全国普通高等学校推荐优秀应届本科毕业生免试攻读硕士学位研究生工作管理办法（试行）》招收硕士研究生。博士研究生招生制度大体也包括两类：一是采取普通招考博士的方式，而这一方式具体形式包括两种，第一种是采用“申请—考核制”博士生招生工作方案，即通过申请—考核制方式招收博士研究生，第二种是采取直接考试方式招收博士研究生；二是采取直博生、硕博连读生培养办法，从取得推荐免试资格的优秀应届本科生中直接选拔，采取直接攻读博士或者硕博连读方式攻读博士学位。

2.质量保障体系

各专业应在学校和学院相关规章制度、质量监控体制机制建设的基础上，结合专业特点，建立专业教学质量监控和学生发展跟踪机制。

（1）教学过程质量监控机制。各高校应根据人才培养与社会发展的需要，建立由毕业生、用人单位、校外专家参与的研讨和修订专业培养目标、培养规格和培养方案的机制。各高校应根据人才培养质量要求，建立系统、完整的课堂教学质量反馈和实验实践教学检查、毕业论文（设计）监控等评估机制，不断提高人才培养质量。

（2）毕业生跟踪反馈机制。各高校应有效联系毕业生和用人单位，能够充分征求毕业生、用人单位和社会对培养方案、课程设置、教学内容与方法的意见和建议，以及对毕业生知识、素质和能力的评价，合理利用评价信息。

（3）专业的持续改进机制。各高校应定期举行学生评教和专家评教活动，及时了解和处理教学中出现的问题；定期开展专业评估，及时解决专业发展和建设过程中存在的问题，不断提高专业建设水平；定期举行毕业生、用人单位意见征集活动，吸纳行业专家参与专业教学指导工作，形成定期修订、完善培养方案的有效机制。

第四章　公共管理学科“政产学研用”培养模式现状

“政产学研用”培养模式作为一种新型的合作系统工程，备受高校、社会、企业、师生等不同主体的认可，因此，大力发展和创新公共管理学科“政产学研用”协同育人培养模式有着必然性需求。本章分为两节：第一节阐述公共管理学科“政产学研用”协同育人体系的基本概念、价值目标、演化阶段及主要措施；第二节讨论影响公共管理学科“政产学研用”深度耦合发展的因素。

第一节　公共管理学科“政产学研用”培养模式概况

“政产学研用”协同育人体系经历了孕育、建立、深入发展三个阶段，已形成了以高校为依托、以政府为引导、以市场为导向的合作模式，并发展出“人才培养和就业导向型”以及“科研服务社会发展导向型”两种路径。运用“政产学研用”协同育人体系培养公共管理学科拔尖人才，能够提高人才的实践能力和创新精神，实现公共管理学科专业人才培养目标，同时促进政、产、学、研各主体的融合。

一、公共管理学科“政产学研用”协同育人体系的概念

“政产学研用”是指政府、企业、高校和科研院所等组织为了实现经济社会发展的共同目标，通过结合各主体的优势资源，达到多元主体互利共赢的

协同培养机制。[①] 从国际高等教育培养模式来看，自从赫尔曼·施奈德(Heman Shneider)于1906年在美国辛辛那提大学开展了第一个合作教育计划以来，这一模式引起世界各国的广泛关注。世界各国通过协同育人模式，在高等教育人才培养上已经取得重大成绩。各国发展出“合作教育”“工读交替”“技术与继续教育”等多种协同育人模式。[②] “政产学研用”已经成为国际教育改革的趋势，这种协同育人体系打破了以教师为课堂主体的传统模式，在教学中加强对学生实践能力的培养，提高学生满足社会发展需求的创新与实践能力。

在我国，合作培养从20世纪80年代兴起，在全国28所高校最先展开试点，接着成为教育部门教育改革规划的重要内容。2007年，在北京正式成立了中国产学研促进会，标志着我国“政产学研用”协同育人体系取得了较大突破，这也预示着其将进一步向深入融合的高层次模式发展。[③] “政产学研用”各部分关系密切，产通过学和研不断应用于现实，达到更新换代、不断发展的效果；学和研的发展也离不开产的实践检验。该模式聚合各方主体的资源，同时满足各方需求。亨利·埃茨科维兹(Henry Etzkowitz)和罗伊特·雷德斯道夫(Loet Leydesdodf)提出了三重螺旋模型，最早对此进行了有效的解释。该理论认为，知识经济时代知识的获取与进步是推动社会发展的重要力量。政府、高校、企业和科研院所是协同育人体系的核心力量，更是推动知识创新和流动的重要载体，各主体间相互支持协作，不断作用，最终形成螺旋上升的创新模型。[④]

“政产学研用”模式发展至今，由于目标侧重点不同而形成了两种发展路径，即“政产学研用”协同育人体系可以分为“人才培养和就业导向型”以及“科研服务社会发展导向型”。人才培养和就业导向型立足于应用型人才的培养目标，通过利用校地多方的优势，提高应用型公共管理人才的培养质量，包括以下三种模式：一是“3+1”培养模式，主要内容是3年在校学习理论

---

① 参见蔡三发，缪铮铮.“政产学研用”五位一体模式探究[J].中国高校科技，2019(12)：72-75.

② 参见陈浩，董颖.略论“政产学”协同培养人才的机制和模式[J].高等工程教育研究，2014(3)：67-71，105.

③ 参见陈婷.我国政产学合作改革探索[J].中国高校科技，2014(12)：46-47.

④ 参见陈延良，李德丽.三螺旋理论视角下的政产学协同育人实践与模式构建[J].黑龙江高教研究，2018(8)：87-90.

知识，最后一年在企业单位顶岗实习；二是顶岗锻炼模式，企业参与高校教学工作，开展实训和课程吸引学生参与项目开放和技术服务等活动；三是订单培养模式，通常这种模式是国家教育部门提倡的合作方式，通过对口培养，最大限度地利用不同主体的资源，同时解决学生的就业问题，降低人才培养与人才使用的不匹配程度。科研服务社会发展导向型模式则以服务为导向，获得政府和企业更加持续的支持。这种合作模式主要包括三种类型。一是校企联盟模式。围绕企业参与市场竞争的需要，通过构建研发中心、人才培训中心等加快企业创新步伐。二是政校合作模式。根据地方发展战略，政府和高校积极搭建各类合作平台，大力构建服务地方的长效机制。三是基层培训模式。一方面，高校邀请政府一线工作人员和主要部门领导对公共管理学生开展实践技能教学；另一方面，高校专家针对政府面临的绩效评估、应急防控等难题，结合自身所学知识和技能开展讲座与培训。

公共管理学科定位与政府管理具有紧密的联系。公共管理专业旨在培养胜任中央和地方各级党政机关、企事业单位、科研教学机构及社会组织中的政治与行政事务的高级管理人员。公共管理学科“政产学研用”协同育人体系更加强调在治理能力和智力支持等方面为社会发展赋能。在科研服务社会发展导向型路径下，政府等主体在从事公共管理活动时，高校基于政策分析的已有手段与经验提供咨询帮助。各类智库与研究中心的设立，为政府工作提供各类资政报告，充分发挥高校和科研院所已经具备的人才智力优势。同时，公共管理学科“政产学研用”协同育人体系在人才培养和就业导向型方向也有积极探索。通过高校与中央政府和地方政府建立的中央选调和定向选调渠道，该模式已经成为吸纳公共管理学科人才就业的重要方式。

二、公共管理学科“政产学研用”协同育人体系的价值目标

公共管理拔尖人才培养的重要目标之一就是服务于地方发展，特别是为地方党政机关等公共部门资政建言。各高校公共管理类专业培养目标均提出：学校确立了培养具有较强的实践能力和创新精神，能在党政机关、企事业单位、社会团体等部门从事管理、研究及政策咨询工作的专业人才的重要目标。政府、高校、科研院所和企业尽管有着不同的组织性质，但培养创

新人才、提升人才创业能力是各主体的共同目标。基于目标一致性开展的公共管理学科“政产学研用”项目能最大限度地实现各主体共赢，在深入融合中实现价值目标。从各主体自身价值目标出发，该模式也能对学生、政府、高校、社会产生积极且深远的影响。

对于学生而言，“政产学研用”能够培养公共管理人才的创新和实践能力，增加公共事务工作经验。协同育人模式提供给学生更多参与公共事务的机会，有利于提升公共管理学生解决问题的综合能力。通过对地方行政中面临的问题展开调研研究，能帮助公共管理学生更好地用专业知识去理解中国治理，了解国情、社情与民意。真实的实务环境在培育学生职业素养的同时，能够引导学生建立自身职业发展规划。

对于政府而言，“政产学研用”是国家创新体系的重要组成部分。在实践中，通过完善“政产学研用”相关政策，丰富“政产学研用”项目开展的形式，能够提高政府在协同育人体系中的统筹、引领能力。从制定公共政策的角度看，协同培养的公共管理人才可以为政府行政工作提供更多的智力支持，可以优化公共政策。横向课题的积极开展，将政府行政过程中遇到的问题转化为公共管理密切关注的课题，提升治理效能，解决治理难题。

对于高校而言，该模式可以促进科研产出、创新办学模式。传统式教学模式在新时代面临着诸多问题，“政产学研用”模式的开展将加快以社会发展需求为导向的教学和科研改革。同时，复合型人才是建设创新型国家最重要的有生力量。建设“政产学研用”协同育人体系，将培养创新型人才放在重要地位，集合政府和企业的社会资源，有利于提高复合型公共管理人才培养质量。

对于社会而言，“政产学研用”模式能够提供国家治理现代化所需要的复合型人才。该模式不仅能够促进新型合作机制的建立，而且为中国经济发展提供更多的公共管理智慧，将科研成果和创新生产转化为经济效能，助推中国制造向中国智造转变。该模式能够降低各单位人才筛选和录用成本，实现技术创新。不仅降低了政府知识和人才资源的生产成本，提高了人才资源的再开发能力，而且使培养出来的公共管理人才更加符合社会、政治、经济发展的需要。这对整个产业链和社会产业也具有重要意义。院校与政府、产业和社会融合，促进各主体不断进步。[①] 同时这一产业链条良性交互，将形成闭环循环链条。政、产、学、研各主体的融合和进步，又促进院校和科研院所不断扩大公共管理人才的知识再生产、再融合，呈现出政、产、学、研和用交互上升、交互增长的趋势。

三、公共管理学科“政产学研用”协同育人体系的演化阶段

公共管理学科“政产学研用”协同育人体系最早依托高校教学的开展，培养知识性公共管理人才。随着经济的快速发展，社会对公共管理人才数量和质量的需求不断增加。该体系演变为依托政府、高校、企业和科研院所共同推动。其中，非营利组织、公民等主体对其演化也起到重要作用。在这一过程中，时代需要是协同育人体系快速发展的契机，政府法规政策是重要保障与引导，高校结合自身资源充当育人主体。我国在三重螺旋理论的指导下，于 1985 年在教育领域引入“政产学研”模式后，率先于局部发达省市进行了教育体制改革。随着协同育人机制的不断成熟，发展到 21 世纪初，协同培养模式在各地基本建立起来。[②] 在实现国家治理体系和治理能力现代化的大背景下，“政产学研用”协同育人体系还将不断深化、融合。从 20 世纪 80 年代至今，公共管理“政产学研用”育人机制的发展可以归纳为孕育时期、初步建立时期、深入发展时期三个阶段。

（一）孕育时期

改革开放以来，公共管理学科获得快速发展的空间。教学模式探索和教材更新是这一时期的主要任务。这种萌芽阶段的产学研合作被称作教学、科研、生产联合体。在这一时期，公共管理育人体系主要围绕学科教学展开，以课堂知识体系的教学为主，借用实验室作为辅助和重要依托。在高校与其他主体的关系上，以教师科研服务地方为主。而从我国公共管理实习基地建设状况来看，实践性、应用性很强的公共管理学科实习基地建设还

① 参见徐斯雄，田联进.政产学共同体制度链及其形态跃升——地方本科院校向新型本科院校三种性质的跨越[J].西南大学学报（社会科学版），2021，47(2)：136-142.

② 参见曹照洁.政校企“三位一体”协同育人模式现状与建构研究[J].四川理工学院学报（社会科学版），2019，34(2)：73-84.

未引起各主体足够的重视。在这一阶段建设的实习基地数量较少、实力偏弱,在内容上多流于任务形式。

(二)初步建立时期

这一时期重视培养学生的综合能力,以服务地方,特别是党的十八大以来,提高治理能力成为地方政府的重要目标,地方政府主动寻求高校的支持。在这一阶段,高校在协同育人体系中从原来的被动参与转为主动进入,在公共管理人才培养理念上也有较大转变:不仅需要掌握学科知识和科研技能的公共管理人才,而且培养公共管理人才的实践能力也得到重视。为了使公共管理人才更好地适应社会需要,高校主动对接各类校外机构,开展形式多样的实训和实践活动。"政产学研用"协同育人体系在高校主动推动下,取得了多种形式的成绩,但也存在阻碍其进一步发展的障碍。一方面,地方政府在观念和培养模式上较为单一。一直以来,地方政府具有独立的一套人才筛选机制,要求招募的公务员实践能力强,而高校公共管理学生理论能力强,不能真正适应政府机关工作。另一方面,在培养模式上,上级政府与地方高校开展的校地合作在形式上缺乏创新,缺乏创新机制的动力。

(三)深入发展时期

党的十九大以来,国家层面出台了"政产学研用"的指导文件,在文件中更加清晰地提出了各地政府需担负的职责,加快了校地融合的步伐。这一时期,随着公共管理学科教育不断发展,公共管理人才技能更加全面、更加适应社会发展需要,公共管理人才在政府机关和企业单位的被认可度不断提高。在协同育人体系运作方面,已经出现政府、高校共同制定公共管理人才培养方案的案例。"政产学研用"完整产业链初步搭建起来,这一产业链条将高校教学与政府和企业的实训平台匹配起来。各方在发挥各自优势的同时,开展持续的协同育人项目。在校地深度融合后,推动社会产业进一步发展需要更多具备公共管理知识的专业人才。

四、公共管理学科“政产学研用”协同育人体系的主要措施

(一)高校建立激励机制

高校师生主动服务于地方,离不开激励机制的建立。高校积极承接政府职能部门委托的横向课题,而横向课题直接服务于地方治理需要,具有极强的应用价值。例如,根据武汉大学硕士生导师管理规定,如果要具备硕士生导师资格,需要承担至少一项不少于5万元经费的横向课题。高校和地方政府建立良好、稳定的培养关系,并结合自己的实证研究,对基层政府在行政管理的过程中出现的问题予以分析。各地高校积极成立智库研究中心,以高端、聚合、对话、原创为核心理念,大力实施高端引领、智库锻造,如清华大学国情研究院、北京大学国家治理研究院等高端智库中心。[①] 在学生评奖评优方面,将参与解决政府部门的实践问题列为重要考核标准。例如,武汉大学奖学金评选办法规定,研究生提交的咨询报告被党和国家领导人予以重要批示并产生重大影响,等同于在CSSCI刊物上发表两篇学术论文。武汉大学弘毅学堂设立科研项目基金与奖励政策,鼓励学生进入教师课题组,直接参与和从事国家前沿问题的科研项目。

(二)制定人才培养方案

公共管理实践培养方案是公共管理人才实践教学的前提与依据,培养目标从根本上引导教学和实训活动的开展。在实践中,各校结合自身发展与学生创新能力培养需要,制定实践培养方案,体现公共管理人才培养特色。例如,北京大学政府管理学院开设了社会调研与实践课程。本科四年级学生在导师的指导下,到国家机关、公共组织或国有企事业单位至少调研或实践四周,并撰写调研或实践报告。结合应用型公共管理人才培养需求,建立实践教学体系,校地各方根据共建协议出台实习方案。在实习环节,推行岗位双向选择机制,制定实践教学的目标任务:认真、独立完成实习周记,明确教学单位、教师的职责,将学生到地方政府见习、参加横向委托课题研

---

① 参见张凤,许慧远.京津冀协同发展中的政产学三螺旋关系研究[J].中国高等教育,2018(10):59-60.

究等纳入教学考核中。接下来深化人才培养工作，各公共管理学院需要摆脱同质化强的情况，结合各地实践特色与办院经验，进一步深化培养目标，加强与政府和企业的实践交流。

（三）构建质量保障和监控评价机制

协同育人体系的监控评价机制的建立，有利于督促各主体积极主动投入协同工作。从高校层面上看，督促学生进行社会实践调研并完成论文是主要目标。具体操作包括以下内容：对实践课程进行考核，学期实践与毕业实习相结合。在教学方案中安排公共管理实践课程课时，增加实践课程学分在课程总学分中的比重。同时，高校制定了一系列考核标准及以学术项目成果为导向的考核评价机制，鼓励师生以更积极的态度参与“政产学研”项目。用当前形成的比较规范、有效的质量保障机制有如下几种：一是建立实习量化考核指标体系，如设立实习业绩、实习纪律和工作能力等指标。通过细化指标和明确各个指标的权重，能够更加客观地呈现出实践教学开展的有效性。二是制定严格的管理办法。例如，为了有效完成博士期间的教学和科研安排，中国人民大学制定了《中国人民大学攻读博士研究生培养方案基本要求》等制度，中国人民大学公共管理学院则以此类制度作为基本要求。三是导师做好总结和归档工作，对学生提交的实习报告和论文，按照撰写质量等标准进行分类归档，并对优秀实习学生、优秀指导教师进行表彰与奖励。

（四）建立人才培养互动机制

目前，我国公共管理学科“政产学研用”各培养主体在建立沟通协调机制时，一般先建立指导委员会，各方共同派导师或单位人员参与；具体细节层面，由导师与院级培养单位自由决定。经过三个阶段的发展，高校和政府公共管理人才实现互相流动并形成如下几种形式：一是共同推出引才政策。高校向政府机关和事业单位开放兼职教授或研究员岗位，弥补公共管理实践教学人才的空缺。例如浙江大学竺可桢学院实施紫领人才培养计划，开展了新颖的“政界导师帮带制”。高校联合社会，邀请政界厅级以上领导干部担任紫领特聘导师，其亲自帮带培养紫领学员，选拔与培养富有责任担当和奉献精神的未来领导者。东南大学建立校企联合培养机制，与企业共同建设博士后工作站。二是建立人才流动机制。选拔优秀的公共管理拔尖人才到地方政府挂职锻炼，培养公共管理学生的实践能力，满足社会组织对公共管理人才的能力要求。尝试开展弹性雇佣制度，让人才在各主体自由流通，实现成果和资源共享。三是协同打造人才培养基地。高校与政府建设公共管理博士后流动站、研究生工作站等。开展学生实习实训基地建设，形成了部分固定、连续的政校实习基地。[①]

第二节　制约公共管理学科"政产学研用"深度耦合发展的因素

改革开放以来，经济发展、教育体制改革和公共管理学科影响力扩大等大大加快了公共管理学科"政产学研用"深度耦合的步伐。目前，各地公共管理学院与政府、企业开展了不同形式的实践。从实践效果来看，协同育人模式显著提高了公共管理人才的综合素质与实践管理能力。在推进国家治理体系和治理能力现代化过程中，需要更多公共管理领域的治理人才，这也对公共管理学科教育提出了更高的要求。要真正满足国家对创新人才的需求，"政产学研用"协同育人体系还需不断深度耦合。近年来，公共管理学科人才建设已经取得了一定的成效，但其在快速发展的同时也受到一些制约因素的影响。主要制约因素可归纳为：高校自身定位模糊化、地方政府弱化高校主体地位、传统教学培养模式的局限、专项政策法规缺失和"政产学研用"连续性制度链断裂。

一、高校自身定位模糊化

高校在"政产学研用"协同育人体系中起到重要的智力支持的作用，是"政产学研用"协同育人体系的关键环节。当前高校仍存在内生参与动力不足，服务地方频率低的问题，总结原因有如下几点：一是高校对自身认识不足，主动服务意识低。公共管理作为年轻学科，发展速度迅猛。我国公共管

---

① 参见吴卫红，陈高翔，张爱美."政产学研用资"多元主体协同创新三三螺旋模式及机理[J].中国科技论坛，2018(5)：1-10.

理学科为了适应高等教育和学科自身发展，在一段时间内将发展重心放在扩大办学规模和增加学科点数量上。但从高校服务社会发展的角度来看，高校缺乏主动用学科成果与知识反哺政府管理建设与社会发展的意识，政府拨款和项目经费支出仍是学科发展的重要经济来源。公共管理人才的公共情怀与社会责任担当在教学中一度被忽略。二是考核指标未及时跟进。现有的高校考核指标多建立在科研上，高校各单位关注科研项目及上级支持经费，进一步催生重视科研忽略教学的情况。教师重视科研，忽视实践教学，在选题上注重学科理论建设与引进，忽视国家经济和社会发展中存在的问题。学生投入过多的精力在背诵式复习上，学习思维停留在学科知识的获取上，缺乏对社会实践能力的培养。三是高校自身学科边界过于清晰，科研和教学之间难以实现研和学的资源优势互补。公共管理学科应培养兼具经济学、管理学、法学等多学科知识的复合型人才。而学科壁垒阻碍复合型人才的培养，各专业难以起到支持的作用。

二、地方政府弱化高校主体地位

地方政府在协同育人体系中起着重要的引导和规划作用，但在实际中也存在不吸纳高校参与、缺乏规划和导向性的情况。有学者将这一模式概括为政府特权式人才培养模式。政府在协同育人体系中处于主体地位，高校与企业各自独立，政府在高校和企业间起到联结作用。政府出台的具体管理方法和机制，指导着高校和企业的发展及关系的建立。但这一压制性的管理在很大程度上超出了政府的指导功能，更难以起到有效鼓励各主体参与的作用。高校和企业缺乏主动参与的机会，进而影响其持续参与的积极性。同时，校地同层级项目合作多，跨层次战略交流少。由于高校和政府分属两种体系，在协同配合上存在一定的困难。高校层级的差异也导致部属高校参与地方事务少，使得高水平拔尖人才缺乏参与县、区级别项目的机会。最后，囿于政府间以及政府和高校间的协同阻力，部分政府简单地将自身职责定位于仅提供实习实训的场所，在制定培养目标的过程中缺乏与高校的沟通融合。从实习基地涉及的政府职能来看，部分职能部门比较单一，实习岗位多为档案整理、文件复印等操作性工作，学生缺乏工作轮岗机会以及对政府运行整体机制的了解。

三、传统教学培养模式的局限

传统教学模式在手段、目标、环节等方面存在局限性，导致培养的学生创新实践能力较弱。目前，传统培养模式暴露出来的育人阻力主要有以下几点：一是公共管理人才培养目标定位宽泛。各高校想要培养兼具多学科领域知识，能在公共组织从事专门工作的高级人才。这一设定导致课程之间的连贯性差，学生就业方向也不清晰。二是公共管理人才培养内容偏重理论知识。公共管理学科在较长一段时间里走的是“理论教学为主，实践教学为辅”的路子，尽管各地已经建设了不少实训基地，但重理论轻实践的传统教育观念未得到根本改变。相较于理论教学，实践教学占教学安排的比重少，相应的实践教学设施建设不完备。在这种模式下培养的公共管理学生，很难适应地方政府和社会单位的用人需要。三是公共管理人才培养环节封闭。公共管理是实践性、综合性很强的学科，如果不加强实践能力的培养，就难以培养综合素质高的人才。目前，培养环节以高校和教师为主体，其与政府和非政府公共组织缺乏沟通。学生对公共管理的认识仅停留在理论知识阶段，缺乏实习环节与实务经验。公共管理学生所学的公文写作、电子政务等理论知识难以在实践中得以运用与检验。四是缺乏实际考核评价环节，实习成绩评价标准模糊，满足实习任务是主要目标，而对于实习中学生的总体表现和技能获取缺乏有效评价。

四、专项政策法规缺失

多元主体协同育人模式离不开完善的法律支持和政策指导。清晰明确的法律能有效调动高校、企业和地方政府参与和投入资源的积极性，进而协同各主体的利益与责任关系，建立合理的利益分配机制与问责机制。从宏观层面看，当前，我国在“政产学研用”协同育人领域已经出台了相关办法、方针，起到重要的引导作用。但已出台的政策法规主要是鼓励性的法规，对政府部门、高校和企业的约束力有限。“政产学研用”的专门法规尚未出台，给予各地政府较大的空间制定本地政策。与此同时，地方缺乏相应的具体可操作的政策法规，对于地区“政产学研用”协同育人工作的开展缺乏有效保障。在实践中，“政产学研用”育人项目往往依靠部分地方政府和高校之间已有的社会关系开展，缺乏工作持续开展的法律保障。地方政府和高校缺乏合法性保障来建立政府、高校和企业的协同育人机制。“政产学研用”项目缺乏强制性保障和推动力，进而在整个社会难以形成良好的氛围。法律和地方政策的滞后已经成为制约“政产学研用”协同育人模式发展的重要因素。最后，高校和企业在管理机制上缺乏互相匹配的管理调节手段。尽管部分高校已建立起奖励机制，鼓励教师和科研单位参与地方横向课题，但从标准设定上看，还难以促进学院和教师深入参与协同育人机制实践。

五、“政产学研用”连续性制度链断裂

“政产学研用”协同培育的人才在社会发展建设中发挥作用，离不开互相接续的人才传输渠道。同时，实践中出现的新问题也会影响教学活动的开展。每个环节相互接续、相互作用，在相互影响的过程中加强耦合程度。但目前尚未形成闭环的人才培养链条，人才的培养、选拔、输送制度链条存在断裂情况。总的来看，公共管理学科产学研合作仍以项目合作为主，多为主体间点对点的互动机制，组织形式仍不够严密，同时缺乏政策法规的持续保障。[①] 当前产学研合作仍停留在技术咨询等层面。另外，高校人才培养与社会和企业需求不匹配，甚至存在严重脱节的问题。高校是负责人才培养的关键，一直以来，重教学轻实践的育人导向使培养的人才与政府和社会需求不匹配。就企业而言，经济效益和产出效率是其追求的首要目标，维持企业核心竞争力离不开高水平的人才。企业注重人才使用的实践性与便利性，而公共管理培养的学生难以将学科知识较快地与实践相结合，知识积累需要较长的周期才能转化为社会效益。同时，法规保障和政策支持的缺失，使得各主体的责任和利益分配不均，出现经费分配失衡、风险共担不均、责任分担不清等问题。以上存在的断裂情况使得各主体人才培养的资源不能实现充分共享，制约着“政产学研用”的深度融合。

① 参见闫娟，朱水成，钱林玲.政、校、社合作共享视角下共建大学生实习基地探索与实践——以公共管理类专业为例[J].上海理工大学学报(社会科学版)，2020，42(4)：371-376.

第五章　公共管理拔尖人才培养质量概况

随着人才培养模式向着多元化路径发展，人才培养方案需要根据环境变化进行及时调整，并且需要对培养成效加以综合评估。本章共分为六节：第一节说明公共管理拔尖人才培养质量的重要性；第二节简要阐述公共管理拔尖人才培养质量的理念之变；第三节从高校、个人、社会三方面介绍公共管理拔尖人才培养质量的影响因素；第四节梳理公共管理拔尖人才市场需求量统计情况；第五节构建适用于公共管理拔尖人才培养质量的评价体系；第六节讨论公共管理拔尖人才培育质量的困境。

第一节　公共管理拔尖人才培养质量的重要性

当前国家经济之繁荣前所未有，与此同时对于法治国家、法治政府、法治社会一体建设的要求也达到了历史新高。稳定和发展必须两手抓，两手都要硬，加快社会治理法治化进程，提高社会治理法治化水平至关重要。"服务型政府"建设将成为"十四五时期"主要命题，国家安全体系和法治体系必须持续完善，从根本上保障稳定及发展，实现长治久安。这是新时代背景下我国的重要任务目标。因此，高等教育中关于公共管理拔尖人才的培养也应由注重数量向注重质量转变，拔尖人才培养模式有利于实现公共管理类学生的高素质全面发展，并且倒逼教育管理体制等一系列相关要素实施深入改革。一方面，公共管理拔尖人才是促进本学科长远发展的重要基石，公共管理拔尖人才作为未来从事学科研究和教学的主力军，拔尖人才培养的质量将极大地影响学科的良性循环发展；另一方面，公共管理拔尖人才是推动社会治理现代化的生力军，也是实现“两个一百年”奋斗目标的接力者和传承者，公共管理拔尖人才培养质量将直接影响现代政府的建设。《教育部2021年工作要点》也提出，要优化人才培养结构，全面实施“六卓越一拔尖”计划2.0，推进新文科建设，加快高层次紧缺人才培养，加强创新型、应用型、技能型人才培养。要构建教育高质量发展体系、高质量教育支撑体系。高质量成为教育工作的主要目标和衡量标准，必然要求超越以前的发展理念和模式，必然要求支撑发展的条件和基础有进一步的改进和提升。综上，保障和提升公共管理拔尖人才培养质量契合社会需求和发展。

第二节　公共管理拔尖人才培养质量的理念之变

人才培养质量作为高度抽象化的概念，需要用相应的指标加以衡量，具体来说包括岗位竞争力、职位胜任力、价值创造力、学术创新度、社会共享度等。公共管理拔尖人才培养质量的评价标准也涵盖上述指标。因此，高校在培养公共管理拔尖人才的过程中，需要对标质量评估体系及标准，转变质量培养理念。一是从“唯文凭论”向重视综合能力转变。公共管理因其学科特性，公共管理拔尖人才未来必然与社会公共事务密切相关，因此，公共管理拔尖人才培养不仅致力于让学生获得一纸文凭，更应当培养具有系统的理论知识、逻辑严谨、语言表达能力和执行力较强的人才。二是从以学科教学为主向以学生为中心转变。培养的主体是学生，质量的承载主体亦是学生。公共管理拔尖人才培养质量的根本要义并非师资队伍的健全性、学科教学的完备性，而是学生的全面发展，因而培养需要以学生的需求为导向，充分调动和尊重学生的主体性意识。三是从回应评估考核向服务地方长远发展转变。公共管理作为一门新兴学科，要充分基于地方特色和环境，培养的拔尖人才需要为地方经济社会发展服务，因此为地方创造财富成为公共管理拔尖人才培养质量的重要方向标和试金石。四是从培育模式名义化向实质性转变。公共管理拔尖人才培养模式不是政府号召和社会呼吁下的一面旗帜，也不是在高校加快提出推动拔尖人才培育的大趋势下的噱头，而是需要在实际调研的前提下，结合学科设置情况和培育目标，科学合理地设置培养模式。这一模式既能够充分调动学院作为培养主体的积极性，保障资源利用的最大化，又能够充分激发学生的个人潜质，为学生带来深刻、全面和持久的影响。五是从大一统向个性化转变。高等教育不是流水化生产，学生是具有独立人格意识的主体，而非不带有理性思考的产品。

第三节　公共管理拔尖人才培养质量的影响因素

高校人才培养质量形成于人才培养的全过程，高等教育人才培养质量受到人才培养过程中各种因素的影响。[①] 教学中心地位、教师的教学投入、学生的学习自主权、教学模式、学生的学习状态、多媒体教学效果、德育教学效果等七个方面是影响人才培养质量的重要因素。[②] "双师型"师资水平及结构优化程度、实践教学过程优化程度、应用型人才考核合理程度均正向影响大学生理论学习和实践学习的积极性，并正向促进应用型人才培养质量。[③] 人才培养因为过程和时间较长，再加上公共管理本身的学科特性，所以人才培养质量的影响因素复杂且多元化。总体而言，影响公共管理拔尖人才培养质量的因素包括政策规划、培养目标、师资团队、课程设置、实践教学、教学方式、科研平台、质量评估等。其中，政策规划既包括国家层面出台的各类大政方针，也包括地方政府和高校出台的具体实施措施，每一项政策和措施无不影响着人才培养的具体内容，进而决定了培养质量。公共管理拔尖人才相关政策规划的系统性、整合性、针对性会直接决定和改变培养目标，政策规划的侧重点不同会引起人才培养内容的变化。部分政策强调人才需要具备相应的知识结构和能力，另一部分政策则强调人才需要掌握相关的实践技能，从而使得拔尖人才培养目标频繁变化。政策规划对公共管理拔尖人才培养模式起到统领性作用，需要完备的政策框架，涉及培养目标、师资团队、教学方式等各个关键要素，应建构起相互联系的、完整的、具有强保障力度的政策体系。

人才培养质量是高等教育质量最重要的一部分。高等教育肩负着培养

① 参见贾海基，傅勇.高等教育质量观与大众化高等教育质量保障体系的建立[J].评价与管理，2006，4：33-36.

② 参见张德江.人才培养质量的影响因素与对策探析[J].中国大学教学，2012(2)：11-13.

③ 参见徐和清，柳和生，赖明谷.地方本科高校应用型人才培养质量影响因素的实证研究——基于"同级类差"与"同类级差"的视角[J].高等工程教育研究，2017(4)：94-98.

高素质专门人才和拔尖创新人才的重要使命，提升拔尖人才培养质量是高等教育的核心任务，探索其影响因素具有重要意义。

关于拔尖人才培养质量的含义，可借助高等教育质量来理解，也就是说，拔尖人才的培养应当能够满足政府、高校、社会发展需要层次标准，其中不同方向的拔尖人才衡量标准不尽相同。比如研究型拔尖人才侧重于考查理论创新、科技创新精神，通识型拔尖人才倾向于具备良好的创新意识与创新能力以及优秀的科学素养和人文素养，而应用型拔尖人才则要求具备社会和市场需要的技能应用能力。因此，对拔尖人才培养质量概念的理解可以概括为三个方面，包括知识的掌握程度与践行能力以及人才素质的全面性，而这三个方面则分别对应着高校、个人和社会三个方向。

一、高校方面

传统的中国教育模式下，学生的专业意识形成得较晚，大部分形成于高考前后。高校的专业培养模式与具体方案的运作在很大程度上决定了人才培养质量。具体而言，主要体现在以下几个方面：

（一）人才培养目标单一

一直以来，我国高等教育致力于知识型人才的培养，注重知识的传授，强调对知识的系统性掌握。人才培养目标决定了人才培养模式，而人才培养模式将直接作用于人才培养的过程与结果。为了培养知识型人才，高校采取了以专业必修课为主、教师灌输式的课程模式，即使有实践环节，实践环节的考评落实也不尽如人意，典型表现为社会对公共管理人才的应用知识能力和创新能力的需求与学生的实际情况存在偏差，从而导致了社会需求与高校人才培养之间的不和谐。

（二）专业课程设置不合理

合理的专业课程设置有助于高校把握办学重点，避免资源浪费。然而，近年来随着许多高校的合并，越来越多的高校逐渐趋于综合性大学，专业设置几乎涵盖各个方面。而在课程设置上，结构不合理，专业必修课过多，创新型选修课太少，课程内容也比较陈旧，缺乏实用性与灵活性。就公共管理专业而言，课程设置过于笼统和宽泛，多为基础理论教学，真正能体现专业特色的技能课程教学却相当薄弱。如果高校长期在不科学的专业、课程设置下教育学生、培养人才，那么学生的创新思维与创新能力必然会受到阻碍。

（三）课程教学方法缺乏创新

教师教学方法与手段的使用直接关系到教学质量，进而间接影响人才培养的质量。当前，高校的教学模式以教师教为主，学生的参与度较低。同时，教学过程只注重知识的传递，不注重实践教学，教学手段单一，教学内容中理论阐述以及逻辑推导过多，忽视了实际应用能力的培养，导致理论与实际脱节。此外，在能力考核方面，由于对实践能力的考核存在困难，因此教师依然以考核理论知识为主，弱化了对学生分析问题、解决问题等实际应用能力的考核等。教学过程中的种种缺陷在很大程度上限制了学生综合素质和创新能力的培养，长此以往在这种教学环境下培养出来的人才不仅缺乏实践锻炼的机会，而且学生学习的自主性与创新性也会大大降低。

（四）师资队伍建设后劲不足

美国哈佛大学前校长、著名高等教育学家詹姆斯·科南特（James Conant）先生曾说过，高校的荣誉不在于它的校舍和人，而在于一代又一代素质优良的教师，一所学校要站得住脚，教师一定要出色。从某种意义上说，一所高校是否成功，关键取决于它是否拥有一批高水平的知名专家、学者和高素质的教师。只有师资队伍建设完备，院校才能培养出拔尖人才，这样提升学校教育质量和学科水平就有了可靠的保障，反之亦然。反观当下师资队伍建设现状，其后劲不足以致跟不上院校、学科的发展速度与规模，是制约拔尖人才培养质量的关键要素之一。具体而言，师资队伍建设后劲不足主要体现在以下几点：一是人员结构的不合理，包括院校专任教师数量相对不足和年龄结构的不合理。教师数量相对不足随着近几年高校的扩招愈发明显，教师跨研究方向讲授课程的现象普遍存在。另外，教师队伍年龄结构失调，中青年拔尖人才太少，中年教师“断层”现象较为突出。二是师资队伍素质有待加强。师德建设力度不够，部分教师投入到教书育人和科学研究中的精力和时间较少，业务上不够勤奋踏实，作学问不够严谨，不能精益求精，作风浮躁，急功近利，弄虚作假。三是师资队伍管理体制存在不足。实际存在的教师身份和职务的终身制导致教师过度关注“身份”与待遇，忽视个人岗位职责。此外，缺乏合理、规范的人才流动和竞争机制以及公平、有效的考核评估机制，直接影响到师资队伍中拔尖人才的成长，影响到学科建设和人才培养质量，甚至影响到高等教育事业的可持续发展。

二、个人方面

学生既是受教育的对象，同时又是人才培养质量评价的主体，其自身的态度对能力的提高有着重要的影响。“师傅领进门，修行在个人”，也证明了外部环境固然重要，但个人的成长最终仍取决于自身，既包括个人的先天因素，也包括个人的后天努力。这里的先天因素更多的是指学生在接触专业领域前已经存在的“固有特性”，如先天个人能力、个人兴趣等。一个学生如果不具备对本专业的知识掌握能力，没有兴趣，那么即便后期给予他更多、更优质的学习资源，他也不能够被培养成这个专业的人才；反之，如果是一个拥有超强的学习能力的学生，擅长融会贯通，那么他一定可以被培养成这个专业某方向的拔尖人才。但是，先天因素的影响并不是绝对的，学生的个人努力也很重要，所谓“笨鸟先飞”就是如此。即使先天能力不足，但学生本身具有毅力，肯下功夫钻研，找对方式方法，也能够利用个人的努力追上甚至反超先天能力优秀的学生。因此，先天因素与后天努力都是学生成为拔尖人才的重要影响因素。

三、社会方面

人才培养的最终目的是服务社会，社会对人才的评价在很大程度上会影响其培养取向。宏观层面上，社会更多的是从实用性角度出发考虑人才的选拔与使用。某种程度上，企业对公共管理人才的评价要高于政府等公共部门的评价。究其原因，政府和公共管理部门当前正处于职能转变和行政改革阶段，内外环境变化的压力使得其更加重视人才的创造性思维和创新能力。但是，现实情境中政府等公共部门现有的价值体系和运作机制在一定程度上还无法提供相对自由、鼓励创新的环境，甚至某种程度上僵化、刻板的环境还会遏制创新人才的正常发展。而相比之下，企业关注的是利益，为了增大人才为企业创造利润的空间，企业会对聘用的人才进行系统的专业技能和岗位培训，并在管理和激励机制上提供更有利于人才创新和成长的空间。

第四节　公共管理拔尖人才市场需求量统计

通过对公共管理拔尖人才市场需求进行分析，能够掌握市场需求的特点，并根据市场需求作出适当的调整，从而推动现有人才培养体系结构改革。本书统计了参与第四轮学科评估的高校的硕士研究生和博士研究生数量，并根据2019—2021年公务员招考情况统计了国家公务员考试中公共管理专业招聘岗位类别及其数量占比，以便初步对比分析人才市场对于公共管理拔尖人才的需求，为后续研究提供数据支撑。

一、公共管理专业硕士研究生数量统计

自1997年教育部正式设立公共管理一级学科以来，我国公共管理类人才培养已经向国家和社会输送了大批具备公共管理知识储备的人才。本书选取参与第四轮学科评估的若干所高校进行统计，统计口径以2019—2021年招录的硕士生为主要指标，以管窥我国公共管理人才培养数量变化趋势和总体现状(见表5-1)。其中包括清华大学、中国人民大学、北京师范大学、浙江大学、南京大学、上海交通大学、复旦大学、武汉大学、西安交通大学、吉林大学、兰州大学、郑州大学、云南大学等13所高校。

表5-1　国内13所高校2019—2021年公共管理专业硕士研究生招生人数一览表

	2019年	2020年	2021年	总计
清华大学	57	59	60	176
中国人民大学	113	109	110	332
北京师范大学	20	45	37	102
浙江大学	31	38	39	108

续表

	2019 年	2020 年	2021 年	总计
南京大学	44	44	56	144
上海交通大学	26	25	21	72
复旦大学	25	20	21	66
武汉大学	62	47	57	166
西安交通大学	41	41	44	126
吉林大学	45	43	48	136
兰州大学	30	26	26	82
郑州大学	49	48	53	150
云南大学	53	50	60	163
合计	596	595	632	1823

经过统计，如表 5-1 所示，13 所高校公共管理硕士生招生人数平均每年约为 47 人，中国人民大学招生较多，主要是由于其设立的研究机构较为广泛，包括行政管理学系、土地管理系、公共财政与公共政策研究所、城市规划与管理系、组织与人力资源研究所、社会保障研究所等六个，其开设的二级学科硕士点包括行政管理、社会医学与卫生事业管理、社会保障、土地资源管理、城乡发展与规划、公共财政与公共政策、公共组织与人力资源、房地产经济与管理、劳动经济学等九个。

从 2019—2021 年的招生情况来看，这 13 所高等院校招生人数总体变化幅度较小，2020 年基本上都呈现招生人数小幅度的下降，但总体持平（见图 5-1）。部分学校招生人数上升是源于新开设的二级学科，如北京师范大学新开设了应急管理专业。大部分学校招生人数在 2021 年出现较大幅度的上涨，总体上涨幅度达到 6%。

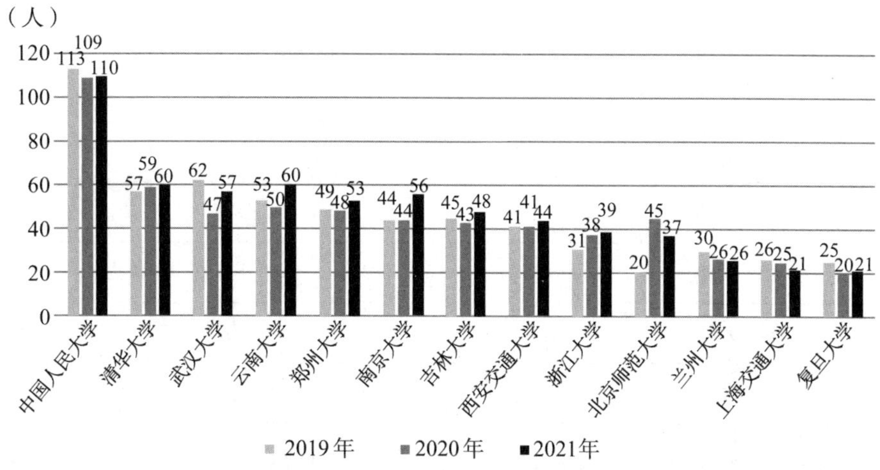

图 5-1　国内 13 所高校 2019—2021 年公共管理专业硕士研究生招生人数

总体而言，2019—2021 年各高等院校公共管理硕士研究生招生人数呈现上涨趋势，一方面这与逐年增加的报考人数有关；另一方面，社会对于高学历拔尖人才的需求也逐渐增加，两方面因素共同推动硕士研究生的扩招。

二、公共管理专业博士研究生数量统计

表 5-2　国内 13 所高校 2019—2021 年公共管理专业博士研究生招生人数一览表

	2019 年	2020 年	2021 年	总计
清华大学	44	42	46	132
中国人民大学	63	59	57	179
北京师范大学	17	21	22	60
浙江大学	50	37	66	153
南京大学	15	15	17	47
上海交通大学	13	23	13	49
复旦大学	12	12	15	39

续表

	2019 年	2020 年	2021 年	总计
武汉大学	11	13	18	42
西安交通大学	16	23	24	63
吉林大学	15	13	14	42
兰州大学	15	16	15	46
郑州大学	13	11	10	34
合计	284	285	317	886

经过统计，如表 5-2 所示，13 所高校公共管理博士生招生人数平均每年约为 23 人，中国人民大学、浙江大学和清华大学招生人数较多（见图 5-2）。其中，中国人民大学开设的二级学科博士点较多，包括房地产经济与管理、行政管理、社会医学与卫生事业管理、社会保障、土地资源管理、城乡发展与规划、公共财政与公共政策、公共组织与人力资源、应急管理等九个博士点，所以博士招生人数也普遍较多。浙江大学招生的类别较为复杂，分为直博生、硕博连读生和普博生，其中普博生又可以细分为全日制非定向普博、少民计划和对口支援及援疆师资计划等国家专项计划、思政骨干计划等国家专项计划、公管在职生四类，研究方向具体包括行政管理、教育经济与管理、社会保障、土地资源管理、非传统安全管理、公共信息资源管理、城市发展与管理、国际事务与全球治理、应急管理、农业经济管理、林业经济管理等 11 个，所以博士生招生人数也较多。清华大学师资力量雄厚，而且以培养硕博人才为主，所以招生人数总体也较多。另外，13 所高校每年共招收博士生 295 人，相较于研究生招收人数而言，不足研究生招收人数的一半。

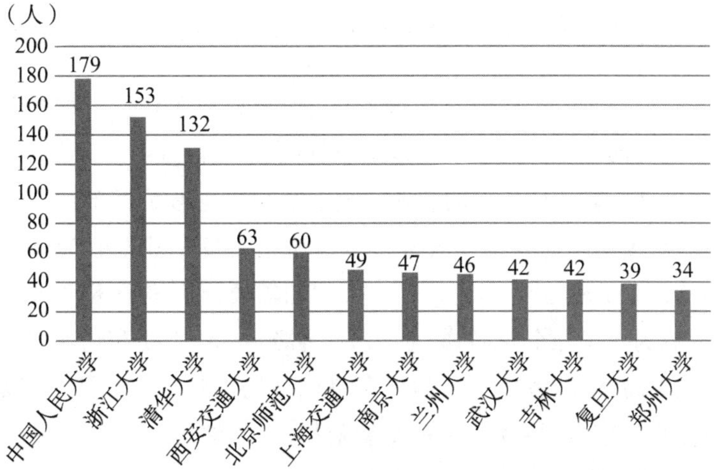

图 5-2 13 所高校 2019—2021 年公共管理专业博士研究生总招生人数

从 2019—2021 年招生情况来看，除个别高校外，绝大部分高校在 2020 年的招生人数呈现出上涨趋势（见图 5-3）。2020 年，6 所高校招生人数下降，5 所高校招生人数增加，主要是源于新开设的二级学科，诸如上海交通大学新开设应急管理方向进行招生。而在 2021 年，博士生招生人数上涨幅度较大，相较于 2020 年，总招生人数增加了 32 人，上涨幅度达到 11%。但具体来看，大部分高校招生人数变化不大，仅有浙江大学相比于 2020 年招生人数大幅上涨。综上所述，2019—2021 年博士生招生人数总体呈现较为稳定且小幅上涨的趋势。

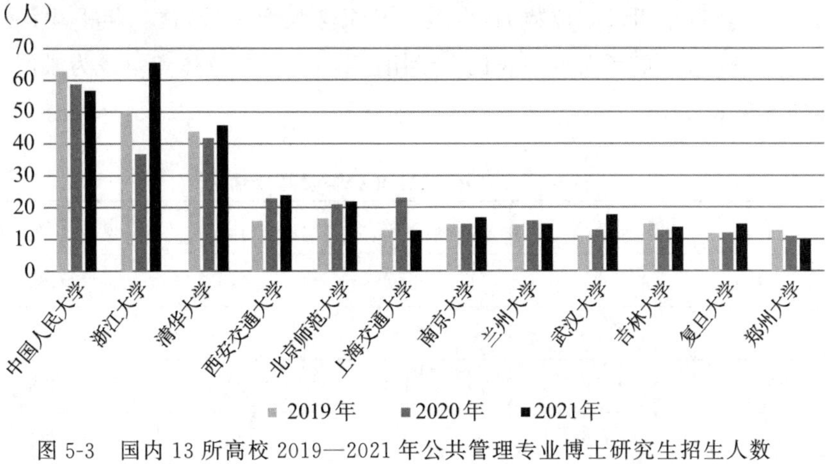

图 5-3 国内 13 所高校 2019—2021 年公共管理专业博士研究生招生人数

三、国家公务员考试中公共管理专业招聘岗位类别及其数量占比

公共管理专业的重要培养目标之一是为党政机关培养掌握公共管理专业知识的拔尖实务型人才，这也是基于社会需求而提出的重要目标导向。由于公共管理专业学生未来的就业方向主要包括党政公共部门、事业单位、国有企业等，因此本书以国家公务员考试所招人员及其专业为重要的衡量指标，描述公务员职位对于公共管理人才的需要。国家公务员考试每年招收的岗位数为 1.3 万个左右，招录 2.6 万名公务员，但是报考人数达到 140 万，报录比之高，使国考成为国内竞争最激烈的考试之一。所以，以国考招聘公共管理专业人才的数量为重要衡量指标，能够较为客观地展现政府和社会对公共管理拔尖人才的需求现状和趋势。

国家公务员考试是对“中央机关及其直属机构公务员招考”的简称，其具体招录机关可以分为中央党群机关、中央国家行政机关（本级）、中央国家行政机关省级以下直属机构、中央国家行政机关参照公务员法管理事业单位四大类。本书直接汇总统计四大类招录机关的总职位数及公共管理专业可报考的职位数，以便从宏观上了解招录情况。

从每年招录情况来看，2021 年招录职位数为 13172 个，2020 年招录职位数为 13849 个，2019 年招录职位数为 9657 个，2020 年和 2021 年国考招录的总职位数相比于 2019 年有显著增加，而且增加幅度较大。这三年，每年国考招录的平均职位数为 12226 个，每年国考招录公共管理专业的平均职位数为 1152 个，其占总招录职位数的 9.4%。从报考人数来看，这三年平均每年报考 138.95 万人，报考人数和职位数量比达到 114∶1，总体竞争较为激烈。具体情况见表 5-3。

表 5-3　2019—2021 年公务员招录情况

	可报职位数/个	总职位数/个	占比/%	总报考人数/万人
2019	767	9657	7.9	137.93
2020	1530	13849	11.0	139.58
2021	1159	13172	8.8	139.33
总计	3456	36678	9.42	416.84

从表 5-3 中可以看出，公共管理类可报职位数并没有呈现出稳定增长的趋势，但 2020 年和 2021 年的可报职位数相比于 2019 年都有显著增加。其中 2020 年可报职位数为 1530 个，相比于 2019 年增加了 763 个，增幅达到近 100%；2021 年可报职位数为 1159 个，相比于 2019 年增加了 392 个，增幅达到 51%，但是相比于 2020 年减少了 371 个，减幅达到 24%。总体而言，政府对公共管理拔尖人才的需求量呈现出了上涨的趋势。

第五节　公共管理拔尖人才培养质量的评价体系

党的十九大报告提出，加快一流大学和一流学科建设，实现高等教育内涵式发展，这一要求为高等教育指明了发展方向。人才的培养是教育的根本任务，人才培养的质量直接检验着培养体系的成效。目前，国内构建了一系列评价体系，如生源质量评价、教学成效评价、学科评估、教育过程评价、用人单位满意度评价等，实际上这些评价内容涉及的教育供给环节居多，缺乏对人才培养效果的直接评价。因此，构建适用于公共管理学科人才培养质量的评价体系至关重要，一方面有利于直观、清晰地反映人才培养的整体现状和不足，另一方面有利于为人才培养体系的调整提供数据支撑。

一、拔尖人才培养质量评价体系的内涵

拔尖人才培养质量水平高低，能否适应经济社会的发展，需要有一个客观的标准体系进行评价，拔尖人才培养质量评价体系是保障拔尖人才培养质量的重要手段，它在充分理解现有的教育理念和内涵的基础上，将教育体系视为一个系统，对其进行动态、全面的评价。评价体系包括拔尖人才培养评价主体（包括学校、企业、社会等）和客体（拔尖人才），评价内容（拔尖人才的个人能力及思想品德等评价指标），以及评价方法（如定性或定量的方法）。评价主体在遵循科学合理原则的基础之上，采用正确的评价方法，对拔尖人才的知识、能力、素质等方面进行评价，以此对一定阶段的教育水平进行判断，监测原有的政策能力并据此优化后续的培养政策。

拔尖人才培养质量评价体系的建设，既可以作为高校培养人才的工作部署，也可以对培养拔尖人才的目标进行考核，作为考评依据，为拔尖人才

培养作出贡献。其有利于寻找教育政策中的优缺点，优化拔尖人才培养过程，完善人才培养方案；有利于形成多元评价体系，促进全能型拔尖人才培育；有利于提高学生管理工作的科学性和规范性，建立有序的人才管理体制。

二、拔尖人才培养质量评价指标

培养什么人，是教育的首要问题。2018 年习近平总书记在全国教育大会上指出："以凝聚人心、完善人格、开发人力、培育人才、造福人民为工作目标，培养德智体美劳全面发展的社会主义建设者和接班人。"[①]这也对拔尖人才培养质量评价体系指标构建提出了具体维度要求。公共管理拔尖人才培养质量评价指标要紧紧围绕促进学生加强品德修养、提升科研和实践能力。现有的拔尖人才培养质量评价体系侧重于对暂时性结果的直接考评，应转向对动态培养和发展过程的评价。总而言之，评价指标既要契合国家培养目标，也要结合专业发展情况及特色；既要引导培养科研型拔尖人才，也要引导培养实践型拔尖人才；既要重视当下学科培养目标，更要具备长远的发展眼光。

首先，公共管理拔尖人才需要具备高尚的品德和完善的人格，能够勇担时代重任。公共管理学科研究的对象和培养目标，具有天然的公共属性。对于公共管理拔尖人才而言，无论是继续从事公共管理学术研究，还是就职于公共部门，都需要从公共性的视角出发明辨是非。具体来说，公共管理拔尖人才应坚定中国特色社会主义道路自信、理论自信、制度自信、文化自信，立志肩负起民族复兴的时代重任，立志听党话、跟党走，立志扎根人民、奉献国家，成为有大爱、大德、大情怀的人。所以，拔尖人才培养质量评价的重要维度之一就是对公共管理拔尖人才的品德修养进行测量。由于品德修养多呈现出主观化倾向，因此，可以学生日常志愿活动等作为客观量化指标。

其次，公共管理拔尖人才应高质量完成学业成果，并具有未来能够独立从事科学研究的扎实基础。其中学业成果指标包括课程成绩、所修学分（必修、选修、公选）、学位论文评级、学位研修完成率，科研能力评价指标包括国

① 教育部课题组.深入学习习近平关于教育的重要论述[M].北京：人民出版社，2019：81.

家级和省级学科竞赛获奖情况、学术论文发表情况（尤其是高质量文章发表情况）、升学率、科研项目立项情况、参加省部级及以上科研项目情况、参与国内外学术会议次数、其他各类科研成果产出情况。

最后，公共管理拔尖人才要掌握实践必备技能，能够胜任工作岗位需求。评价指标包括全国和省级非学科竞赛获奖情况、就业率、用人单位满意度、五年后校友晋升情况、毕业生薪资水平、总体社会声誉率、实践实习时长。

三、拔尖人才培养质量评价方法

各个领域和行业都应构建起一套符合自身需求的人才培养质量评价方法，且需要在适用于评价体系、服务于评价目标的基础上选择评价方法。目前，拔尖人才培养质量评价主要是在建立相应的评价指标和评价内容的基础上，采用定性与定量相结合、过程评价与结果评价相结合、静态评价与动态评价相结合以及历史评价和现状评价相结合的方法。主要分析方法有层次分析法[①]、模糊综合评价法[②]，并赋予指标不同的权重[③]。随着经济和社会的发展，对于人才的需求量也不断增加，因此需要采用正确的评价方法，动态优化人才培养手段，构建多元人才培养制度，健全评价指标的内容，更新人才培养质量评价方法，以此优化人才培养过程。

四、拔尖人才培养体系的改进

公共管理拔尖人才培养质量评估体系的构建和实施有利于充分反馈人才培养的成效、现状及存在的不足，为系统改进人才培养体系提供指导意见和方向。公共管理拔尖人才培养质量评估从多方主体中动态搜集数据，既包括培养过程数据的收集，也包括最终培养质量的反馈。通过采取科学的数据分析，能够有针对性和时效性地发现具体某一教学环节中存在的问题，

① 将问题按照从总目标、子目标、评价准则到方案的顺序排列为不同的层次结构，形成多层次分析结构模型，建立优先关系矩阵，用加权和的方法计算各方案对目标的权重，选择最优方案。

② 一种综合评价方法，确定人才培养质量评价因素，建立模糊综合评价指标体系，构建权重向量，建立矩阵，利用公式计算权重，选择最优方案。

③ 在查阅资料的基础上，召开由专家、教师代表、学生代表、部分用人单位共同参与的座谈会，初步协商确定权重指标分配，而后发放调查问卷搜集意见，作出进一步调整。

从而形成闭环的反馈运行系统。特别是拔尖人才培养质量评估指标包括教材内容、教学过程、科研成效、师资力量以及管理服务等多环节,有利于为协同推进各项育人工作提供支撑。而且,评估作为常态化的考核压力,能够为学校的人才培养体系建设指出正确的发展方向,形成学校进行创新改革的持久推动力。尤其是高等院校应该充分依托于国家层面实施的学科评估工作,进行全面的、深入的、翔实的和透明的质量评估,避免数据的美化、形式化和片面化,使评估结果充分反映和体现学校人才培养的现状,从而推动院校立足自身实际发展情况,进一步有的放矢地培养人才,以满足国家对不同层次人才的需求。

第六节　公共管理拔尖人才培养质量困境

一、公共管理拔尖人才培养目标的模糊化

事实上,目前国内高校对于公共管理学科拔尖人才的定位较为模糊,就应用型拔尖人才而言,高校期望培养能够独立从事行政管理理论研究和实际工作,胜任国家机关、企事业单位行政管理工作以及高等院校、科研机构行政管理教学和科研工作的高层次专门人才。就学术型拔尖人才而言,则期望培育未来学术领军人才。但是这两个目标都不具体化,且并不适用于公共管理所有二级学科。这类大一统的培养目标并不直接适配于拔尖人才培养,往往会掩盖了学生的个性化发展。再加上公共管理应用型拔尖人才的职业认同度不高,市场竞争力不强,导致应用型拔尖人才在学习过程中难以树立正确的就业导向,从而进一步加剧培养目标的模糊性。事实上,公共管理拔尖人才培养的定位应是多元但相对稳定的,而管理人员、教师群体等对教学观、质量观、拔尖人才观等没有形成共识,且没有进行及时更新,使得学院层面制定的公共管理拔尖人才培养目标并不能真正形成导向作用。关于拔尖人才定位,则用高学历简单直接等同于拔尖,从而歪曲了拔尖人才的广泛内涵,形成目标偏差。支撑公共管理拔尖人才培养目标的价值理念、基本要求、特色性质等也并未明确,同时,人才培养的战略目标也未形成阶段性规划,致使人才培养目标只停留在设想中。

二、教育教学资源配置不足

公共管理拔尖人才离不开充裕的资源，特别是优质的师资团队和科研、实践经费等的支持。但是，由于不同高校的战略规划、办学层次、学科特色以及地方经济社会发展需求等情况不同，公共管理学科并不能够获得相应的发展资源，因此在推进拔尖人才建设过程中会面临诸多障碍。即便获得了相应的人力、物力等资源，但是公共管理拔尖人才培养需要进行全方面建设与发展，在短时间内只能着重满足其中几个要素重点发展。此外，公共管理拔尖人才项目建设如果没有进行充分论证，那么往往导致资源的低效利用。学科建设和人才培养需要投入充裕的资金，但是在资金划拨上由于财政管理体制等因素影响，较难设立专项配套的拔尖人才经费，教师培训、国内外交流、科研项目、实践调研、奖助学金发放等工作较难有序开展。此外，拔尖人才培养离不开“大师”的指导，但是聘请校外导师会受学校相关政策的影响，特别是专家津贴、补贴等迟迟不到位等因素的影响，不利于邀请到一流专家进行授课和学科指导。在公共管理学科所在学院内部，因为师资力量有限，有时较难成立专门化的培养机构，师生比例往往失衡，造成学生获得专业教师指导的机会和资源仍较少。

三、课程结构设置僵化

公共管理学科在课程设置上涵盖管理学、政治学、经济学、社会学、法学等多学科基础知识，由此导致学科的杂糅性较强，不利于拔尖人才培养的深度性。目前，公共管理学科的课程设置普遍涵盖了多个学科，大一、大二年级进行基础学科知识学习，大三及以上年级才进行专业性学习，使得拔尖人才的培养进度难以保证。公共管理拔尖人才培养一般采取大类培养方式，这一措施即宽口径学习，旨在让学生掌握公共管理基础共性理论的基础上，以学生兴趣为主导进行二次选择。但是，由于学生在一年的学习中并不能快速地对课程内容有清晰的理解，以及不同二级学科的专业知识差别过大，导致学生对于课程内容并不能有效接受，使得通识教育和专业教育脱轨。另外，公共管理学科是一门以实践问题为导向的学科，需要学生能够在公共事务中发掘并解决问题。但是，由于高校理论课程安排僵化，导致实践课程不断被压缩,从而不利于建立综合培育平台。公共管理拔尖人才培养模式下的课程设置仍存在难度过高与连贯性不强的突出问题,只是一味地强化学术理论学习和追踪前沿动态,而对于公共管理学科基础理论知识的学习并不扎实,对学科的认知处于一知半解的状态。

四、公共管理拔尖人才培养体系趋同化

截至2021年,我国开设公共管理学科的高校高达762所,但是培养规模与培养质量并没有同步增长,反而出现公共管理学科人才培养方式趋同化现象。虽然大多数高校开设了行政管理专业,但是土地资源管理专业和社会保障专业等二级学科并没有开设。即便在行政管理学科内部,人才培养的研究方向大多集中于行政管理理论、公务员管理、基层治理等,而政府绩效评估、电子政务这类需要达到一定技术性门槛的方向相对较少。这种研究方向的局限性,不利于公共管理拔尖人才综合、全面和成体系地发展。此外,公共管理拔尖人才的培育主体即教师群体在培养理念上存在高度相似性,教师群体对于如何培养公共管理拔尖人才没有充分的认知,彼此间没有形成竞争性教学和培养共同体。而且,教师群体在培养人才的过程中,往往基于经验主义开展,导致低质的培养模式抑制了公共管理拔尖人才的创新能力和思维。对于拔尖人才,或采取大一即进入科研状态,或采取常规化方式即到大三或大四时期再进入,使得学生过早或过晚地培养自己的科研能力,达不到拔尖的既定目标。再者,国内公共管理院校关于拔尖人才的培养机制也是存在高度同质化,没有结合学校学科特色、地方经济发展诉求、学生个体特质建立动态化和灵活度高的培养机制。特别是在招生对象、培养方案、质量标准要求等方面都未形成各具特色和完整的制度。

五、公共管理拔尖人才培养质量评估弱化虚化

要保障公共管理拔尖人才培养质量,必须有健全的评估体系,但是由于人才培养周期长、投入大、产出效果可衡量性较差等,造成对公共管理拔尖人才培养质量进行评估缺乏量化的指标体系。目前,公共管理拔尖人才培养质量过程监控虚置,人才培养的质量只能依靠毕业生的就业情况进行衡量,只有单一的结果作为依据的考核方式。除此之外,尚未建立多主体参与

的评估体系，从宏观层面看，政府行政部门是教育经费的来源主体，一直在教育过程中占据主导地位；从中观层面来看，学校与管理职能部门对学生的培养干预过多，致使本应是培养主体的院系在学生教育质量问题上缺乏自主性和独立性；从微观层面来看，不少教师强化科研与弱化教学的理念和做法，阻碍了学生的全面健康发展。[①] 而且，目前高等院校过于注重评估结果，而忽略评估的导向作用，为了迎检迎评耗费了大量的人力、物力，反而导致人才培养质量评估变成了形式主义。在评估结束后，评估只能起到一定的反馈作用，而监督、约束、控制、引导和调整的作用被弱化和异化，再加上评估结果的表述形式并不能直观反映人才培养存在的各类问题，导致公共管理拔尖人才培养的实际状况和要突出解决的矛盾不能暴露，使得评估流于表象。

① 参见盛明科，蔡振华.面向“双一流”建设的研究生教育综合改革路径探析——以公共管理学科为例[J].研究生教育研究，2017(2)：57-61，95.

第六章　国内高校拔尖人才培养体系典例分析

国内开设公共管理专业的高校众多，但在公共管理学科开展拔尖人才培养的院校数量并不多。为了能够归纳汇总出我国高校拔尖人才培养体系的总体框架和发展趋势，从而为构建公共管理拔尖人才培养体系提供经验借鉴，本书综合考虑教育部学位与研究生教育发展中心第四轮学科评估结果、不同学校类型（综合类或专业类）、学校所在区域特色等因素，选取浙江大学竺可桢公共管理拔尖人才培养体系、北京大学元培学院拔尖人才培养体系、武汉大学弘毅学堂拔尖人才培养体系、清华学堂计算机科学实验班（姚班）拔尖人才培养体系等作为典型案例加以介绍。其中，浙江大学是国内较早建立公共管理拔尖人才培养体系的院校，因此，本章予以首要阐述，即本章的第一节。北京大学元培学院以培养哲社科人才为主，武汉大学弘毅学堂也涵盖人文科学试验班，而清华学堂计算机科学实验班（姚班）则以培养理科人才为主，基于上述培养模式与本书内容的契合度，在本章第二、三、四节分别进行论述。

第一节　浙江大学公共管理拔尖人才培养体系

竺可桢学院既是浙江大学拔尖创新人才的培养基地，也是教育教学改革的试验田和示范窗口。持续创新是浙江大学的优良传统和历史使命，竺可桢学院的拔尖创新人才培养与浙江大学的改革发展同频共振，始终呼应着时代的声音和国家的需要。竺可桢学院充分发挥学校学科综合优势，学生培养类别涵盖所有 7 个学部、12 个学科门类，在办班级学生培养专业覆盖

39个A类学科，通过荣誉教育平台系统和全过程培养联动机制构筑了全面协同育人体系。[①] 其中公共管理英才被定位为“国家治理与国际舞台未来领导者”的摇篮。该班“以天下为己任，以真理为依归”，培养学业优秀、品格高尚、开拓创新，具有卓越的公共领导力、全球胜任力、责任心和使命感，具备宽广的国际视野、浓厚的家国情怀与较高的科学素养，能够在国家治理与国际舞台中发挥重要作用的未来领导者。

一、培养目标

下面分别介绍公共管理英才班和公共管理学院的培养目标。

（一）公共管理英才班的培养目标

大类培养目标：以“为杰出人才的成长奠定坚实的基础”为宗旨，实施哲学思想教育、数理能力训练等方面本科全程培养的卓越教育计划，为培养造就基础宽厚，知识、能力、素质、精神俱佳，在专业及相关领域具有国际视野和持久竞争力的高素质创新人才和未来领导者奠定坚实的基础。

公共管理英才班在遵循竺可桢学院杰出人才培养的宗旨下，结合了公共管理领域人才培养特点。目前包括以下四类专业分类培养目标：

1.行政管理专业培养目标

行政管理专业培养具有国际视野和本土意识，具备行政学、管理学、经济学、政治学和法学等学科知识，人文情怀和科学素养兼备，公共精神和职业技能融合，既有扎实的行政管理专业知识，又有很强的行政管理实践和公共政策分析能力，能在政府机关、事业单位、大中型企业、金融机构、国际组织、社会团体等单位从事行政管理实践和公共政策研究的复合型领导人才。

2.土地资源管理专业培养目标

土地资源管理专业培养具有现代管理学、经济学、土地管理、城市管理及房地产经营方面的基本理论知识，具有计算机应用、测量、规划、投资分析等基本技能，熟悉相关的政策法规，能从事土地调查和评价、土地利用规划、

① 参见邵培仁，颜治茂.高质量文科人才培养模式探索——以浙江大学竺可桢学院文科综合班培养方案为个案[J].中国成人教育，2004(12)：23-26.

地籍测量、土地管理、城市管理、房地产评估、房地产金融、房地产经营与管理等专业领域工作，能胜任国土资源和房地产等相关机构的管理、科研、工程和教学等工作的高级专门人才。

3.劳动与社会保障专业培养目标

劳动与社会保障专业培养人文素养和科学精神兼备，掌握经济学、管理学、社会保障等方面的基本理论和劳动人事管理、社会保障及风险管理等方面的业务知识，具有保险、精算、风险处理、劳动关系管理等方面的基本技能，熟悉与专业相关的政策法规，综合素质高且实践能力强，在劳动人口、社会保障、人事劳资、保险精算等相关领域既能从事学术研究，也能胜任管理工作的复合型创新人才。

4.农林经济管理专业培养目标

农林经济管理专业培养具有国际视野、创新能力与创业精神、社会责任、扎实的基础理论知识和综合方法运用能力，能够理解中国情境与所学专业领域的高素质管理或研究人才。掌握农林经济管理的基本理论和实践方法；熟悉最新的农林经济管理国际标准和中国实践；能够发现、分析和解决农林经济管理问题，开展科学研究；具备优秀的农林经济管理领导力，胜任农林经济管理专业岗位。

（二）公共管理学院的培养目标

1.农林经济管理专业培养目标

根据浙江大学的人才培养理念，学生掌握和具备适应中国情境的农林经济管理学科前沿知识和方法运用能力，熟悉专业理论体系和实践方法，了解专业国际标准和中国实践。学校培养学生发现农林经济管理问题并通过研究分析加以解决的能力，使之成为具有全球竞争力，具备创新能力与创业精神，富有社会责任感，能够在农林经济管理领域彰显卓越领导力的一流的高素质研究和管理人才。

2.社会保障专业培养目标

培养具备人文素养和科学精神，掌握经济学和管理学等学科基本理论知识和劳动人事、社会保障及风险管理等领域业务知识，在劳动就业、社会保障、保险精算等相关领域的领导者和创新人才。

3.信息资源管理专业培养目标

贯彻党的教育方针和浙江大学的教育理念，浙江大学信息资源管理专业旨在培养具有国际视野和中国情怀、奉献国家和服务社会意识、人文情怀和科学素养兼备、逻辑思维和语言功底深厚、劳育精神和专业技能融合的信息资源管理领域的领导者、创新者及高级复合型人才。按照大平台、宽口径的开放式教育模式，培养具有深厚的信息管理理论基础，在数字治理、社会计算、数据分析和交叉融合创新等方面具有扎实的能力储备，满足国家需求，推进技术进步，引领社会发展，参与国际竞争的优质人才。增加课程创新性和培养灵活性，着重培养理论基础厚、知识面宽、技术能力强，从事信息管理和信息技术工作的具备现代管理学理论基础、计算科学技术知识及应用能力，掌握系统思想和信息系统分析与设计方法以及信息管理等方面的知识，并能在国家各级公共管理部门、工商企业、金融机构、科研单位等从事信息管理以及信息系统分析、设计、实施管理和评价等工作的专门人才。

4.行政管理专业培养目标

培养兼具本土意识和国际视野，具备行政学、管理学、经济学、政治学和法学等学科知识，人文情怀和科学素养兼备，公共精神和职业技能融合，既有扎实的行政管理专业知识，又有很强的行政管理实践和公共政策分析能力，能在政府机关、事业单位、大中型企业、金融机构、国际组织、社会团体等单位从事行政管理实践和公共政策研究的高级复合型人才，同时也为专业人才的进一步深造提供坚实的基础。

5.政治学与行政学专业培养目标

遵循浙江大学“知识、能力、素质、人格”(KAQ 2.0)并重的育人理念，政治学与行政学专业面向国家治理和全球发展的需要，培养扎实地掌握政治科学、国际政治和全球事务的专业知识，具有独立思考能力，人格健全，具备人文关怀与全球视野，能够在教育机构从事教学科研工作，能够在国际组织、政府机关、企事业单位、社会团体等部门从事研究和咨询或公共事务服务与管理的高素质专业人才和领导者。

（三）小结

公共管理学院的核心目标是培养高素质专业和管理人才，侧重于实务能力的培养，在培养观念上强调国际视野和本土意识，通过课程的创新，培养引领社会发展、参与国际竞争的优质人才。与竺可桢学院的培养目标相比，公共管理英才班更加强调高素质管理或研究人才的综合培养。在竺可桢学院设立公共管理英才班，是为了紧密结合社会发展对复合型人才的需求，是通过教育机制改革来培养具有社会责任感、创业精神和创新能力的复合型人才的有益尝试。竺可桢学院公共管理英才班拔尖人才培养的基本定位是公共管理领域的高素质管理或研究人才，即在实践领域具备管理能力及领导力的高素质管理人才，在学术领域具备基本科研能力的研究人才。在践行以人为本的教育思想的过程中，竺可桢学院也对学生提出“公忠坚毅，转移国运”的要求，如果只是短视地以人为本，即以就业为导向或以满足学生个人兴趣和家长意愿为目的，就没有必要加强通才教育，也没有必要加强智能培养。与以国为重相结合的以人为本才具有生命力和持久性。

二、课程设置

（一）公共管理英才班课程设置

浙江大学竺可桢学院本科课程设置与培养环节共包括五大部分：一是通识课程模块，属于全院共同课，包括思政类、军体类、外语类、计算机类、通识教育实践、人文社科类和科学技术类课程；二是大类课程模块，包括数量类和人文类课程；三是专业课程模块，实施导师指导下的个性化的修读计划；四是核心课程模块；五是整合模块，包括专业实习、毕业论文等（见表6-1）。

表 6-1　竺可桢学院本科课程设置

课程模块	课程类别	培养内容	学分要求
通识课程模块	思政类	强调思想品德、身心素质教育，强化计算机和外语应用能力，培养学生多种思维方式和人文素养	11.5＋2 学分
	军体类		5.5＋3 学分
	外语类		9 学分
	计算机类		5 学分
	通识教育实践		1 学分
	人文社科类		15.5 学分。理工平台学生至少修读人文社科类 6 学分；文科平台学生至少修读科学技术类 4.5学分
	科学技术类		
大类课程模块	数理类	强化数理逻辑能力训练	文科平台 6.5 学分，理工平台 30 学分
	人文类	加强文史哲经典知识学习，培养学生的批判精神	文科平台 11.5 学分
专业课程模块	个性定制	实行专业导师指导下的个性化培养，实施差异教育	文科平台 86.5 学分，理工平台 74.5 学分
核心课程模块	能力开发	开阔学生视野，培养学生的创造能力	17 学分
整合模块	专题研究	按照准硕士学位论文的要求进行毕业论文设计，强化科研能力整合培养	8 学分

（二）公共管理学院课程设置

专业主干课程包括公共管理学、公共管理研究方法、组织行为学、行政管理学前沿问题研究、行政管理学经典著作选读、人力资源开发与管理、公务员制度、公共经济学、城市管理学、公共政策学和公共预算管理。浙江大学公共管理学院本科课程设置与培养环节最低毕业学分为 150 学分，共由五大部分组成：一是通识课程模块，57 学分，包括思政类、军体类、外语类、计算机类、自然科学通识类和创新创业类等全院共同课程；二是专业基础课程模块，22.5 学分，包括管理学、社会学和经济学等；三是专业课程模块，64 学分，分为专业选修和专业必修课程，其中专业选修占主要部分，包括公共管理学、组织行为学等；四是个性修读课程模块，6.5 学分，主要涉及其他专业的延伸性学习；五是跨专业模块（3 学分）和国际化模块（3 学分），鼓励学分交叉选读其他专业课程，并通过联合培养项目提高学生在国际化课程中的参与比重。

(三)小结

从培养课程总时长来看，公共管理英才班学生需要完成 182 学分，公共管理学院班级学生需要完成 155 学分。在相同的四年制本科学习中，公共管理英才班学习课程安排更加密集，学习强度更大。在课程设置上，公共管理英才班除了设置经济学、社会学等相近课程的学习外，还注重加强文史哲经典知识学习，培养学生的批判能力；专业课程结合导师培养，进行专业差异化教育。其课程难度相较于公共管理学院班级更高，如计算机课程，公共管理英才班修读 C＋＋、Java 和 VB 等程序设计课程，公共管理学院班级则是计算机科学基础；公共管理英才班部分课程选用英文原版教材，全英文授课。从比较中可以发现，公共管理英才班课程设置难度、课程时长、课程范围等方面总体大于公共管理学院班级，对公共管理专业学生有更高的学习要求，注重关注学术前沿，培养在公共管理领域具有持久竞争力的高素质创新人才和拔尖人才。

公共管理英才班课程体系安排的总体思想是：课程内容注重理论与实践的有机结合、通识教育与专业教育的有机结合、广度与深度的有机结合。公共管理英才班总体属于两段式教育，将通识教育观与专业教育观相结合。全面人才教育理念认为，培养拔尖人才，首要是培养出德才兼备的全面发展型人才，特别是要使学生在受教育的过程中身心、知识、技能等方面都能够得到发展。在公共管理英才班的课程设置中，通识课程涉及领域的较广，除了经济、法律等方面的知识外，哲学和历史课程也被纳入培养体系，旨在为学生奠定广博而扎实的知识基础，帮助学生了解和掌握人类到目前为止积累的人文知识精华和最新发展动态。在学生确定自己的主攻方向后，进行专业教育，使学生在该领域具有一定的科研能力。

三、师资条件

（一）公共管理英才班的师资条件

浙江大学师资队伍整体力量雄厚。现有中国科学院院士 15 名，中国工程院院士 12 名，“973”项目首席科学家 9 名，杰出青年基金获得者 67 名。竺可桢学院充分利用学校优质资源优势，积极发挥各个专业学院的师资特长和学术特长。选聘各学院的学科带头人、两院院士、长江学者、政府基金奖励学者、博士生导师、“教书育人标兵”等一批学识渊博、思想活跃、经验丰富、对教学工作满腔热情的教师承担教学任务，其中 80%以上为教授和副教授。他们都是各个学科的带头人或骨干力量，处于学科研究的最前沿，把各自领域中的新观点、新视角、新方法引入课堂，讲解深入浅出，引导学生举一反三，收到了很好的成效。公共管理英才班主要依托公共管理学院和管理学院的优秀教师，目前，竺可桢学院已经吸收了各学院最优秀的师资。

（二）公共管理学院的师资条件

浙江大学公共管理学院在教育部全国第四轮一级学科评估中，公共管理一级学科名列全国高校第五。公共管理学科获得 A、农林经济管理学科获得 A+，入选“双一流”建设学科榜单。农林经济管理专业入选首批国家级一流本科专业建设点，行政管理、劳动与社会保障专业入选国家级一流本科专业建设点。学院始终注重师资团队建设，汇集了海内外公共管理领域的众多人才，学院教师的教育背景涉及管理学、经济学、法学、政治学、工学等，适应了公共管理学科领域覆盖面广、需要多学科联合攻关的特点。

公共管理学院师资力量雄厚，在全国开设公共管理学科的大学中位居前列，在发展过程中形成了一支知识结构、职称结构、年龄结构合理的专职师资队伍。学院现有教职工 142 人，其中教授（研究员）56 人，副教授（长聘副教授、副研究员）30 人，百人计划研究员 20 人，特聘副研究员 4 人。在站各类博士后 36 人。博士生导师 69 人，硕士生导师 17 人。师资队伍结构完整，各类学术领军人物汇聚，师资队伍中具有博士学位的有110人（其中海外博士有31人，占28.2%）；有浙江大学文科资深教授2人，国家“万人计划”入选者1人，国家“万人计划”青年拔尖人才3人，“新世纪百千万人才工程”国家级人选1人，教育部长江学者特聘教授3人，教育部青年长江学者3人，国家优秀青年科学基金获得者2人，教育部新世纪优秀人才支持计划6人，浙江省特级专家1人，浙江省有突出贡献中青年专家3人，浙江大学求是特聘教授5人，浙江大学文科领军人才2人。

（三）评价

一支素质优秀、人员稳定、结构合理、梯次适当的师资队伍是实现教学内容和课程体系创新的关键。公共管理学院完备、优秀的教师团队是公共管理英才班的重要师资来源之一，公共管理学院优秀教师、博士生导师、学科带头人基本都参与了公共管理英才班的教学工作。但公共管理英才班的教师队伍不止于此，公共管理英才班最大的特点就是未设专门的教师队伍，也就是说，浙江大学全校教师资源都可以应用在公共管理英才班教学中，以充分发挥各个专业的师资特长，为复合型人才的培养夯实教学队伍地基。

四、制度机制

（一）选拔招录制度

从大二学生中遴选具备领导和管理潜力的优秀学生进入公共管理英才班学习，要求包括：①对公共管理具有浓厚的兴趣，并立志成为相关领域的未来领导者；②主修课程平均绩点不低于3.9；③第一学年有效总学分不低于40；④已修读微积分Ⅰ（甲或H）和微积分Ⅱ（甲或H），并取得学分；⑤德、智、体、美、劳全面发展，综合素质优，发展潜力大。由5名以上专家组成面试组，对学生的学业成绩、科学研究、社会实践、思想志向、领导潜质、管理沟通、个性心理等方面的知识、能力、素质及人格进行综合评估，按照学校教务处和竺可桢学院规定的时间和程序进行。第二学年秋季学期开学初，开展二次选拔。如果二次选拔后公共管理英才班还有余额，则可以在第二学年春季学期开学初进行补充选拔。

(二)激励制度

大学激励制度即奖助体系是培养拔尖人才的最重要的手段之一,其设定的奖项是否多元、结构是否合理、导向是否明确直接影响着培养的质量高低和目标能否达成。公共管理英才班激励制度包括两方面的内容。一方面,为了建设复合型、高素质教师队伍,需要通过一系列激励机制吸引校内外优秀教师。浙江大学为公共管理英才班代课教师提供一系列倾斜政策,如发放岗位津贴、提供深造机会等。具体而言,浙江大学为公共管理英才班任课教师设立教学奖励基金,用于奖励在教学工作、教材编写、教学改革中作出卓越贡献的教师。公共管理英才班教师以三倍的标准计算工作量,在教师职务和职称评选中,给公共管理英才班教师划出一部分名额或者优先考虑公共管理英才班优秀教师。① 另一方面,公共管理英才班学生在图书资料借阅,实验室、计算机使用方面都更便利。除了平时有机会接触更多学术资源外,竺可桢学院设有各系列奖学金,用于表彰在学术创新、学生工作和文体竞赛中表现突出的学生。保送研究生和各种国内外深造机会,公共管理英才班也多于本科普通班级。除物质激励之外,公共管理英才班还注重教师对学生的情感联系和人文关怀。

(三)质量保障制度

1.滚动淘汰机制

第一学年结束后,通过综合考核,将班级排名后15%的学生分流至公共管理学院常规专业学习的标准是:①第一学年主修课程平均绩点在后30%的学生;②第一学年主修课程有不及格的学生;③第一学年取得有效学分数少于40的学生;④有严重违法违纪或思想品德问题的学生。同样由5名以上专家组成面试组,对学生的学业成绩、科学研究、社会实践、思想志向、领导潜质、管理沟通、个性心理等方面的知识、能力、素质及人格进行综合评估。其中,学业成绩的权重为80%。

① 金一平,吴婧姗,陈劲.复合型人才培养模式创新的探索和成功实践——以浙江大学竺可桢学院强化班为例[J].高等工程教育研究,2012(3):132-136,180.

2."X+Y"模式的双专业弹性学制

作为弹性学位制度的一大尝试,这一模式推行已久且较为成熟:在符合学校相关条件的前提下,公共管理英才班学生可在主修一门本科专业之外,申请跨一级或二级学科修读另外一门专业,完成教学计划规定的学分后,经学校核准,颁发辅修/第二学位专业证书。此举可帮助小部分学有余力的学生不断自我完善,培养复合的知识素养,在就业市场中更具竞争力。

3.导师制度

公共管理英才班实行导师制,选聘包括各院系的学科带头人、两院院士、长江学者、政府基金奖获得者、国家级教学名师在内的师资,对学生进行一对一毕业设计指导。在经过低年级通识课程的学习后,为每位学生配备专门的导师,结合学生特点和导师情况制订专门的培养计划,注重学生科研能力和创新能力的提高。①

4.交换交流制度

以创新人才培养为导向,竺可桢学院积极拓宽国际交流渠道,为学生创造各种国际交流的机会,搭建国际交流平台。从2000年起,学院在参加学校组织的各项国际交流项目的同时,先后开展了"Melton Fellow""爱因斯特项目""卓越人才培训计划""中国企业体验实习奖励计划"和"走进香港"等5个项目。资助和派遣优秀本科学生前往欧美国家、澳大利亚、亚洲国家和香港地区进行为期1周至1年的交流学习。其中"卓越人才培训计划""爱因斯特项目"等已经成为学校的国际交流品牌项目。

(四)评价

一是公共管理英才班生源优选机制,体现了教育公平的理念,在生源选择过程中,并不局限公共管理专业学生参加,而是面向全校所有专业学生,让学生共享优良的教育资源。二是滚动分流机制,通过完善的流程,保持了公共管理英才班生源的新鲜活力。将不适应广泛涉猎、激烈竞争的学生分流至原来的学院学习,因材施教,合理分配教育资源。在X专业(硕博)培养

① 参见邹晓东,李铭霞,陆国栋,等.从混合班到竺可桢学院——浙江大学培养拔尖创新人才的探索之路[J].高等工程教育研究,2010(1):64-74,85.

基础上提供了计算机、信息、外语、管理、法学、经贸等第二专业培养途径，能够培养适应社会经济发展需求的新型专业人才。三是倾斜激励机制，相比于浙江大学其他学院，公共管理英才班有更多的深造机会和奖励，不仅有利于激励学生奋发向上学习，还能吸引一大批校内外优秀教师。四是导师制度。基于前期厚基础、宽口径的学习，学生根据自己的意愿选择主修专业，实现导师制下的特色培养。五是定期全面、形式多样的短期交流访问和长期联合培养相结合，有利于学生接触研究前沿，了解西方文化知识，具备国际视野。

五、实施路径

（一）公共管理英才班实施路径

浙江大学竺可桢学院实施优秀学生选拔制度。每年在入学前，从全校新生中根据其中学或高考表现、学校笔试和面试成绩等，择优录取学生，单独编班，成为浙江大学荣誉学生。第一学年秋冬学期结束，从全校一年级学生中根据大学学业表现、专家面试等，择优录取优秀学生进入竺可桢学院学习。将四个学年分为两个阶段，第一、二学年为通识（通才）教育阶段，着重开设各种高级通识课程和其他必修、选修课；第三、四学年为专业（英才）教育阶段，让学生根据自己的兴趣和爱好选修和学习专业基础课和专业课，并在导师的指导下参加部分课题的研究或参加大学生科研训练。实施通识教育，强化数理化、计算机等通识知识培养，为优秀学生的成长奠定坚实的基础，为学生确认主修专业提供多种通道。以专业导师制为核心实行个性化专业培养，突出差异教育，在导师指导下制定个性化的专业培养方案。[①]

（二）评价

通过厚基础、宽口径的通识教育与自主性、个性化的专业培养相结合的培养模式，建立宽、专、交的多元化知识结构。强化学科知识基础、多种思维方式及人文素质的培养和训练，注重国际化培养和责任担当，使学生在不断

① 参见叶景佳.拔尖创新人才培养模式与核心要素的研究——以浙江大学竺可桢学院为例[J].教育教学论坛，2016(34)：11-12.

变化的世界中具有持久的竞争力。培养学生熟练掌握基本理论、知识和基本技能;系统了解和掌握学科专业知识、专业技能和科学研究的基本方法;具备一定的科学研究和实际工作能力,具有良好的职业素质和终生学习能力。

六、专业特色实训活动

(一)紫领人才培养计划

作为浙江大学彩虹人生思政育人公益品牌之一,紫领人才培养计划以"卓尔不群、超越自我"为出发点,结合新时代对新型领导人才的呼唤和需求,以内在品质塑造和领导力提升为目标,务虚联合务实,理论联合实践,高校联合社会,邀请政界厅级以上领导干部担任紫领特聘导师,采取"导师帮带"方式培养紫领学员,选拔与培养富有责任担当与奉献精神的未来领导者。自2009年坚持至今,紫领人才培养计划已连续开展至第12期,形成了以紫领人才俱乐部作为平台支撑的育人新模式;形成了以政界、学术界、公益界知名人士为代表的紫领特聘导师队伍;开展了新颖的"政界导师帮带制""紫领课堂""紫领论坛"等五大维度、六大模块品牌活动,作为体系支撑。

作为育人公益品牌,紫领人才培养计划坚持理论联系实际、阶段培训和长期培养相结合的原则,实行"导师带徒"模式,邀请包括中共浙江省委宣传部原常务副部长胡坚在内的厅级领导干部担任紫领特聘导师,每名紫领特聘导师选拔紫领学员若干名进行为期一年的培养,导师与所带学员定期面对面指导交流,提供相关实践成长平台。同时,学术界、政界、公益界等紫领特聘导师开设了各类培训精品课程,对学生实施"4+1模块"联合培养,注重实践辅助环节、思想理论提升与实际考察相结合,力求学以致用。

"紫领课堂"曾邀请许多知名学者、公益人士、官员和企业家与学子进行小范围的深度交流,让同学们近距离地感受榜样的力量;"紫领论坛"与"紫领问政讲堂"曾邀请吕祖善、胡坚、周国辉、杨建新、楼炳文、马伟杭、卢春中、毛瑞福、宗庆后、段永平、袁岳、周成建、忻皓等社会各界榜样或紫领导师来校与学子广泛交流,传播正能量;"寻找紫领榜样"活动曾走访麦家、沈爱琴、周晓光、忻皓等各界领军人物;还有紫领赴政府部门及乡镇(街道)任(挂)职项目(浙江安吉、浙江南浔、浙江长兴、贵州湄潭)、彩虹桥计划(对接西部学子助学成才)、"战胜自我"紫领野外素质拓展、"梦聚紫领　益暖伟基"社会公益创业项目大赛等,在校内外产生了较大的影响。2014 年 4 月,中共浙江省委宣传部在浙江省高校党建暨宣传思想工作会议上借鉴浙大紫领人才培养计划,开始在浙江省高校中推广政界导师带徒制。2015 年 5—6 月,中共浙江省委书记夏宝龙连续两次批示肯定和推动包括紫领人才培养计划在内的彩虹人生公益育人平台。

浙江大学竺可桢学院公共管理英才班已经初步构建了以政界"导师帮带"为核心,以"紫领人才俱乐部"为载体,坚持一个核心、两个目标、三个战略、四个鉴定,共建五大维度、六大模块的培养方案(见图 6-1)。

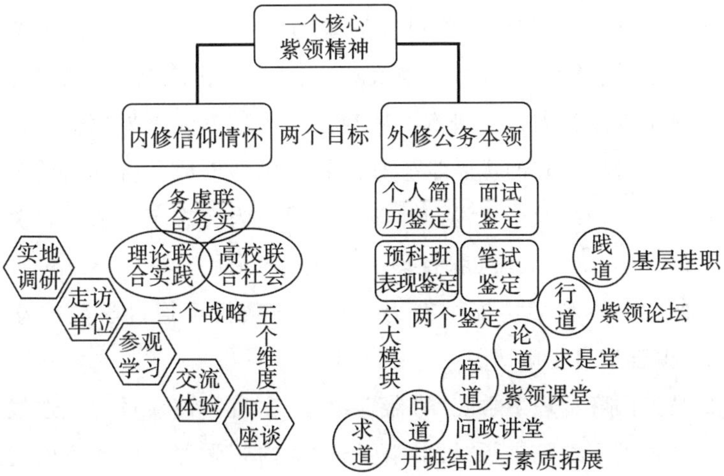

图 6-1　浙江大学竺可桢学院公共管理英才班培养方案

(二)中国县域治理大讲堂

浙江大学坚持不懈地打造独具公共管理特色的新型思政课堂。浙江大学以中国县域治理大讲堂、浙大"紫领问政讲堂"等形式为依托,先后邀请浙江省政协原党组副书记、原副主席孙景淼,中共浙江省委宣传部原常务副部长胡坚,浙江省教育厅原党委副书记干武东,全国优秀县委书记、湖北巴东原县委书记陈行甲等近 20 位浙江省厅级以上党政领导干部、各地县(市)委书记、一线县域工作负责人走进校园，解读社会热点，解析难点痛点，分享为政经验，解答学子疑惑，不仅给予在校青年与政界嘉宾交流时政和真实了解国情社情的机会，更能在精神层面引领青年，为青年夯实理想信念的基础。这种新型思政课堂摆脱了传统思政课空洞的宏观视角、过度理论化的论述，引导学生实现了从被动接受灌输向主动学习感悟的转变，公共管理的理论、方法与社会现实、治理现状结合得更加紧密。

（三）竺可桢学院国际训练项目

为了推进高端国际化人才培养，竺可桢学院为学生提供高层次、多样化的国际交流机会。通过跨文化交流、国际课程学习、世界顶尖名校科研实习等机会，拓展学生的视野，培养具有国际视野和持久竞争力的高素质创新人才和未来领导者。近年来，竺可桢学院力争为每一位学生提供至少一次国际交流机会，同学们前往欧美、澳大利亚、亚洲等国家及地区交流学习。

一是世界顶尖名校科研实习项目。竺可桢学院世界顶尖名校科研实习项目鼓励竺可桢学院的优秀学生赴世界顶尖名校或学科排名前5的高校开展中长期科研训练及毕业设计。该项目旨在为有志于申请在相关领域的国际顶尖高校（如哈佛大学、麻省理工学院、剑桥大学等）、一流实验室攻读博士学位的优秀本科学生提供有力支撑。该项目可通过学院推荐或导师推荐，也可由学生自主申请。

二是美国麻省理工学院“机器学习＋”项目。该项目旨在选拔优秀学生赴美国麻省理工学院进行“机器学习＋”的内容学习。该项目以实践项目教学为主导，结合学科经典理论、前沿应用、实践项目等方面的内容开展。除学科课程外，还包括专题分享及科技企业参观和工作坊等模块，使学生体验麻省理工学院的教学方法、研究方法，了解最新的学科动态等。

三是卓越人才培训项目。该项目旨在派遣优秀学生赴美国知名大学（如戴维斯大学）或企业开展学术活动、社会调查、文化交流和参观访问等，为学生提供广泛而深入的机会，了解美国的经济、社会、文化、教育等。

四是亚洲大学生峰会交流项目。亚洲大学生峰会是新加坡国立大学“博学计划”下由学生自主领导和运行的国际学术项目，该峰会汇聚全亚洲知名院校顶尖的学生领袖，意在建立一个亚洲大学生高水准的研讨平台，促进学术、文化与经历的深远交流,共同商讨全亚洲乃至全球治理问题。

五是人工智能与工业 4.0 项目。该项目旨在选拔优秀学生赴英国参加由伦敦大学学院、帝国理工学院、剑桥大学和牛津大学四所高校联合主办的人工智能与工业 4.0 项目。该项目邀请业内极具影响力的教授和企业高管授课。学习之余,学生们还可与英国 G5 高校(剑桥大学、牛津大学、帝国理工学院、伦敦大学学院、伦敦政经学院)的优秀学生进行交流,了解申请英国高校的经验与方法。

六是牛津大学海外学习项目。该项目为优秀学生提供参与牛津大学海外学习项目的机会,所有课程均由牛津大学教授主讲。同时,还为学生提供参观英国著名机构和企业、参与当地体验活动的机会。参与该项目的学生还能够与来自牛津大学中国学生会的硕士生和博士生沟通交流,了解他们在牛津大学的学习经历和申请英国高校的经验。

七是香港科技大学交流学习项目。该项目选拔优秀学生前往香港科技大学进行交流学习。该项目邀请香港科技大学教授为学生开设讲座。同时,学生还可参观当地政府部门,了解当地文化。

八是竺可桢学院学生骨干赴港交流计划。该项目旨在培养竺可桢学院学生干部的领导能力,提升竺可桢学院学生干部的前瞻力和感召力,拓展学生干部国际视野。参与该项目的学生将赴香港大学、香港中文大学、香港科技大学进行为期一周的交流。

九是"一带一路"社会实践项目。"一带一路"倡议旨在依托古代丝绸之路的历史符号,积极发展与沿线国家的经济合作,打造出一个文化包容的利益共同体和命运共同体,有利于中国形成全方位对外开放格局。竺可桢学院积极响应国家号召,将国际交流与社会实践相结合,加强与"一带一路"沿线国家高校的合作,重点鼓励和引导荣誉学生赴"一带一路"沿线国家进行交流。目前,竺可桢学院已选拔学生前往罗马尼亚、越南、韩国、新加坡等地开展社会实践。

十是名师汇聚计划。为了进一步拓展学生的国际视野、培养学生的科学素养和人文素养,激励并造就未来的科学家和领袖人才,推进学院高端国际化人才培养,该项目瞄准学科前沿,邀请国内外顶尖专家或行业领袖,如诺贝尔奖获得者、两院院士等,与竺可桢学院学生进行小规模、面对面的交流，搭建学生与国内外顶尖专家深度交流的平台。

浙江大学从 1998 年开始推出大学生科研训练计划，每年举行一期，研究内容涉及理、工、农、医、人文、经管等各个领域。竺可桢学院积极参与学校科研训练计划以及校内外各级数学建模、电子设计、机械设计、结构设计、程序设计、多媒体作品竞赛、机器人大赛、挑战杯赛等竞赛。

除了紫领人才培养计划和大学生科研训练计划，竺可桢学院还指导建立了多学科讨论组、灵韵艺术团、法语社、CEO 英语挑战者联盟等 16 个社团。这些社团既推动了学院学术文化氛围建设，又丰富了学生的课余生活。学院通过开展学术讲座、社会实践等活动使学生得到全方位的锻炼。

七、总评

竺可桢学院公共管理英才班立足于拔尖创新人才的培养，学院在人才培养模式上以提高学生的综合素质为目标，注重选拔有创新潜质和远大理想的学生，吸引和汇聚优质师资力量，集中资源为每一位学生提供交叉复合背景的个性化课程和国际交流机会，激发学生的潜能和兴趣，强化学生的基础知识和创造力，注重培养学生独立思考和解决实际问题的能力，而不是片面追求学生在校期间的学业成绩排名和获得的论文奖项。积极创造条件，在引进国际师资和课程的同时，给予每个学生高质量的出国交流机会，推进以学术研究和修读“目标学科”课程为主的交流，提高国际交流的实际学习成效。通过全方位地考查学生的志向、兴趣、综合素质和独立思考能力，选拔最有创新潜力的优秀学生，并坚持推行动态分流机制，促进优胜劣汰。

第二节　北京大学元培学院拔尖人才培养体系

北京大学元培学院源于为创建世界一流大学而设立的元培计划，该计划为适应新时期发展需要，坚持贯彻“加强基础、淡化专业、因材施教、分流培养”的十六字方针，探索面向世界、面向未来、面向现代化的本科人才培养模式。为推进全校范围的本科教学改革，学校成立了元培计划管理委员会、元培计划执行委员会和实验班，开展人才培养模式的探索与实践。元培学院标志着北京大学第一个非专业类学院的成立，不仅肩负着探索北京大学本科教育教学改革的任务，而且具有跨学科组织专业和课程的功能。

哲学、政治学和经济学(Philosophy, Politics and Economics, PPE)专业是北京大学元培学院牵手政府管理学院、中国经济研究中心和哲学系联合设立的新型复合专业。这一培养模式最早试行于英国牛津大学，后来随着时间的推移扩展到世界各地，当前我国仅部分“985”高校实行了该模式。其目标是培养素质高、学识宽阔、基础扎实、适应力强的领导型人才，并为相关学科输送高质量的研究生人才。

一、培养目标

(一)元培学院 PPE 班的培养目标

元培学院的哲学、政治学和经济学专业毕业生不仅要有扎实的专业知识和批判性思维能力，而且要有丰富的文化修养和强烈的社会责任感、历史责任感。学生不仅能够踏踏实实地做事，而且应该善于交流、善于组织和善于应对各种复杂的情况。四年的学习，使学生获得良好的政治思想、道德品质、文化修养和身心素质教育，掌握基本的哲学、政治学和经济学知识，打好认识和研究方法论的基础，为今后的进一步学习提供支撑，帮助学生实现自我可持续发展。增强学生独立思考和批判分析的能力，使其具有与外界学科开展基本学术对话的能力。增进学生对哲学、经济学和政治学学科的理解，并不断提升学生专业能力水平，为政府机关、社会管理部门、财富创造部门和国内外哲学社会科学研究机构输送优秀人才。

(二)评价

元培学院 PPE 班致力于培养学生通过研究学习获得知识和应对社会实践问题的能力。多学科、复合性专业不同于普通文科类单一专业的学习，PPE 专业努力将哲学、经济学和政治学知识关联起来，使学生能从更加多元的视角去认识世界和分析问题。PPE 模式发端于英国牛津大学，侧重于培养领导型人才，从这个项目毕业的学生后来多成了政治家。北京大学元培学院在借鉴西方模式的基础上，将中国传统哲学、政治学知识结合起来，实现东西方文明的有机结合。[①] 在培养人才的方向上,更加侧重培养学生的思维能力以及多维度视角分析能力,为高等教育人文社科类学生培养提供了一个可以借鉴的拔尖人才培养模式。

二、课程设置

北京大学元培学院 PPE 专业共 142 学分。课程设置与培养环节共有四大部分:一是全校公共必修课程(26 学分),包括军体类、外语类和思政类课程;二是专业必修课程(64 学分),包括高等数学、政治学、经济学和哲学学科系列课程;三是选修课程(46 学分),这部分课程分为经济学方向、政治学方向、哲学方向,14 个学分课程可在法学院、政府管理学院、哲学系、国际关系学院和社会学系开设的专业课中自由选择;四是实践课程6 学分,包括专业实习、毕业论文等。

(一)自由选课制

PPE 专业是元培学院第二个跨学科专业。北京大学在这三个领域都有非常强的教学能力,完全具备培养这一专业人才的学术实力,但如何招生、学生归属于哪个院系成为专业建设中的大问题。元培学院的学生可以到全校各院系选课,因而哲学系、政府管理学院和中国经济研究中心合作,决定共同建设这个专业。专业的学生被安排在元培学院,学生到这三个院系完成必修课学习,还可以到社会学系、法学院、国际关系学院等完成选修课学习。北京大学多学科的知识背景在这个专业的人才培养中作用发挥得淋漓尽致。哲学探讨人的本真存在,政治学探讨人与人之间的关系,经济学探讨人与物质财富发展的关系。

(二)博雅教育体系建设

以通识教育核心课程为基础建设博雅教育体系,元培学院强调学生的全面发展。在元培学院的课程改革中,学生也是课程的建设者,在学院政治课和英语课、新生研讨课的改革中都可以看到学生们的贡献,比如学生参与

---

① 参见李猛.北京大学元培学院——自由学习的共同体[J].中国大学教学,2019(12):12-15.

教学计划的修订和新生研讨课的建设等。除了加强通识教育核心课程的教学以外，元培学院还通过组织国际交流、开设讨论课、建设住宿学院和改进学生工作机制等方法来逐步完善博雅教育体系。

在博雅教育改革中，通识教育核心课程是基础。学校对此非常重视，希望元培学院能够探索出一条新路，为全校的教育改革服务。文学人文经典课程是博雅教育改革中8门通识教育核心课程中的重点。其基本框架是“两个系列，四个单元”——社会思想经典系列与文学人文经典系列，每个系列都包括古代和近现代两个单元，其关键在于东西方文明的有机结合，而非机械拼凑。[①]

（三）新生教育体系

元培学院重视新生教育，将新生训练课程体系融入通识教育整体框架中。

(1)新生训练营。为帮助新生更好地了解和选择专业方向，元培学院“新生训练营”邀请各专业知名教授开展学科专题讲座，帮助新生全面了解各学科的特点与前沿问题，帮助学生自主选择专业方向和课程。在此期间，由高年级学生组成的新生辅导员团队将会带领新生结交新朋友，提前适应大学生活，帮助新生更好地融入新环境。

(2)为了帮助学生尽快从高中的学习状态转变到大学的学习状态，元培学院在大一上学期设置了必修的“新生研讨课”。研讨课邀请各院系在教学方面表现优异的教授开课，设置富有特色的课程主题。每个班原则上不超过15人，采取灵活多样的授课方式，以促进更为密切的师生互动和交流，帮助大一新生适应大学的学习规律和节奏，了解相关学科群的思维和研究方式。

(3)为了帮助新生进一步了解北大的各类专业，元培学院在大一上学期开设各学科方向讲座，邀请各专业方向的杰出教授讲授他们的重要研究，以激发学生的学术兴趣，引导他们发现自己真正热爱的领域。此外，学院还要求新生在第一学期主动与学院导师就大学学习、人生规划与成长等主题交

① 参见孙华.北京大学博雅教育的探索与实践[J].高教发展与评估，2018，34(1)：60-65，122.

流至少三次，以帮助新生获得更多的人生成长经验，尽早融入大学的学习和生活，更好地找准自己的方向。在新生阶段开设了1学分的新生讨论课，希望创造老师和学生密切接触的环境。学院还开设了系列学科讲座，拓宽学生的眼界，建立跨学科视野，并针对学生在相关学科学习过程中产生的困难提供有针对性的指导。例如，2018年，元培学院请戴锦华教授开设了“西班牙内战的影像与再现”，请李松教授开设了“从《清明上河图》看中国的艺术与历史”。2019年，元培学院开设了25门新生研讨课。

（四）评价

北京大学元培学院PPE专业未设置单独的课程体系，在选课环节，学生具有较高的选课自由度。通识课程非常全面，学生面向全校开展的通识课进行选择，体现出课程选择的广博性。元培学院的课程设置整体属于复合型人才导向的课程设置。必修课课时的大幅度缩减和整合，提供给学生充足的时间选读其他科目。相较于竺可桢学院180多个学分的设置，元培学院的学生学习强度并不算过大，在课程选择上有更多的自由探索空间。最后，在通识教育和专业教育如何更好地融合以使通识教育不只是上通识课的问题上，还需要进行持续的教学研讨与改革。

三、师资条件

实施主要教学的政府管理学院、中国经济研究中心、哲学系以及参与教学的国际关系学院和社会学系在我国都处于各自领域的领先位置，全部拥有从学士到硕士、博士的全系列培养能力，师资力量极其强大。专业所涉及的各个院、系、中心都有着广泛的校内外、国内外学术和人脉资源，可以为该专业毕业生提供学术和非学术的各种支持，毕业生的就业前景广阔。

教师可以分为通识课教师以及专业课教师。大多数高校拔尖人才学院多采用复合型教师，即学院不设立单独的教师队伍，而是结合所开设的专业利用学校师资。通过研究元培学院PPE课程设置可以发现，有相当多的政治学、经济学的知名教授参与授课，如光华管理学院周黎安教授、社会学系周飞舟教授等。知名教授参与通识课程教学，一方面可以保证高水平、高质量学科授课内容，另一方面可以提高通识课程在本科教学中的地位。

四、制度机制

(一)选拔管理机制

北京大学元培学院在学生选拔上,主要通过高考直接将学生招入学院。元培学院招收的学生大多是各省市的“尖子生”。在学生管理上,元培学院设有导师委员会、教学委员会和管理委员会,对学院的常设机构进行管理,负责维持日常教学秩序。学生在学院学习的四年里,统一由管理委员会进行管理,实行集体住宿制,学院为不同专业的学生相互学习和交流创造条件,以培养学术自由的氛围,并且给每班配备专职辅导员,帮助学生尽快适应大学的学业生活,特别是在个人的培养计划、党团等组织活动中,更好地融入集体。

(二)自由选专业制

自由选课选专业制度适应了学生发展的需要。学生可以在全校所有院系开设的课程中选修自己感兴趣的课程。元培学院大部分学生在大一、大二年级完成通选课学分,高年级完成所选专业的教学计划。学生普遍感到低年级的通识教育、自由选课使他们拓宽了知识面,加强了基础,有利于学科交叉,并对导师指导下的自由选课模式感到满意,认为自由选课激发了他们的学习兴趣,提高了他们学习的积极性和主动性。自由选择专业制度的建立是一个复杂的过程,经过实践摸索,确定了学生在第二学期末提出专业意向,第三学期末确定专业,并制定了“实验班学生选择专业院系方案”。同时,组织导师讲座和座谈、参观学科实验室、与高年级学生座谈交流等多种活动,使学生能够对各专业更加了解,克服专业选择的盲目性。①

(三)住宿学院制

住宿学院制度中所谓的“专业”不再是一个实体,而是指一个系列的有一定逻辑关系的课程组合,相当于一个培训计划或课程体系。学生修完系

① 参见谈小媚,沙丽曼,张庭芳,等.从实验班到元培学院——北京大学本科人才培养模式和管理体制改革[J].中国科教创新导刊,2010(2):211,213.

列课程,就被认为具有一定的知识素养和技能,成为这一“专业”的毕业生。集中住宿、全程管理的模式是管理上的最大特色。为了使不同专业的学生能够最大限度地进行交流和相互学习与借鉴,元培学院将学生安排集中住宿,但在宿舍安排上尽量打散同一专业的学生,使文理科混合住宿,以达到资源共享、开阔思维的目的。其中,不同专业的学生之间可以共享其特色课程,使得学科间的交流也充分起来,在学业上也可以共享双方的学业经验,为重新选择专业方向、打破专业学习壁垒提供机会。

(四)弹性学制

学业年限要求制订个性化的学习计划。元培学院鼓励学生在满足教学计划的前提下,根据自身条件制订个性化的学习计划,根据自身学习的实际情况调整选课计划,并且实行弹性学制,学业时限调整为3—6年,使学生有充足的时间来考虑自己的培养计划,保证课程完成的灵活性。而吴玉章学院允许学生提前毕业,鼓励学生辅修、修读第二专业,参加国际交流合作项目。

(五)多元评价激励制度

元培学院支持学生的多元化发展,并为此制定多元评价体系。在学术研究、社会服务、兴趣爱好等各方面,学院设立了“元培青年学者”“本科生科研奖励”“元培体育之星”等各种鼓励措施与机制,尽力支持学生找到自己独特的人生之路与梦想。

(六)评价

元培学院在选拔管理制度上选拔各省市高考“尖子生”,在管理方式上独树一帜,元培学院实行住宿学院管理,不同专业的学生以学院为载体充分交流。混合居住的管理方式体现着兼容并包的培养理念,在一定程度上打破了以往的单一专业学习模式。自由选择专业、课程制度不仅提供给学生更大的选课自由,而且使得学生对各门类学科有更多的了解,再结合自身特点帮助学生找到感兴趣并愿意深入学习的学科。这一制度类似于高校大类招生模式,但元培学院做得更为深入。选课自由化为专业自由化提供了最大的保障，学生可以尝试涉猎全校所有课程。因此，在分流阶段，对于每门学科，学生的选择比较均衡。这一自由选课模式可能存在的问题就是，选课过于广泛而后期专业学习时间过少。对此问题，不仅是 PPE 班级，元培学院其他班级也采用了弹性延长学业制。不以学生尽快毕业为首要目标，而是以培养人格健全、具有独立学科研究能力的人才为培养指针。

五、元培学院 PPE 班实施路径

北京大学元培学院的培养方式主要是在前期进行通识教育和基础教育，在后期实行宽口径的专业教育，采用自由选课学分制，并且充分注重导师的指导，制订符合个人条件的教学计划。从专业选择上来看，新生通过高考文、理两类招入学校，在前期培养中（大一、大二）进行通识教育课程和学科大类平台课程的修习。[①]

后期培养中学生可以选择跨学科专业来修习，通常在大二下学期确定个人专业方向。元培学院非常注重导师的作用，学校通过整合各院系的力量来聘请资深教授，主要对学院学生在选课、选专业以及科研等方面进行指导，通过开设讲座来满足学生对学术知识的渴求，开阔其学术视野。在学制上，充分给予学生自由，学生在完成相关课程的学习、修满学分后即可毕业。同时实行弹性学习年限，允许学生在 3—6 年内完成学业。

六、专业特色实训活动

（一）住宿书院制活动

元培学院住宿书院既为学生设立充足的国际化项目，也在住宿书院内打造国际化的环境，既要“走出去”，更要“请进来”。元培学院的学生还通过国际会议和交流项目，增进彼此的了解，进行自由和充分的学术交流。元培学院的学生主办了 2016 年北京论坛的青年论坛，携手东京大学、首尔大学开展了东亚杰出领袖共同培育计划，与早稻田大学、韩国高丽大学合作举办东亚全球领导力项目等。

---

① 参见孙华.北京大学元培博雅教育计划人才培养理念及路径[J].中国大学教学，2015(12)：15-21.

考古实践活动也是元培学院的传统品牌，2017 年在元培学院导师、考古文博学院雷兴山教授和先秦文学专家、中文系常森教授的指导下，80 多名学生通过“考古与《诗经》”的通识教育课程树立了文化自信。

（二）绍兴元培峰会

绍兴元培峰会是由北京大学元培学院主办、绍兴市教育局承办、北京大学蔡元培研究会和绍兴文理学院、绍兴市教育发展中心以及绍兴市新闻传媒中心等协办的。峰会立足于作为“东亚文化之都”的绍兴的人文历史积淀，依托北京大学元培学院 20 年来的教育改革经验，深度聚焦通识教育、拔尖人才、交叉学科、住宿书院等本科教育重要议题，广泛邀请国内外一流高校相关领域的专家学者，力求守持学统、直面当下、激荡思想、引领风气，以期打造一个兼具国际视野与亚洲文明底色的学术及教育交流平台。20 年来，元培学院为国家和民族培养了大批具有爱国情怀、国际视野、创新精神和实践能力的新时期高素质领军人才。

（三）全国实训基地

为了帮助学生更好地认识中国社会，元培学院计划三年内在全国范围内建设 12 个学生社会实践基地。通过与地方政府、学校、企事业单位等合作共建基地，学院希望帮助学生更好地关注和深入理解基础教育、城乡发展、金融科技等议题，培养学生的家国意识和社会责任。目前已建成的社会实践基地覆盖上海、浙江、山东、山西、陕西、内蒙古和深圳等地。

七、总评

元培学院相较于其他高校的拔尖人才培养模式，除了更加注重通识教育外，淡化专业是其明显特点。突出人才培养博雅计划之博，PPE 班的设立正是在践行这一培养理念。从学院课程设置上可以清楚地看到通识教育的重要性。相应地，优秀的师资队伍是保障通识教育质量的重要支撑，北京大学汇集中国高等教育的优秀师资，具有众多高校不可比拟的巨大优势。重视导师制在多数高校有所体现，在元培学院可以看到国内顶尖教师教授通识课程。一系列配套的学科教学制度为复合型人才的培养提供了坚实的保障，弹性学年制可以让学生结合自己所学知识以及专业需要来学习，而不是简单地追求本科学位的获取。同时，元培学院依靠国内顶尖大学的优势，拥有广泛的国际合作和交流机会，并通过留学基金的设立，为学生学习提供了更加广阔的空间。

第三节　武汉大学弘毅学堂拔尖人才培养体系

"自强、弘毅、求是、拓新"是武大校训，其中"弘毅"出自《论语》"士不可以不弘毅，任重而道远"，意谓抱负远大，坚强刚毅。弘毅学堂是武汉大学的荣誉学院，是武汉大学参与国家教育体制改革的试点项目，是国家"基础学科拔尖学生培养试验计划"和"卓越工程师教育培养计划"的具体实践，是武汉大学培养国家脊梁的教育品牌，是实施精英教育、个性化培养、国际化办学的重要基地，也是武汉大学实行大类招生大类培养的试验区，亦是学校创建书院式学术社区的前哨站。弘毅学堂的培养目标是：致力于使学生逐步成长为人文和科学素养深厚、学术思想活跃、求是与开拓精神兼备、国际视野开阔，在中国和全世界相关领域起引领作用的学者、科学家、思想家及创新工程师。

武汉大学弘毅学堂成立于2010年，其开设的目的是响应教育部"基础学科拔尖学生培养试验计划"，在数学、物理、化学、生物、计算机等基础学科中下设小班，即弘毅学堂数学班、弘毅学堂物理班、弘毅学堂化学班、弘毅学堂生物班和弘毅学堂计算机班等五个理科班，同时，设立弘毅学堂国际数理经济与数理金融班和弘毅学堂国学班两个文科班。弘毅学堂培养专业现调整扩充为四个大类，包括理科试验班（含数学、物理、化学、生物学）、人文科学试验班（含文学、历史、哲学、英语、国学）、工科试验班（含计算机、先进制造、国际工程）、数理经济与数理金融试验班。

一、培养目标

（一）人文科学试验班培养目标

在武汉大学弘毅学堂设置人文科学试验班，是为了紧密结合社会发展对复合型人才的需求，是通过教育机制改革来培养具有社会责任感、创业精神和创新能力的复合型人才的有益尝试。人文科学试验班拔尖人才培养的基本定位是公共管理领域高素质管理或研究人才，在实践领域具备管理能力及领导力，在学术领域具备基本科研能力，培养有潜力跻身国际一流科学家队伍的基础学科领军人才和创新型拔尖人才。①

弘毅学堂院长、首席责任教授石兢曾深切寄语："学堂是武汉大学优质本科教育基地，始终遵循国家实施中华民族伟大复兴人才总体战略，开展精英化教育、提供个性化培养、坚持国际化办学方向，致力于为学生的知识学习、综合能力提高、人格养成提供全面的教育教学培养体系，为学生的成长成才提供更多的机会、更多的选择、更大的发展空间。"

（二）评价

武汉大学弘毅学堂不同于竺可桢学院侧重通识教育，和北京大学元培学院重视教育改革、实行自由组合学科培养模式也有所区别，弘毅学堂探索在基础学科领域创新拔尖人才培养的精英教育。除了对精英教育的探索之外，弘毅学堂与其他高校学院相似，都重视基础学科专业人才的培养，开设了数学、物理、化学、生物、计算机等学科。在夯实学科专业知识的基础上，弘毅学堂重视培养学生的创新能力、实践能力和综合素质。培养目标要求学生兼具国际化视野，如设立国际数理经济与数理金融试验班，重视培养人才的国际竞争力。

二、课程设置

（一）人文科学试验班课程设置

武汉大学弘毅学堂人文科学试验班课程设置与培养环节共有四大部分：一是公共基础课程模块（26 学分），属于全院共同课，包括军体类、外语类和思政类课程；二是通识课程模块（12 学分），属于人文类学科共同课，分为基础通识课程和核心通识课程，通识课程分为"中华文化与世界文明""科学

① 参见赵菊珊，董甲庆.高校拔尖人才小班化培养模式探析——以武汉大学弘毅学堂为例[J].高等理科教育，2020(3)：107-112.

精神与生命关怀”“社会科学与现代社会”“艺术体验与审美鉴赏”四大模块，其中必修基础通识课程包括人文社科经典导引、自然科学经典导引等；三是专业教育课程，大类平台课程 39 学分，涉及中西文学史、哲学、逻辑学等课程；四是实践课程（8 学分），包括专业实习、毕业论文等。通识选修课的修习时间也由学生自由安排。自由选修课模式下，学生在学有余力和不与其他必修课冲突的情况下，可以在任意时间选修全校范围内开设的通识课和专业课。此外，弘毅学堂聘请国际知名大学教师来校讲课、担任学术导师，如交叉前沿短期课程（1—2 周）的授课，每年每个基础学科一般有 3—5 门海外教授的短期课程。

（二）评价

武汉大学弘毅学堂实行小班个性化培养方案，通识课程选课相对自由。小班专业课学科跨度较大，在结束通识课程学习后，专业课程集中安排在大二至大三学年。必修学分占总学分的比重较大，学生课程强度也相应提高了。多数课程采取学生探讨加教师点评的方式，实现自由充分的交流，不同于传统灌输式教学，更加关注学生的意见。总体课程门类开设合理，课程内容反映学科的主要知识、方法论和发展前沿，能帮助学生掌握应具备的专业知识和能力。

三、师资条件

（一）弘毅学堂的师资条件

在师资配备上，弘毅学堂汇聚了学术科研能力深厚的院士、“长江学者”、杰出青年基金获得者等高水平师资队伍，他们普遍具有较强的学术创新能力，能够以身示范引导学生接触真实的研究过程、了解前沿的研究课题、养成良好的科研习惯。弘毅学堂设立了三类导师体系：一是聘请学术造诣深厚、教学经验丰富、具有国际视野的专家学者担任学科责任教授，负责制定培养方案并对培养过程进行指导；二是聘请责任感强、专业素养高的优秀教师担任学业导师，具体负责学生的课程学习和职业生涯指导；三是聘请高水平专家、教授担任学术导师，为学生提供科学研究、学术规划等方面的指导。

（二）评价

充足的师资条件为弘毅学堂学生提供多样的课程体系和教学模式。在学习过程中，学生可以根据自身情况调整学科方向，并且从后期的培养中选择出国留学或本硕博连读。在课程结构上，弘毅学堂课程设置包括素质基础、学科基础以及科学研究训练等课程，并且在国际知名的大学中聘请优秀教授来校开讲。通过国内外高校合作培养、利用暑假进行短期培养或考察等方式，加强学生与国外高校的联系，增加学习交流的机会。在课堂教学上，弘毅学堂一方面采用国际一流教材教学内容和方法，通过组织研讨会，加大学生自主学习能力、综合素质的培养力度；另一方面，学生通常是在与导师面谈后制订个性化培养计划，根据不同的培养计划，学生与教师有组织地开展适合的学术研讨会议，培养学生的表达能力以及学术自由与争鸣的自觉性。

四、制度机制

（一）选拔招录制度

武汉大学弘毅学堂通过自主招生、高考录取方式进行初选，等新生进校后，再通过笔试和面试进行二次选拔，同时每学期对学生进行考核滚动，建立动态录取机制。在选拔环节上，各班均采用自愿报名、材料审查、专业笔试、专家面试四个环节对学生进行全方位考核。在选拔标准上，弘毅学堂各班由于分属不同的学科领域，其选拔标准各有不同，但基本上是从学术兴趣、专业基础、专研成就、知识面、综合素质等方面对学生进行考查的。入选的学生需要具备对该学科的热情与执着，拥有该专业各分支学科的基础知识，并具有较高的综合素质，学习目的明确，高考成绩优秀。同时，学生在第一、二学年末，经学科专家委员会综合考核，对部分学生进行分流，确保最优秀的学生进入弘毅学堂。

（二）滚动淘汰制

弘毅学堂实行中期分流方案，在大一、大二学年结束时各举行一次，通过中期分流将不适合在弘毅学堂继续学习或出于其他原因需退出的学生调出弘毅学堂。出现以下情况之一的学生将在中期分流时被调出：一是学生在必修课程中出现课程不及格；二是学生不能适应弘毅学堂的培养要求；三是学生出于其他原因（如生病等）不能继续在弘毅学堂学习；四是学生违反校纪校规被处分。通过中期分流，确保了拔尖型、创造型人才的培养。

（三）小班化精品课堂

实施小班化培养是转变传统讲授式课堂的突破口，小班化培养使得精品特色课程成为现实。首先，小班化培养通过缩小班级和课堂学生规模，能够深化师生交流。师生比的提高能够增加师生之间的“接触面积”，有利于师生之间深入学习和交流，激发学生的学习兴趣，使学生获得深入指导。其次，小班化培养通过灵活变换学习方式，能够促进学生个性化发展。传统大班授课稳定性有余，但灵活度不足，在顾全整体目标的情况下难以针对课堂实时情况随机调整，在照顾整体进度的同时难以针对个别学生做到因材施教。[①] 弘毅学堂根据各学科大类人才培养规律，学生进校先按大类进行培养，半年到两年后学生根据自己的兴趣和特长，在大类所含专业中进行自由选择。最后，小班化培养通过集中优势资源，能够鼓励学生创新争优。拔尖人才实验班按政策实现优质资源的集中，以高水平的物质条件、师资队伍和众多的机会平台等资源投入加速人才成长，提高人才培养质量，助力拔尖人才的产出。

（四）个性化导师配置

为加强对弘毅学堂学生的学业指导和科学研究训练，提高拔尖人才培养质量，学校为弘毅学堂学生配备学术导师、学业导师和生活导师。从大二下学期开始，弘毅学堂为学生配备学术导师。学术导师由知名教授、学科带头人或者有海外留学经验的学者担任，指导学生开展科学研究训练和从事前沿课题研究，为学生提供科学研究、学术规划等方面的指引。学业导师全面负责学生在整个培养周期内的学业指导工作，组织协调学生参与各项学

---

① 参见宋娟，夏阳.完善高校基础学科创新人才选拔机制培养拔尖创新人才——以武汉大学为例[J].当代继续教育，2015，33(5)：80-83.

习活动、班会活动和书院活动，在共同参与中对学生的学习、生活、职业发展状况等进行针对性指导。生活导师重在促进师生互动，关心学生生活、心理健康以及思想状况，从“一对多”到“一对少”的转变中深入了解学生个性，挖掘学生潜能，与其他教师一起针对学生制定个性化的培养方案，有的放矢地进行教育，避免学生因家庭、学业、人际关系等而产生不良心理问题。[①] 在弘毅学堂，生活导师面向更少的学生群体，可以在有限的时间和精力下，与学生建立起密切的师生关系，及时了解学生生活、学习动态，从而在交流和指导的过程中更为细致、全面。

（五）评价

武汉大学弘毅学堂选拔招录制度严格，仅接受高水平生源。校内二次选拔难度更大，在全校范围内优中选优，并且保持持续滚动淘汰制。实行小班个性化培养方案，小班化培养模式在教学活动中通过提升师生的互动强度、密度与深度，由形式变化催生教学内容、教学方法和教学评价等一系列改革的整体效应。实行多导师制，除了学习和科研指导老师外，弘毅学堂也考虑到学生的心理需求，在生活上配备了生活老师。学生选择导师的形式相对自由，在学院和学校层面并没有严格规定选择导师的程序，学生往往是基于对老师的了解通过自荐的方式进行选择。

五、实施路径

（一）人文科学试验班培养路径

按照国际一流研究型大学重构本科教育行动纲领，倡导研究型学习模式，一方面在课程教学中通过问题引导、文献阅读、分析讨论，使知识的学习过程成为“基于导师指导下的主动发现，而不是信息的被动传递”；另一方面在培养方案中设置单独的科研训练学分，设立学生专项科研基金和配套的奖励政策，在学业导师与学术导师的指导下鼓励学生在大一、大二年级自主进行力所能及的基础科研实践，大三年级后进入导师课题组，直接参与国际

---

① 参见董文杨.我国高校拔尖创新人才培养模式案例研究[D].武汉：湖北大学，2014.

前沿的科研项目。[①]

(二)评价

弘毅学堂人文科学试验班“1＋3”模式是践行博雅理念的教育实施方式,在弘毅学堂工科试验班,开展一学期的通识教育后,就需要选择具体专业。在培养路径时间分配上,人文科学试验班有更充足的时间了解和把握各个专业的性质、特征。接受更长时间的通识博雅课程教育也为学生跨学科学习打下了坚实的基础。

六、专业特色实训活动

(一)“弘毅讲堂”系列学术讲座

巍巍珞珈,笃学尚行,以自强为名,养弘毅之气。“弘毅讲堂”系列学术讲座由武汉大学党委研究生工作部、共青团武汉大学委员会主办,是武汉大学的品牌活动。它涵盖了文学历史、天文地理、科学创新等话题,为学生提供了一个增长知识、启发兴趣的平台。它以提升学术交流层次、营造学术交流氛围、引领学术交流风范为己任,提倡更高的学术品位和更广的学术交流。

(二)学术化科研训练

学术科研能力被看作拔尖人才区别于普通学生的重要标志,拔尖人才培养计划的初衷就在于培养国际一流的科研人员,那么高水平的科研训练自然不可或缺。因此,在弘毅学堂各班级的课程计划当中,突出强调了科学研究方法等基础课程的修习并建立了四段式科研训练程式:第一阶段设立科学研究方法与科学道德问题专题讲座,主要讲授选题原则、文献查阅、大学生科研和创新项目申请、实验方案设计完成的策略、实验室安全常识、论文写作、报告和科学道德问题等;第二阶段为实验项目设计,主要是学生与各课题指导教师探讨制定实验方案,科学研究训练实验室使用登记注册等;

① 参见廖君.武大将开“弘毅学堂”培养创新型领军人才[N].新华每日电讯,2010-06-04(02).

第三阶段为实验方案实施,各课题指导教师负责各项目用到的特殊的实验技能培训和实验进程关键点把关;第四阶段为论文写作与答辩,组织进行论文审阅、预答辩、集中答辩,指导小组根据研究结果、论文报告及答辩表现综合评分。

国际化视野是拔尖人才必须具备的一项素质,但资源有限性是制约高校开展国际交流、培养学生国际化意识和能力的关键因素,而小班化培养模式拥有专门的经费支持和广泛的平台机会,在一定程度上克服了这一障碍。一方面,小班化培养模式高度重视海外平台的搭建,为人才出国交流、培养国际意识与能力打好基础。弘毅学堂目前每年邀请海外专家学者开展5个基础学科讲座,授课的人数超过100人。另一方面,小班化培养模式建立了规范的国际化培养制度。武汉大学为进一步提升弘毅学堂学生的国际竞争力,加大国际化培养力度,设立了学生出国交流学习专项奖学金和“基础学科拔尖学生培养试验计划”学生出国(境)交流学习专项资助,为学生国际化交流培养提供完善的制度支持,同时引导建立公平的竞争机制。

(三)弘毅学堂与地级市共建实践教学基地

弘毅学堂与鄂州市共建实践教学基地签约授牌与实习实训启动仪式于2021年7月5日在鄂州举行。15位PPE专业同学分成三个组,将分别在鄂州市教育局、鄂城区委员会、区民政局、区农业农村局、泽林镇、凤凰街道办等部门进行为期三周的轮流实习。

武汉大学弘毅学堂与鄂州市共建学生实践教学基地,既是对“学思结合、知行统一”教育理念的践行,也是对自主性、研究性、创造性、合作性学习理念的实践运用,对于人才培养与地方发展具有积极意义。在武鄂同城化的战略背景下,武汉大学与鄂城区有着良好的共建基础与历史渊源,在今后的合作中能够继续加强交流沟通与协同协作,实现双方优势互补,凝聚发展合力。弘毅学子能够充分结合所学专业知识,在实习实践中细心观察、总结经验,为推进城乡基层社会治理提供有益借鉴。

实践教学基地共建是开启政校深度合作的新篇章,双方在人才交流和大学生培养等方面将有更多深入的合作。PPE专业参训学生在完成实习任务的同时,运用专业所学,为地方政府教育事业高质量发展提供智慧支持。

PPE 专业全体参训学生在实习实训中深入了解基层政府组织形式和运作机制，认真探索中国政府基层社区治理与城乡结合发展战略实施情况，结合现实问题进行探究思考，将学业论文、毕业论文写在中国大地上，不断锤炼本领，担当时代重任。另外，双方在人文社科相关学科建设及教师队伍建设等方面拓展合作。

（四）“学术交流月”系列活动

为增进跨学科交流、拓展学生研究视野、提升学生科研能力，进一步营造勤学好思的优良学风，武汉大学弘毅学堂计划面向武汉大学及全国各兄弟院校基础学科相关专业（物理、化学、生物、数学、计算机、文史哲等理科、工科、人文类专业）本科生举办“学术交流月”系列活动，旨在借此搭建优良的学术平台，促进武汉大学与各兄弟院校的学术交流与共同进步。“学术交流月”系列活动是弘毅学堂的传统特色活动，截至 2022 年已成功举办六届，每届均吸引弘毅学堂许多潜心学术、学有所成的学子参加。

“学术交流月”系列活动由科研成果征集、学科报告展示、学术前沿问题交流等组成，旨在集中学科前沿动态、个人学习研究成果等，鼓励学生跨学科、跨专业联合对学科交叉融合前沿的有关情况进行展示、交流。一是科研成果征集。学生对主要包括本学科研究现状、前沿问题、发展方向等内容的个人学习研究成果、研究计划等进行梳理后，可以研究综述、研究报告、研究展望等形式投递参与活动。二是学科报告展示。获奖同学受邀前往武汉大学弘毅学堂，对自身学习研究成果及研究感悟进行现场大会交流展示。三是学术前沿问题交流。主办方将结合优秀研究成果分学科确定交流会主题，与会同学根据交流会主题进行集中研讨和心得分享。

前期面向全校及全国公开征集学生学术成果。中期邀请专家学者组成评委团对收到的学生学术成果进行综合评审，确定最终获奖名单。遴选结束后，主办方将与获奖同学联系，确定现场参加报告事宜。然后举办“学术交流月”成果展示大会。获奖同学集中报告成果，由专家学者进行点评交流。会后分专业根据拟定的主题举行各学科学术前沿问题交流会。

（五）政管学院珞珈国是论坛

珞珈国是论坛是面向全国高校人文社科类研究生的学术活动。论坛创办于2007年，由华中高校政治与公共管理类研究生学术论坛发展而来。为进一步扩大论坛的影响力，提升论坛学术质量，突出论坛的跨学科性，吸引更多有不同学科背景的研究生关心国是、参与学术交流，为治国理政贡献聪明才智，从2013年起，论坛正式更名为“珞珈国是论坛”。论坛旨在通过学术交流与互动，增进研究生之间的沟通与了解，促进跨学科的学术研究方法创新，提升研究生学术研究水平。论坛自创办以来，始终秉持“交流学术、砥砺思想”的宗旨，以搭建全国高校间的研究生学术交流互动平台为己任，以实践性、拓展性和多样化的学科活动为载体。论坛已成功举办十六届，吸引了来自清华大学、北京大学、中国人民大学、复旦大学、南京大学、台湾大学、澳门大学、香港中文大学、乔治敦大学、杜伦大学、布鲁塞尔自由大学、悉尼大学、爱丁堡大学等100余所境内外著名高校100余个学院博士生和硕士生积极参与和关注，曾有多项国家级课题研究项目成果提交论坛交流，累计收到各高校研究生投稿4800余篇，在全国范围内引起了较大反响，激励了研究生投身学术，扩大了各高校之间的学术沟通与了解，塑造了武汉大学研究生学术科研活动的良好形象。

七、总评

拔尖创新人才是新时代自然科学和社会科学不断创新进步的重要人才基础，小班化培养模式是拔尖创新人才培养的有益尝试。武汉大学弘毅学堂基于自身学科办学优势，探索出以“四化”（即小班化精品课堂、个性化导师配置、学术化科研训练以及国际化培养模式）为核心的有益经验。小班化培养是相比于其他高校荣誉学院最明显的特色。小班化培养带来了一系列明显的培养效果，但由于制度或环境条件不充分，还未进行大范围推广。推进拔尖创新人才的培养，还需要不断深化拔尖人才培养制度改革，小班化培养还需要不断完善。

第四节　清华学堂计算机科学实验班（姚班）拔尖人才培养体系

清华大学交叉信息研究院，简称“交叉信息院”，成立于2011年1月。交叉信息院由计算机科学最高奖图灵奖得主、中国科学院院士、美国科学院外籍院士姚期智先生领导，是国内首个致力于交叉信息科学研究的教学科研单位，目标为建设世界一流的交叉信息研究机构，培养具有国际竞争力的拔尖创新人才。交叉信息院涵盖姚期智院士2004年全职回国加入清华大学以来创办的数个顶尖人才培养项目及科学研究机构。其中，创立于2005年的清华学堂计算机科学实验班（姚班）和创立于2019年的清华学堂人工智能班（智班），已建成计算机科学和人工智能领域的人才培养高地；创建于2011年的清华大学量子信息中心，已成为量子计算机和量子网络的重要前沿研究基地，并于2021年促成清华大学量子信息班开班。

清华学堂计算机科学实验班（姚班）由世界著名计算机科学家姚期智院士于2005年创办，致力于培养与美国麻省理工学院、普林斯顿大学等世界一流高校本科生具有同等甚至更高竞争力的领跑国际拔尖创新计算机科学人才。为了更突出其培养目标，在2009年4月，姚班由刚创立时的“软件科学实验班”更名为“计算机科学实验班”，并且在9月姚班被率先纳入清华大学“清华学堂拔尖创新人才培养计划”。姚期智院士为清华学堂计算机科学实验班首席教授。

一、培养目标

（一）清华姚班的培养目标

清华大学设置计算机科学实验班，是为了紧密结合社会发展对高水平计算机人才的需求，培养领跑国际拔尖创新计算机科学人才。“清华学堂人才培养计划”坚持“领跑者”理念，积极营造清华学堂环境，实施优势转化战略，培养基础科学未来的“领跑者”。[①] 选拔优秀本科生作为“领跑者”，在带动整体人才培养质量提高的同时，通过实施优势转化战略，将学科、师资、国际交流、优质生源、优良传统等方面的办学优势积极、主动、优先地转化为人才培养质量的优势，培养基础学科未来的“领跑者”。

① 参见袁驷，张文雪.“清华学堂人才培养计划”改革与探索[J].中国大学教学，2014(3)：9-13.

（二）评价

姚班的总体目标是遵循基础学科人才的成长规律，在基础学科人才的培养上，激励优秀学子投身于基础学科建设，努力使该计划下的学生成为该领域的领军人物并跻身于世界一流科学家队伍。姚班为国家培养了一批学术思想活跃、有国际视野和巨大发展潜力的人才。同时，姚班拔尖创新人才培养的经验，也为推动拔尖人才培养的改革和机制创新、提高人才的整体质量起到了模范作用。

二、课程设置

（一）姚班课程设置

姚班非常重视对学生理论知识和基础能力的培养，这对于培养真正有创造力的一流科学家至关重要。针对基础学科教学，姚期智教授凭借在美国麻省理工学院、斯坦福大学、普林斯顿大学的多年执教经验，专门为姚班制定培养方案，编写教学计划，融合世界重点大学计算机教育的先进方法，为学生精心准备了25门专业课程（其中5门为核心课程）。姚期智院士亲自领衔的强大的国际化师资团队，由清华大学交叉信息研究院的姚班教学一线的骨干教师组成。所有专业核心课程都是全英文授课，从学生进入姚班起就促使他们适应国际化教学模式和培养学生的国际化思维方式，为以后姚班学生走向世界学术舞台打下坚实的基础。

“清华学堂人才培养计划”以学生的核心学术能力为学业发展的基石，以求索、奋进的科学精神为学术生涯的引领。大部分项目在学生第一学年开设了学术精神和科学史、科学方法论、人文基础素养等方面的课程，加深学生对科学、人文、艺术及工程之间跨学科关联性的理解，激发学生的责任感、使命感和攀登世界科学高峰的宏伟志向，提高学生的综合能力、学术素养和发展潜质。[①]

---

① 参见清华大学交叉信息研究院.拔尖创新学术人才培养之改革与实践——以清华大学计算机科学实验班为例[J].北京教育(高教版)，2013(9)：67-68.

（二）评价

姚班在课程内容、课程安排上与国际接轨。与国内普遍的计算机课程不同，姚班的众多课程在国内为首次开设。对学生有更高的要求，通过严格的课程训练实现精英式培养。部分课程领先于国际水平，如计算机应用数学课程。同时，大四开设的科学研究实践课让学生尽早接触学术前沿领域。整个大四阶段姚班的学生可以跟着导师作学术研究，学习科学知识、掌握方法。姚班的教学内容上也涉及很多专业的热点。姚班的课程很重视数学、计算机与实践的结合，重视学生对理论基础的理解和专业能力的建立，课程还会每年进行一次国际评估。姚班课程主要是激发学生的求知欲，让他们在研究的过程中发现自身的兴趣，提前了解感兴趣的研究方向。培养学生的创新意识和独立思考的能力，让学生由衷地对学术工作产生热爱，这正是姚班促成学术课堂的原动力。

三、师资条件

（一）清华学堂的师资条件

在师资配备上，“清华学堂人才培养计划”分别设立了清华学堂首席教授和清华学堂项目主任岗位，聘请著名数学家、菲尔兹奖和沃尔夫奖获得者丘成桐，中国科学院院士朱邦芬，中国科学院院士张希，中国科学院院士施一公，著名计算机科学家、图灵奖获得者姚期智，长江学者特聘教授郑泉水等一流学者担任各班首席教授。实行首席教授负责制，首席教授全面负责学生培养和项目管理工作。邀请知名学者、优秀教师和社会杰出人士担任学生导师，聘请相关领域具有国际影响力的著名科学家对计划实施进行指导。

（二）评价

清华大学拥有中国顶尖的教师团队。清华前校长梅贻琦曾发表“所谓大学者，非谓有大楼之谓也，有大师之谓也”的高论。这充分说明了教师在整个学校中的核心地位，也说明了高水平的教师是培养高素质创新人才的最重要保证。[①] 姚班充分利用清华院系平台优势，邀请讲师、兼职教授、访问学者授课，开展多种形式的学术交流。中科院院士的配备使得姚班具有最顶尖的师资和教学资源，人才的成长速度很快。并且小班化的教学使得师资力量可以发挥最大化的作用。教师对学术的研究热情和治学的态度在小班化的交流中，能够潜移默化地影响学生。

四、制度机制

(一)选拔招录制度

姚班每年招生 70 人，结合竞赛招生、自主招生、校内二次招生以及校内转系等多元方式进行选拔招生。注重考查学生的综合能力、学术兴趣和发展潜质，瞄准培养具有国际一流水平的拔尖创新人才的目标。生源主要包括以下几个方面：从全国四所重点中学(清华附中、北大附中、北师大实验中学和华东师大附中)的理科实验班(也称“全理班”)选拔；从全国数学和物理等竞赛获全国一、二等奖的中学生中选拔；从全校各系当年入学的新生中选拔，采取志愿报名、择优录取方式挑选；从 2004 年开始在北京、上海等 12 个省、直辖市面向参加高考的学生选拔。在生源、师资、氛围、培养模式、条件、制度和国际合作等方面统筹考虑深入改革，建立机制，保持优秀学生的“领跑”状态，促进拔尖人才脱颖而出。实行开放式动态进出机制和自由选择机制，将有志于攀登世界科学高峰的优秀学生选入“清华学堂人才培养计划”进行培养。目前，入选计划的学生近 500 名。

(二)奖励制度

首先，提供全方位政策支持，建立人才培养“特区”。在招生、培养、管理等环节，在注重“素质”的基础上，突出“拔尖”和“创新”的目标。其次，设立专项经费，充分利用国家经费支持，同时积极争取社会资金参与。专项经费主要用于聘任国内外高水平教师、资助学生进行国际交流和科研训练，以及用于奖学金发放、教学资源建设等。再次，配备最好的学习条件，将国家重

① 参见孙棋.“清华学堂”拔尖人才培养的经验与启示[N]. 中国科学报，2019-11-13(04).

点实验室、开放实验室、国家实验教学示范中心等向参与计划的学生开放，并为学生创新活动提供专门的支持，入选的学生享受专项奖学金。最后，重视国际化训练，建立长效海外高校联合培养机制。大三年级学生全部赴海外一流高校交换学习一学期，每年选送部分大四优秀学生前往美国知名大学以及知名机构进行研究实践。资助学生参加各领域的顶级国际会议。①

（三）个性化导师配置

实行首席教授负责制，依靠"拔尖"培养"拔尖"。聘请各学术领域国际顶级大师、一流学者担任首席教授和项目主任，首席教授全面负责学生培养和项目管理工作，亲自设计人才培养计划和课程体系，并亲自参与课程教学等工作。

（四）交流机制

姚班有很多国际交流项目，比如姚班国际交流已经形成长效机制，一个是香港冬令营，在大三学年整个班去香港参加为期一周的冬令营，还有一个就是与麻省理工学院开展联合培养。学院每年从姚班大三学生中选拔 2 名到麻省理工交换一学期，交换期间学生免交学费，而且在校内住宿，充分融入当地学生的学习生活。

（五）评价

清华大学采用的四种招生选拔方法表明，中国的顶尖大学在培养拔尖创新人才方面有一个共同点，即都非常重视学生的素质。姚班丰富的奖励制度可以激发学生好学、善学的兴趣，为学生提供了充足的交流交换资源，学生能通过努力学习获得多渠道的提升路径。姚班邀请世界著名计算机科学家、图灵奖得主姚期智院士担任首席教授，为中国计算机人才提供了世界一流的培养方式。姚班在生源、师资、奖励手段等制度机制方面均匹配至国内顶尖水平，为国际高水平计算机人才培养聚集了最优质的资源。

---

① 参见易金生.中美著名高校拔尖创新人才培养模式的比较研究[J].天津市教科院学报，2014(6):31-34.

五、实施路径

(一)姚班培养实施路径

姚班专注于因材施教和深耕精耕相结合的特色人才培养模式,设置了阶梯式培养环节:前两年实施计算机科学基础知识强化训练,后两年实施理论、安全、系统、计算经济、计算生物、机器智能、网络科学、量子信息等方向的专业教育。姚班还着力营造多元化、富有活力的学术氛围,建立多方位、多层次的国际学术交流平台,为大四学生提供在著名高校和研究机构开展科研实践的机会。

(二)评价

姚期智先生认为,本科阶段是形成世界观、方法论、价值观和思维方式的重要时期,这将决定学术人才学术生涯的广度和深度,精英教育始于本科教育。计算机科学实验班的三大创新是:建立夯实基础、开拓前沿的知识体系;创新精深培养及其模式,启迪思维;开拓了"大师"引领、自我超越的道路,成为人才。计算机科学实验班的主要特点是教学的深入和师生的积极互动。本科前两年强调计算机基础知识的学习,注重营造活跃的课堂互动氛围,激发学生的兴趣和创造潜能。阶梯式教学有利于拓展学生研究的知识面,发现自身的研究志趣,加强学科基础学习,有利于融合多领域学科知识,推动学科交叉。在高年级,结合学生的兴趣特点,开展因材施教、个性化的人才培养模式。为高年级学生提供个性化教学、差异化培养,激发学生的积极主动性、创造力和发展潜能,营造独立思考、自由探索的学术空间。

六、专业特色实训活动

姚班建立了多层次、立体化的高端国际联合培养基地,制度化支持专项国际交流项目,包括大三集体赴香港冬令营、大四全年科研实践、预研计划交流选拔、顶级国际会议参会资助等。依托清华大学交叉信息研究院与美国麻省理工学院、美国密西根大学、加拿大滑铁卢大学、丹麦奥胡斯大学、香港中文大学建立的联合中心平台,以及和伯克利大学共建的研究院,计算机科学实验班建立国际联合培养基地，为学生国际化培养、接触科研领域前沿、参与科研实践创造条件，鼓励学生在本科期间就收获学术论文成果。姚班及其所在学院除了举办各类高水平讲座外，还多次举办大型学术会议，为学生提供了丰富的竞技平台。

（一）学术讲座

为开拓学子的学术视野，姚班举办了多场学术讲座，截至 2022 年 1 月，姚班及其所在学院已经举办各类高水平讲座 673 场（见表 6-2）。

表 6-2 姚班开展系列讲座表（节选）

题目	演讲者
Optimization Extends the Feasibility of Quantum Error Mitigation	Dayue Qin China Academy of Engineering Physics
Quantum Thermalization and Novel Phases in Non-equilibrium Quantum Systems	Qihao Guo Southern University of Science and Technology
超导量子比特中的高精度调控与高保真度双比特门实现	李少炜 中国科学技术大学
Benchmarking Near-term Quantum Computers via Random Circuit Sampling	Yunchao Liu UC Berkeley
基于新一代神威超算系统的量子电路模拟实践和探索	付昊桓 清华大学地球系统科学系
Study the Interface of Optimization and Generalization	Bohan Wang University of Science and Technology of China and Microsoft Research Asia (COLT Group)
Quantum Algorithms for Convex and Nonconvex Optimization	Tongyang Li Pcking University
Quantum Cryptography at the Application Frontier	Romain Alléaume SeQureNet
Hiding and Masking Quantum Information in Complex and Real Quantum Mechanics	朱黄俊 复旦大学物理学系

续表

题目	演讲者
Numerical Method for Finite-size Security Analysis of Quantum Key Distribution	Hongyi Zhou the Institute of Computing Technology, Chinese Academy of Sciences
Path-independent Quantum Gates for Fault-tolerant Quantum Computing	Wenlong Ma Institute of Semiconductor Chinese Academy of Sciences
Universal Quantum Algorithmic Cooling on a Quantum Computer	Pei Zeng University of Chicago

(二)博士生学术论坛

交叉信息院每年举办科研年会暨清华大学博士生学术论坛，邀请师生通过特邀报告、海报交流、海报展览及开放组会等方式对各自的研究领域和科研成果进行充分展示，内容涵盖量子信息、量子计算、算法设计、分布式系统、机器学习与深度学习、网络科学、机制设计、计算生物学和计算经济学等。

(三)教授座谈会

2021 年 11 月 21 日，量信 10 班举办了导师座谈会。清华大学姚期智讲座教授、清华大学基础科学讲席教授、量信班项目主任段路明教授以及量信 10 班全体同学共同参加，座谈会由量信 10 班班主任濮云飞助教主持。量信 10 班同学就学业规划、培养目标与量信研究方向等方面提问，段路明教授回答了这些问题。通过这次座谈会，量信 10 班的同学纷纷表示对未来将从事的研究领域有了更深的了解，也对未来如何选择研究方向有了更多的思考。

(四)国际交流

截至 2021 年 12 月，姚班学生有 121 人在 FOCS、STOC、SODA、NIPS、COLT、CVPR、AAAI、ICLR 等国际顶级会议上作报告，研究生共计 29 人参加国际学术会议。此外，交叉信息研究院开展高水平国际学术交流讲座近百场，邀请了美国科学院院士、普林斯顿大学教授桑吉夫·阿罗拉（Sanjeev Arora），马里兰大学教授克里斯·门罗（Chris Monroe），哈佛大学教授亚瑟·贾菲（Arthur Jaffe），奥地利科学院院士、因斯布鲁克大学教授瑞纳·布拉特（Rainer Blatt）和奥地利科学院教授彼得·佐勒（Peter Zoller）等知名学者。

自 2005 年开班至 2021 年 8 月，姚班已培养毕业生 446 人。开班十余年，在姚期智院士的不懈努力下，姚班的办学理念和办学成果得到了国家领导人及教育部的充分肯定和大力支持。交叉信息研究院计算机科学实验班建成“最优秀的本科生和最优秀的本科教育”口碑，为国内拔尖创新人才培养模式的探索树立了突出典范，先后荣获北京市教学成果奖特等奖和国家级教学成果奖一等奖。截至 2021 年 7 月，姚班学生在本科期间发表的论文有 339 篇记录在册，姚班学生为论文通讯作者或主要完成人的有 260 篇。绝大多数毕业生踏上了学术深造的道路，正活跃在计算机科学领域的世界舞台上。其中，据不完全统计，已有 26 位毕业生进入学界执教国内外一流高校（其中 11 人在清华、北大、港大等中国高校担任助教，包括回到清华交叉信息院任教的 4 位毕业生，其余执教于斯坦福大学、普林斯顿大学、卡内基梅隆大学等国际顶尖高校）；毕业生创办的独角兽公司旷视科技、小马智行等都已崭露头角，在业界引领此轮全球信息革命创新浪潮。

七、总评

首先，姚班在大师的指导下，培训方案不断迭代优化。通过设立专业人才培养首席专家，让知名专家、顶尖学者深入参与人才培养，在发展的过程中充分利用先进的理念来设计人才培训项目。同时，加强学术大师的深度教学，依托骨干教师开展精英培养。加强学生对开拓性课程、方法论课程、创新实践课程和挑战性课程的参与，使学生在培养核心学术素养和创新能力的过程中感受到学术的价值。在不断优化和重构培训方案的同时，经过长期的迭代，姚班形成了一套高质量的课程和教材教学方案。

其次是学习兴趣导向，激发学生的自主能力。一是注重培养学生的学术兴趣和志向。通过创业课程激发学生强烈的学术兴趣，形成内生的学习动机，树立崇高的学术理想。促进学生自主学习能力的形成，姚班从一开始就培养学生的主动学习习惯，教育并引导学生掌握自主学习方法，使学生逐步掌握自主、可控、系统的学习能力。二是鼓励学生独立发展。允许学生与导师共同制订个性化学习计划，适当放宽专业和学制要求，增加多学科学习资源供给。三是注重学生的核心素质，加强领导精神培养。通过加强通识教育，做好非人文类学生思维能力和批判能力的基础培养。建立高层次创新人才培养的有效机制，促进高层次创新人才脱颖而出，这是建设创新型国家，也是当前高等教育改革的迫切要求。

计算机学科国际评估中，评估专家委员会曾评价姚班"拥有最优秀的本科生和最优秀的本科教育"，并高度评价姚班开展的各项高水平国际学术交流活动，包括举办高水平国际学术会议、打造与大师对话的平台、学生赴海外学习交流活动以及与世界一流研究机构开展联合培养等。在"清华学堂人才培养计划"框架下，姚班是一个杰出的典范，它代表的是清华大学乃至整个中国在拔尖创新学术人才培养探索上的勇气、魄力和大胆创新。

第七章　海南大学公共管理拔尖人才培养模式的现状调查

培养党和国家需要的高素质人才和拔尖创新人才是新时代的重大关切，这也推动着我国高等教育教学加速改革与转型，同时也要求人才培养必须能够有力地服务于地方经济发展建设。公共管理学科旨在培养具有较高的公共管理素质，掌握系统的现代公共管理理论与方法，能够解决现实公共管理问题的专门型人才。立足海南自贸港建设的现实治理问题导向，构建服务于自贸港发展的特色的公共管理拔尖人才培养体系也成为地方院校亟待回应的重大议题。

在公共管理人才的培养方面，海南大学公共管理学院（海南大学原政治与公共管理学院，于 2021 年改制为海南大学公共管理学院）开设了大类培养模式，国际旅游学院行政管理专业则采取了中外合作办学模式。本章主要通过构建学生满意度的分析模型对大类培养模式进行分析。但由于大类培养模式主要适用于本科低年级阶段，不能全面反映人才培养的历时发展现状，故将行政管理专业单列出来并加以分析。同时，本章采用相似的满意度评价指标体系对国际旅游学院行政管理专业所采取的中外合作办学模式进行系统分析，以期为公共管理拔尖人才培养体系的优化和完善提供全面化的指引。本章第一节对海南大学公共管理拔尖人才培养体系进行总体概括，第二节聚焦并讨论公共管理大类培养模式，第三节分析行政管理类本科生培养模式，第四节介绍国际旅游学院行政管理专业培养模式。

第一节　海南大学公共管理拔尖人才培养体系

海南大学具有公共管理本、硕两级人才培养体系，除了在公共管理学院公共管理一级学科中下设行政管理、土地资源管理、社会保障、教育经济与管理四个二级学科方向外，还结合海南省情和地理位置设置南海战略与管理学科方向。此外，海南大学采用中外合作办学模式，于2017年成立海南大学亚利桑那州立大学联合国际旅游学院（以下简称“国际旅游学院”），这也是中国首个旅游类中外合作办学机构，在该学院内下设行政管理本科专业，开展教学活动。

一、培养目标

（一）本科培养目标

1.公共管理类专业本科培养目标

公共管理类专业旨在培养具有与时代精神相适应的公共管理理念，与创新公共管理相适应的理论素养，与社会需求相适应的专业技能，能胜任党政机关、企事业单位、社会组织和其他公共组织管理工作岗位的复合型、应用型和创新型的多层次公共管理专业人才。

2.行政管理专业本科培养目标

培养适应现代社会需要，掌握系统的行政管理和一般管理的理论、方法和技能，具备较高的管理、策划、调研、沟通与执行等能力，具有公共精神和社会责任感的复合型高级专门人才。学生毕业后适合到党政机关、企事业单位和社会组织从事行政管理、人力资源管理、社区管理、政策研究、宣传策划、秘书等工作，在科研院所和咨询机构从事科研工作，也可继续攻读本专业及相关专业的硕士研究生。

3.土地资源管理专业本科培养目标

培养德、智、体全面发展，具备资源学、现代管理学、经济学、测绘学及土地规划的基础理论，掌握土地资源管理和房地产经营与管理方面的专业知识，具有规划、测量、地图制图、地理信息系统、遥感、计算机应用等创新技能，具有科学的思维方法和实践能力，能在国土、城建、农业、房地产以及相关领域从事土地调查与评价、土地利用规划、地籍管理、不动产估价、房地产开发经营、房地产经纪及土地管理政策法规研究等工作，具有较强的实践能力和创新精神的应用型高级专门人才。

4.国际旅游学院行政管理专业本科培养目标

培养德、智、体、美全面发展，掌握现代公共管理理论、技术与方法，接受严格的科学思维训练和良好的专业技能训练，具备管理素质、公共意识、服务意识、公共责任，具有宽广的国际视野、创新意识、创业精神和实践能力，从事旅游行政管理和公共服务、社区管理与服务工作研究、教学、开发或应用的高素质复合型专业人才。毕业生可以在政府管理部门、国际旅游组织、旅游运营集团、旅游行业协会等从事旅游规划管理、旅游市场营销策划与组织、社区管理与服务、旅游公共服务与政策制定、旅游行业自律管理与监督等方面的工作。专业侧重旅游公共服务与公共政策方向，培养掌握现代公共管理理论、技术与方法，接受系统的科学思维和专业技能训练，具备国际视野、创新精神和实践能力的高素质复合型国际化人才。通过引进美国亚利桑那州立大学重点学科“公共服务与公共政策”(Public Service and Public Policy)课程体系，精选英文原版教材，为人才适应全域旅游发展的需要，从事旅游行业监督管理、旅游公共服务、旅游政策制定等工作奠定基础。

(二)硕士培养目标

1.公共管理类硕士培养目标

本学科要求在马克思主义基本理论指导下，培养具有坚定、正确的政治方向，具备公共意识和公共责任，具有扎实的公共管理理论基础、合理的知识结构和宽广的知识面，具有独立从事公共管理研究的能力，胜任公共管理类课程的教学和实际公共管理类工作的高层次应用型人才。具体要求如下：一是热爱祖国和人民，遵纪守法，诚实正直，学风严谨，具有较强的科学精神、敬业精神、协作精神和创新精神，能为社会主义现代化建设事业积极服务。二是具有严谨的治学态度，能够把握正确的研究方向和科学的研究方法，实事求是，勇于创新，谦虚谨慎，理论联系实际，养成孜孜求索、不断进取的优良学风。三是系统掌握公共管理学科基础理论和各专业方向的专门知识，了解公共管理的发展方向以及行业发展动态和学科研究前沿问题。能熟练地运用外语、计算机及研究工具，具有独立从事公共管理学科相关领域的科学研究和解决实际工作问题的能力。具有较强的语言、文字表达能力。四是精通一门外语，具有较强的外语听、说、读、写、译等能力，能够阅读和翻译本学科的外语文献资料，并能熟练运用该语言参与公共管理学科的学术活动或从事公共管理方面的实际工作。五是坚持体育锻炼，有强健的体魄，注重品德修养，具有良好的身体素质、心理素质以及管理能力、沟通能力和协调能力。

2.行政管理专业硕士培养目标

行政管理是以政府为核心的公共部门运用管理学、政治学、经济学、法学、社会学等多学科的理论与方法对公共事务进行有效治理的活动。该研究方向突出以下重点：一是重视基础，从跨学科的角度探讨行政管理与公共服务的基础理论，夯实公共管理学科的研究基础；二是面向前沿，追踪公共管理理论前沿，促进公共管理学科的结构优化和理论更新；三是立足海南，探讨自由贸易港治理体制机制、特区治理改革、海南基层治理创新等海南行政管理中的重大问题。

3.土地资源管理专业硕士培养目标

土地资源管理是以经济学、法学、政治学、管理学、土地资源学为基础，以公共管理理论为核心，以规划、信息技术为手段的多学科紧密联系的交叉性、开放性的专业方向。主要涵盖三大领域：一是对土地资源自然属性的认识，主要是土地资源调查评价、开发、利用、保护；二是对土地资源经济与社会属性的认识，主要是土地利用中的经济、行政与法律关系；三是土地资源信息管理，主要是信息技术在土地资源管理中的运用。

4.社会保障专业硕士培养目标

社会保障专业综合运用经济学、管理学、社会学、人口学等不同学科的理论与方法，借鉴世界各国社会保障制度建设与改革的经验，聚焦社会保障理论与政策研究中的基础性问题，积极回应国家和地方社会保障实践中的重大政策需求，为国家培养高层次社会保障专业人才。

5.教育经济与管理专业硕士培养目标

教育经济与管理专业以经济学、管理学、教育学、社会学等社会科学为主要理论基础，运用人文社会科学的研究方法，研究教育领域的教育财政、教育政策、人力资本、教育治理以及高等教育管理等问题，以培养对教育活动有深入理解与认知的，能够在教育产业、政府部门和各种事业机构从事管理、研究和教学工作的高级专门人才。

6.南海战略与管理专业硕士培养目标

南海战略与管理是综合运用国际政治学、国际战略学、公共管理学、海洋管理学等学科理论与方法，以南海疆域治理为主要研究对象的新兴交叉专业方向，通过对战略理论和政策实务的深入探讨，同时借鉴世界其他国家的海洋管控和治理经验，为中国的海洋强国战略和 21 世纪海上丝绸之路建设提供有益参考。

二、课程设置

（一）本科课程设置

为获得海南大学毕业证和学士学位，本专业学生需要修满按海南大学标准计算的 164.5 学分。其中，课内必修课应修 109.5 学分，包括公共必修课应修 55.5 学分，学科基础必修课应修 15 学分，专业必修课应修 39 学分；课内选修课不少于 27 学分，包括专业选修课不少于 17 学分，文化素质教育选修课不少于 7 学分，创新创业课不少于 3 学分；课外实习实践环节应修 25 学分；大学生素质拓展不少于 3 学分。在全部学分中，引进美方课程 63 学分，中美合上课程 12 学分，中方转换美方 53 学分。

为获得亚利桑那州立大学学士学位，本专业学生需要修满按亚利桑那州立大学标准计算的 120 学分。其中，课内必修课应修 81 学分，包括公共必修课应修 30 学分，学科基础必修课应修 12 学分，专业必修课应修 39 学分；课内选修课不少于 20 学分，包括专业选修课不少于 10 学分，文化素质教育选修课不少于 7 学分，创新创业课不少于 3 学分；课外实践教学环节应修 16

学分;大学生素质拓展不少于 3 学分。

为了提高英语水平,提升学生英语交际能力,本专业还将开设课外英语口语、听力、阅读、翻译、写作等雅思培训课程,这些课程不计入课程总学分。其中诸多课程采用双语或者直接采用英语教学。课程主要集中在前三学年,第四学年主要完成学位论文。

(二)硕士课程设置

本专业硕士研究生学习实行学分制,要求总学分 28 学分。要求课程总学分不少于 24 学分(不包括学术活动、教学实践、社会实践、文献综述及开题报告等必修环节),其中学位课程不少于 15 学分。硕士研究生在中期考核前必须修满专业培养方案规定的所有课程,考核合格方可获得学分。此外,培养必修环节包括学术活动、社会实践、文献阅读、学位论文开题报告等四个环节,共 4 学分。

考核分为考试和考查两种方式,按百分制计分。学位课程考核原则上采取考试方式,限选课和任选课可以是考试,也可以是考查。教学实践、社会实践、专题讨论、实验、文献综述、开题报告及学术活动等培养环节的考核采用考查方式。

学位课程考试成绩 70 分为及格。选修课(非学位课)考试成绩 60 分为及格。如果考试不及格,应由学生本人提出重修申请,允许重修一次。

学术活动(1 学分)要求硕士研究生必须积极、主动地参加校内外本学科、专业或者其他相关专业的各种学术活动,并取得相应学分。学术活动包括参加学校及学院组织的学术报告以及学院学术沙龙活动,参加的次数不得少于 8 次。

社会实践(1 学分)环节应在导师的指导下,充分发挥学生的能动性和创造性,理论结合实际,提高学生的社会实践能力与综合素质。社会实践包括教学实践、科研实践和社会管理实践。社会实践时间原则上不得少于 2 个月。完成社会实践环节后,应形成不少于 3000 字的社会实践报告(包括社会实践的时间、地点、单位、内容、过程、收获、问题、建议、总结与体会),由导师给出书面形式的评价考核意见,并给出具体的评价成绩(优秀、良好、中等、及格、不及格)。作为研究生培养方案之必修环节课程,合格者获得 1 学分,不合格者按未完成必修环节处理。

文献阅读(1 学分)要求研究生在学位论文开题之前，应在导师的指导下，根据研究的方向，紧密结合学位论文选题，阅读相关领域的国内外前沿文献，按照综述性论文的要求和格式，写出文献综述书面报告，并进行公开口头报告(但不能抵减研究生学术活动)。本学科要求研究生阅读指定文献50 本(篇)以上，在此基础上形成不少于 8000 字的文献综述报告，并以此作为毕业论文开题报告的基础文献。研究生一般应在第三学期期末提交文献综述书面报告。

学位论文开题报告(1 学分)要求研究生在大量阅读专业文献资料的基础上逐步明确选题方向，并在导师的指导下提交正式的开题报告，经开题报告论证会和专家评审小组评审通过后，方可进入论文写作阶段并取得相应学分。

三、师资条件

(一)公共管理学院师资条件

海南大学公共管理学院共有专职教师 43 名，其中教授 17 人，副教授 13 人，讲师 13 人。具有博士学位的教师 26 人，占 60.5%。学院目前有海南省杰出人才 1 人，海南省“515 人才工程”第二层次人才 3 人，海南大学“十佳教师”2 人，拔尖人才 22 人。学院已形成一支年龄结构、专业结构比较合理，具有较高的学术水平与学术影响力的教师团队。

(二)国际旅游学院行政管理专业师资条件

海南大学国际旅游学院行政管理专业共有专职教师 9 名，其中教授 4 人，助理教授 2 人，讲师 3 人，均具有博士学位。其中外籍教师 2 名。教师学科背景多元，且均具备海外留学或访学经历。教师团队的研究方向涉及可持续发展战略和社会创新、非营利组织管理、组织理论、中美公共管理对比研究、旅游公共服务与公共政策、公共财政管理与预算、人力资源管理、当代中国政治与外交、地缘政治与亚太国际关系、社会保障理论与政策研究等诸多领域，形成了一支高水平的教师队伍。

四、制度机制

对于研究生培养质量，公共管理学院依据《海南大学研究生社会实践管理暂行规定》和《海南大学研究生学位论文选题和开题报告暂行规定（修订）》（海大办〔2014〕36号）、《海南大学研究生中期考核暂行规定》（海大办〔2014〕35号）等文件并结合本学院情况进行了细化，主要涉及学生的科研能力培养、奖助管理、实践调研等方面。

为进一步保障本科生教学质量和提升本科生的综合能力，学院在学校制定的招生就业、日常管理、社会实践、课程设置、教育教学等制度的基础上，根据学院的发展需求，大力建设冬季小学期常态化人才引进聘用制度。

五、实施路径

（一）公共管理学院实施路径

1.本科生实施路径

按照“1.5＋2.5”模式进行大类培养，前1.5学年按照大类开展必修课教学，后2.5学年实行专业分开培养。按照公共管理一级学科（群）进行招生，通过该方式录取的学生在大一、大二统一学习基础课，进行通识教育，大二下学期时根据学生本人的专业兴趣、就业意向等因素和社会需求与自主择业的实际情况以及双向选择的原则进行专业分流。

2.研究生实施路径

研究生培养采取导师指导与专业指导组集体培养相结合的方式，贯彻理论联系实际、统一要求与因材施教相结合的原则，采取系统的理论学习与社会调查、课堂讲授与个人自学、集中学习与个别辅导相结合的教学方法，充分调动研究生学习和科研的积极性，着力培养研究生独立的科研、教学和工作能力，以及积极进取、勇于开拓的创新精神。

（二）国际旅游学院行政管理专业实施路径

海南大学国际旅游学院和美国亚利桑那州立大学共同制定国际化人才

培养方案,共同建设国际化的师资团队和教学环境,专业课程实行全英文教学,采取“双学位”“双学籍”“4+0”的培养模式,着力培养具有全球视野和国际竞争力的旅游及相关领域的管理人才。其中“4+0”培养模式,即“单校园”培养方式,两校联合设置课程和教学大纲,共同授课。全部授课及相关教学活动均在海南大学进行,学制4年。学院提供专业核心课程大纲并选派国内外优秀师资在海南大学授课。完成全部课程且达到要求的学生将获得海南大学颁发的本科毕业证书和学士学位证书以及亚利桑那州立大学颁发的学士学位证书。

六、专业特色实训活动

(一)“调研海南”

“调研海南”是海南大学公共管理学院于2016年启动的一项面向全院学生的社会调查实践类项目,旨在进一步强化大学生实践能力和创新精神的培养,调动学生参加科研和社会实践的积极性,引导学生积极了解省情,在实践中提高发现问题、分析问题、解决问题的能力,加快培养应用型、复合型和创新型人才,提升学生工作的针对性和实效性,提升大学生思想政治教育工作科学化水平。为了促进“调研海南”项目常态化开展,公共管理学院制定了《海南大学政治与公共管理学院“调研海南”项目管理办法》等制度文件。同时为了保证立项项目及其研究内容的科学性、价值性和规范性,公共管理学院制定了“调研海南”论文评分细则,如表7-1所示。“调研海南”项目每年于4月初启动立项申报,学生可以围绕公共管理一级学科涉及的相关主题开展课题申报,5月确定立项团队和研究课题,6—8月立项团队开展实地调研,9月提交成果,10月进行答辩和表彰。公共管理学院每年将资助15—20项调研课题,每项课题正式立项后,学院即资助1500元人民币基本研究经费,总计经费约为30000元人民币。对于优秀成果,在颁发结项证书的基础上,继续资助1500元人民币作为补充经费(共计9000元);对于不合格成果,学院将公开通报,并取消课题负责人继续申报本项目的资格。

表 7-1 “调研海南”论文评分细则

项目	一类文描述及得分	二类文描述及得分	三类文描述及得分	备注
选题科学、具有特色且内容为原创(15分)	选题新颖,紧跟研究热点,内容全面、翔实:10—15分	选题较为新颖,结合重点议题,内容叙述清晰:5—10分	选题无特色,有抄袭现象:5分以下	
恰当运用数据、表格、图片等(20分)	数据严谨,图表美观大方,排版合理:15—20分	数据可靠,图表排版较美观:10—15分	数据不真实,没有图表的呈现,排版不合理:10分以下	
使用价值、学术价值(20分)	有较突出的使用价值、学术价值,理论分析框架具有创新性:15—20分	论文使用价值、学术价值一般,理论分析框架完整:10—15分	无使用价值、学术价值:10分以下	
内容结合海南实际(20分)	密切结合海南省情,反映海南独特的治理特征:15—20分	较好地结合海南实际,仅彰显海南部分特色:10—15分	不能有效结合海南实际,体现不出地方特色:10分以下	
研究方法(25分)	研究方法多元多样且具体、有效:20—25分	研究方法较普遍,具有一定的可行性:10—20分	研究方法单一且不具有较好的可行性:10分以下	

海南大学公共管理学院于 2016 年举办了第一届“调研海南”社会实践项目,共有 93 人参与,组成了 33 支团队,参与人数占学院全体学生的 10.3%,其中成功立项的有 20 支团队。公共管理学院第一届“调研海南”团队如表 7-2 所示。

表 7-2 第一届“调研海南”团队

团队名称	课题名称	团队负责人	指导教师
小太阳组合	海口市城市土地利用效率评价	黄山	韦仕川
黄金海岸队	海南省居民海洋意识与海洋公共服务现状调查	柏蒙	周伟
刘秋江小组	海南省义务教育现状及满意度调查——以海口市为例	刘秋江	汪浩

续表

团队名称	课题名称	团队负责人	指导教师
土地·征收	可持续生计分析框架下土地征收补偿研究	魏钰桦	栾乔林
城中村组	海南省城中村现状调查	吕帼眉	黎兴强
南疆医疗小组	海南省公共医疗服务现状及满意度调查	张子露	王章佩
山河南琼崖北	海南省海口市电动车现状调查及对策分析	管京元	王欣
海南方言调查组	以学校开设方言课为例探讨海南方言传承问题	林碧如	李芬
了不起调研组	海南省三亚市疍家渔民生活现状调查	陈翰林	黄燕梅
Four Boys	琼海龙寿洋草莓园土地利用现状调查与评价	许钊	黄朝明
静静调研小组	海口市公共交通基础设施建设及市民满意度调查	孙玉静	卢暄
养老机构的 PPP 模式调研小分队	PPP 模式视角下的“候鸟式”养老机构发展研究 ——以海南省为例	张豫南	李芬
创新创业实践团	海南省高校学生对创新创业的认知及态度调查	徐群媚	王宁
friendship 团队	海南省农民就地城镇化意愿调查研究	刘梦兰	黎兴强
Super Junior	海南本地居民对国际旅游岛建设的态度调查——基于 2016 与 2010 年调研数据的比较分析	王徵璇	李宜钊
韬奋小队——海南少数民族儿童观察团	“精准扶贫”视角下的海南少数民族贫困儿童社会保障研究	张正	李宜钊
南海云南	海南省公共服务窗口形象及满意度调查	余泽阳	陈小桃
夏天的小西瓜	海南省环境状况公报	宋兴媛	韦仕川

续表

团队名称	课题名称	团队负责人	指导教师
闽皖川联队	海口、三亚、儋州三市“街区制”实施居民可接受度调查及实施建议	易东旭	谷秀兰
政府小分队	海南省“多规合一”试点政策运行调查	孙莘	王宁

答辩大会邀请了学院领导班子与专业老师组成评委团，评选出了6支优秀的团队及作品，其中省级团队1支，校级团队2支。

海南大学公共管理学院于2017年举办了第二届“调研海南”社会实践项目，共有43支队伍146人参与，占学院全体学生的16.2%。其中成功立项的有18支团队，如表7-3所示。

表7-3　第二届“调研海南”团队

课题名称	课题负责人	专业班级	指导教师
海南省散居少数民族生存质量现状及对策调查研究——基于海南省精准扶贫背景下三市县的典型性调查	蔡龚涛	2015级行政管理1班	徐艳晴
基于“三方主体”的海口共享单车现状与问题调查研究	常青	2016级公共管理类5班	王宁
海南省东部地区渔民生产及产业转化现状调查	来鼎	2015级公共关系1班	周伟
海南省旅游扶贫效应研究——以什寒村为例	朱珊	2015级土地资源管理2班	韦仕川
海南省保障性住房住户满意度调查研究	谢轲	2016级公共管理类3班	王湃
万泉河流域(琼海段)生态环境保护现状调查	韩乾	2015级公共关系1班	李宜钊
海口市城区居民共享单车使用情况及满意度调查	张宁瑜	2016级公共管理类4班	李芬

续表

课题名称	课题负责人	专业班级	指导教师
海口市推广街区制可行性及对策调查研究——基于海口骑楼老街和龙昆路支路的典型性调查	涂畅	2015级行政管理1班	李宜钊
三医联动模式下陵水医改的探究	孙迎新	2015级行政管理1班	王章佩
海南白沙县电商扶贫模式调研	邢增浪	2015级行政管理2班	徐艳晴
海南省定安县闲置耕地调查及对策研究——以次滩村为例	段选	2015级土地资源管理2班	栾乔林
大学生村官对村级发展影响的调查	张聪	2015级行政管理2班	张礼祥
地方民间艺术多维保护——基于海南"儋州调声"现状调查	崔敬博	2015级公共关系2班	张可辉
海南莺歌海盐场盐农的生活现状研究	林晓慧	2015级公共关系学2班	卢暄
儋州市农村精准扶贫发展现状调查研究	牛沛卓	2015级土地资源管理1班	黎兴强
海口市羊山地区石山镇施茶村产业扶贫模式创新研究	刘梦兰	2015级土地资源管理1班	黄朝明
海口市休闲农业之精品农家乐的发展现状——以海口开心农场为例	刘淑慧	2016级公共管理类2班	李芬
琼海市会山镇精准扶贫实施路径探析	詹慧婷	2015级土地资源管理1班	宋晓丽

在暑期，各个团队在其负责人的带领下积极参与调研活动，制作实践视频，并于10月前完成了论文的撰写，公共管理学院于2017年10月29日举行了答辩大会。

海南大学公共管理学院于2018年举办了第三届"调研海南"社会实践项目，共有49支团队188人参加，其中24支团队成功立项，如表7-4所示。

表 7-4 第三届“调研海南”团队

课题名称	负责人	班级	指导教师
海南省医疗旅游供给侧改革现状的研究与分析——以博鳌乐城国际医疗旅游先行区为例	张镭宇	2016 级行政管理专业 2 班	李芬
乡村振兴背景下石山镇群榜村古宅旅游开发模式研究	樊应凭	2015 级土地资源管理 1 班	黄朝明
海南省黎锦文化发展对策研究——以海南省东方市为例	邓忠换	2017 级公共管理类 2 班	卢暄
基于“三产融合”的海南省共享农庄建设现状与问题调查研究	李康慧	2017 级公共管理类 3 班	刘德浩
乡村振兴战略背景下的村庄土地利用规划——以海口市石山镇三卿村为例	张婷	2016 级土地资源管理 2 班	韦仕川
海南社会公众对于开放博彩业的态度调查	刘武欣阳	2016 级行政管理 2 班	王宁
海口市民营实体书店的现状及问题调查研究	张亦清	2017 级公共管理类 6 班	王欣
从价值链角度探究海南槟榔产业现状与发展状况	王昕迪	2016 级行政管理 2 班	王芳
志愿服务参与精准扶贫的战略分析——以琼山区云龙镇为例	谢中祥	2016 级土地资源管理 2 班	谷秀兰
基于 logistic 模型的文昌市宅基地流转意愿研究	张文雨	2016 级土地资源管理 2 班	谷秀兰
乡村振兴战略下的乡村旅游业可持续发展研究——以琼海市加脑村为例	方静	2016 级土地资源管理 1 班	郝志军
基于传统工艺背景的海南黎锦调查研究——以白沙黎族自治县为例	符策玺	2017 级公共管理类 2 班	栾乔林
精准扶贫背景下海南贫困地区公共文化服务体系建设调查——以保亭黎族苗族自治县为例	孙迎新	2015 级行政管理 1 班	王章佩

续表

课题名称	负责人	班级	指导教师
海南全域旅游背景下乡村旅游发展状况调查——以琼海三村为例	王成	2016 级行政管理 2 班	王章佩
海南省高校大学生生态文明素养与责任意识调查研究	王靓娴	2015 级行政管理 2 班	韩晓莉
海口市建省以来建设用地空间演变规律驱动力研究	常青	2016 级土地资源管理 2 班	韦仕川
乡村区域治理下自然与人文资源协同发展现状调查研究——以儋州市白马井镇两个村委会为例	申龙杰	2016 级土地资源管理 1 班	黎兴强
“候鸟群体”迁入对海南省公共交通的影响及对策研究	姚孟佳	2016 级行政管理专业 2 班	徐艳晴
海南省文昌市农村集体经营性建设用地入市农户满意度调查研究	张文琦	2015 级土地资源管理 2 班	刘民培、王湃
区块链在海南省智慧农业中的运用前景与构想——以石山镇石斛产业为例	朱明迪	2016 级土地资源管理 2 班	赵红亮
海南居民对候鸟群体的态度调查——基于态度 ABC 模式	朱婷婷	2016 级行政管理专业 1 班	徐艳晴
海南省热带特色农业小镇发展现状及问题研究	张宁瑜	2016 级土地资源管理 2 班	宋晓丽
海南民间私彩业发展状况的社会调查——以买方市场为视角	朱鑫	2016 级行政管理专业 1 班	吴方彦
自由贸易区(港)建设背景下的海口市营商环境调查	刘淑慧	2016 级行政管理专业 1 班	李宜钊

在 2018 年暑期，各个团队在其负责人的带领下积极参与调研活动，制作实践视频，并于当年 10 月前完成了论文的撰写。公共管理学院在 2018 年 9 月将前两届调研成果汇编成册，结集成书，并将 1000 余本书发放给 2018 级本科生。

海南大学公共管理学院于 2019 年举办了第四届“调研海南”社会实践项

目，共有 20 支团队成功立项，如表 7-5 所示。

表 7-5　第四届“调研海南”团队

团队名称	课题名称	团队负责人	指导教师
show time	大学生短期支教对乡村基础教育的影响——以海南省海口市、儋州市周边乡村小学为例	王家璇	徐艳晴
海大政青春	当前发展环境下的海南省垃圾处理现状及对策创新研究	张婧阳	张婧阳
心中有党，成绩理想	海南互助型养老模式发展前景研究	任晓硕	刘德浩
社会主义接班人	基于史密斯模型的海南省医疗旅游建设现状及问题调查研究——以海南省博鳌乐城国际医疗旅游先行示范区为例	吴雨蔚	刘德浩
凤梨榴莲菠萝蜜	政府与志愿服务组织合作治理机制研究——以海口市为例	王锦磊	李芬
菁海政莘队	乡村振兴背景下海南省畜牧业扶贫长效机制的发展情况调查	付梦宇	陈小桃
海王星调研队	生态文明建设背景下海口市生活垃圾分类现状及治理对策研究——基于海口市琼山区垃圾分类试验的案例分析	李世媛	吴方彦
朝食暮寝	海南省临高县百香果产业扶贫描述性研究	邓忠换	陈丽琴
七颗小绿橙	乡村振兴战略背景下琼中县湾岭镇绿橙产业发展研究	李博怡	谷秀兰
宇宙大明星	海口市近海渔民生计现状研究——以新海村和海甸河沿岸渔民为例	肖泽琳珏	谷秀兰
我说的都队	海南省民族地区苗族刺绣蜡染技艺产品传承与扶贫协同研究——以琼中苗绣蜡染为例	杨爱丽	黄朝明

续表

团队名称	课题名称	团队负责人	指导教师
政通人和	海南省农民小额贷款现状和对策研究——以海南省琼中县为例	程宇航	吴方彦
四彩在我家	海南省农村生活垃圾的处理与启示——以文昌市湖淡村为例	陈桂梅	张可辉
魔仙堡	海南省少数民族村落人才发展现状调查——基于什进村和鸭坡村的典型性调查	侯淼	张礼祥
初出茅庐	海南“老爸茶”发展研究——基于广东早茶的比较分析	孙悦	王章佩
发际线总是和我作队	清洁能源岛建设下海南农村家庭能源优化设计调研	董振光	于营
可盐可甜队	基于可持续发展理念的莺歌海盐场产业重构研究	张伟璇	谷秀兰
五行缺金队	三亚蜈支洲岛海洋牧场建设现状及发展对策的调查研究	胡韵静	张可辉、许强
一马当先队	海口市历史名村保护与发展	马琦	张礼祥
泽悦队	海口湿地生态建设的现状及问题调查研究——以五源河湿地公园建设为例	陈亚妮	刘德浩

第四届“调研海南”于 2019 年开展，11 月 9 日在思源学堂大礼堂举行优秀社会实践团队答辩大会。答辩大会由共青团海南大学公共管理学院委员会主办、共青团海南大学公共管理学院委员会科研创新实践部承办。“调研海南”历经四届，为公共管理学院学生提供了广泛接触社会、了解社会的机会，他们撰写了大量优秀的研究论文，为海南自贸港的建设添砖加瓦。

“调研海南”项目越来越成熟，自“调研海南”开办以来，学生的参与积极性越来越高。至今，“调研海南”已连续举办五届，“调研海南”是提升学生综合素质、帮助学生将理论与实践相结合、让学生“了解海南、思考海南、热爱海南”的重要途径。公共管理学院在举办“调研海南”实践活动的过程中，先后邀请专业教师从选题、研究设计、研究内容、研究方法、资料分析、撰写报告等方面对参赛团队进行培训，学工老师和学生干部就调研需要注意的事项以及调研接洽等方面提供及时且有效的保障，学院为调研团队给予经费等物资支持。在开展下一届调研比赛时，学院会及时总结经验并开展专题培训等，快速提升学院学生对于项目的理解。通过以上方式，促使“调研海南”社会实践成为一个独特的品牌，且有系统的机制保障其运作。

（二）“自然资源杯课题大赛”

“自然资源杯课题大赛”原为“国源杯大赛”，是由海南省土地学会主办，由海南大学公共管理学院承办的一项面向全海南省高校学生的调查研究类比赛，旨在推动海南省高校土地相关专业领域课题研究策划创新发展，培育专注于课题研究、精于调查分析、勇于创新的研究型人才，加强省内大学生的交流。参赛学生需要从土地资源管理、房地产经营管理、海洋管理、旅游与地理、环境与资源保护、生态、农业、城规等方面的具体问题入手，并通过调查研究及资料整理和导师指引得出成果。成果应当体现作者的创新精神和实践能力，选题切合社会实际需要，研究方法科学新颖，分析严密，逻辑性强，学术理论基础扎实。比赛于每年 4 月启动初赛，在这一环节需要提交相关作品；5 月进行作品筛选并公布复赛名单；6 月举办决赛。海南省土地学会每年提供近 10 万元资金用于支持比赛的举办以及用于发放参赛奖金，海南大学公共管理学院则负责比赛的具体开展和协调相关工作。

海南省高校自然资源课题研究论文初赛评审原则主要包括以下四个方面：符合“自然资源”主题；项目有意义、设计合理、方法科学；评分公平公正；匿名评审，不搞配比。具体的评审细则如表 7-6 所示。

表 7-6　海南省高校自然资源课题研究论文评审标准

一级指标	二级指标	分值	评分
选题意义	1.选题方向正确，符合立项范围	25	
	2.对社会发展有促进作用		
	3.有学术价值		

续表

一级指标	二级指标	分值	评分
作品格式	1.充分梳理研究现状	10	
	2.所列参考文献具有代表性		
论文逻辑性	1.论文内容结构完整、逻辑清晰	25	
	2.研究主题清晰		
	3.概念界定明确		
论文分析透彻性	1.理论分析框架完整	25	
	2.内容阐述翔实、深入		
论文方案可实施性	1.选用方法恰当、可操作	15	
	2.数据来源可获得、可验证		

由海南省土地学会主办、海南大学公共管理学院等相关单位共同承办的海南省高校自然资源课题研究论文大赛已经连续举办九届，全省各高校参赛选手结合海南资源规划管理、共享农庄、乡村振兴、生态环境保护、特色小镇等方面进行了研究分析，并作了精彩纷呈的答辩汇报。

(三)“公关周”

2009 年，海南大学公共管理学院公共关系学专业获批海南省特色专业后，如何突出专业特色、做好专业实践教学活动成为摆在公共关系学系面前的重要问题，为此，公共关系学系在总结原有的实践教学活动经验的基础上，创设了“公关周”活动。“公关周”由系列公共关系实践教学环节构成，由正装日、文明礼仪传播大行动、公关全能大赛、“公关周”专题讲座、“世界微笑日”主题活动、公关素质拓展活动、“真人图书馆”暨公关交流会、“公关之夜”舞会等若干项子活动组成，旨在通过“公关周”实践教学活动，秉承让学生全员参与、亲自策划、动手实践的原则，加强学院、系与师生的沟通交流，培养和加强公共关系学专业学生的团队合作意识和策划、组织、协调能力，培养从事组织机构公众信息传播、关系协调与形象管理事务的调查、策划、执行和评估等传播管理工作的复合型公共关系人才。“公关周”实践教学方式开创了公共关系学本科专业实践教学活动新模式，对推动实践性教学、提高教学质量、培养具有创新精神和实践能力的人才起到了良好的作用。

“公关周”的雏形是2002级行政管理专业(公共关系方向)大学四年级核心课程“公关实务”实践教学设置的一系列模拟行业情景的实践教学活动，当时称之为“全友公关周”，深受学生欢迎，在学生中产生了广泛的影响。在总结原有的实践教学模式的基础上，提炼出“公共关系实践教学活动周”实践教学模式，并在2006—2008级公共关系学专业学生中进行实践，获得学生的认可。实践证明，“公共关系实践教学活动周”实践教学品牌，在提高学生专业综合能力、强化新生对专业的认知、加强师生关系、塑造专业形象等方面效果显著，在公共关系学专业学生中有巨大的影响力和号召力，成为每年公关专业学生期待的公关实践活动。曾经参加过“公关周”活动的学生在毕业后积极为该项目捐款，支助和冠名“公关周”活动。同时该成果曾参加过全国公共关系教学会议，在全国公共关系专业教学会议中进行过推广，在我国公共关系学科教育中有积极的影响。

自“公关周”创设以来，每年的“公关周”因其设置的公关项目紧密结合中国社会发展，抓住社会热点，在社会上引起行业媒体、省内媒体以及中央一级媒体的高度关注，并被报道和转载。人民网海南视窗多次报道“公关周”实践教学活动；公共关系行业网站中国公关网也多次转载人民网关于海南大学举办“公关周”的消息，中央一级媒体及网站也有报道。如第四届“公关周”活动，根据实践教学活动结束后的统计，新浪、人民网、中国公关网、海南网、中国国际公共关系网等13家媒体报道和转载了这一活动信息。2010级举办的“公关周”活动，因为实践教学形式新颖，设计的活动内容与文明中国建设主题相吻合，引发了《中国日报》、海南电视总台、人民网、凤凰网、香港《成报》、海南大学官方网站等近20家媒体的报道和转载。

(四)学术论坛

《中华人民共和国海南自由贸易港法》明确提出：“构建系统完备、科学规范、运行有效的海南自由贸易港治理体系，推动政府机构改革和职能转变，规范政府服务标准，加强预防和化解社会矛盾机制建设，提高社会治理智能化水平，完善共建共治共享的社会治理制度。”这对公共管理与地方治理理论和实践创新提出了重大需求。由此，海南大学和海南省社会科学界联合会于2019年4月主办了首届中国特色自由贸易港公共治理创新论坛，来自北京大学、复旦大学、亚洲行政学会等高校和学术机构的知名学者，中共海南省委党校、海南省人民政府研究室、中共海南省委全面深化改革委员会办公室、中共海南省委财经委员会办公室等部门的领导嘉宾齐聚海口，共同探讨中国特色自由贸易港建设中的公共治理创新议题，也分别就自贸港建设中的放管服改革、人才引进、行政体制改革、治理创新、海南自贸区（港）的现在与未来等主题进行深入探讨。

在中共中央、国务院于2020年6月1日印发《海南自由贸易港建设总体方案》的背景下，海南大学公共管理学院、海南省公共治理研究中心于2020年11月22日召开了第二届海南自由贸易港公共治理论坛。本次论坛得到了省内外专家学者的大力支持，来自中国人事科学研究院、中国行政管理学会、华南理工大学、哈尔滨工业大学以及海南省社科联、中共海南省委党校等部门、高校和科研机构的知名学者分别围绕第四次工业革命与“数字空间”政府、海南自由贸易港建设与公共治理体系构建、构建自由开放的人才生态、海南自由贸易港与制度集成创新、粤港澳大湾区实践探索与海南自由贸易港的未来设想等主题进行讨论。2021年6月10日，《中华人民共和国海南自由贸易港法》正式实施，值此契机，海南大学公共管理学院、海南省公共治理研究中心于2021年11月13日主办了第三届海南自由贸易港公共治理论坛。论坛围绕行政体制改革、生态治理、社会治理建设、营商环境、数字治理等主题进行深入讨论。

海南大学公共管理学院、海南省公共治理研究中心于2021年12月9日承办了首届海南自贸港建设与海洋治理南海论坛，论坛吸引了来自海南大学、南京大学、中国海洋大学、海南热带海洋学院、厦门大学、暨南大学、大连海事大学等国内涉海研究高校的100多位专家学者线下线上参会。该论坛主要聚焦于海南自贸港建设与海洋治理前沿议题，为海洋治理研究领域的专家学者们搭建了学术交流平台，致力于推动我国海洋治理研究不断深入发展，提升国家海洋治理能力，深度参与全球海洋治理。

（五）“寻美家乡河”暑期社会实践活动

海口美舍河“寻美家乡河”活动是围绕美舍河这条海口市的“母亲河”开

展的以海南大学学生为主的调研活动。发现美舍河之美，挖掘美舍河两岸历史文化及风土人情，特别是新时代美舍河两岸百姓生活的变化，探究水与文明的关系，探讨新时代治水的传承与发展。水务局蔡能浩局长表示，水务局对此活动高度重视，并作出指示要求全力配合安排好活动的保障工作，由此团队进入实地调研阶段。

中国水利教育协会和中国水利报社印发《关于开展“寻美家乡河”暑期社会实践活动的通知》(水教协〔2019〕16 号)后，各水利院校积极组织申报，共有 25 个学校 43 个团队提交申报材料。经遴选，有 33 个团队入选“寻美家乡河”暑期社会实践团队。我校韩晓莉教授的美舍河调研团队入选“寻美家乡河”暑期社会实践团队并获得最佳调研报告奖。

七、总评

海南大学公共管理学院注重学生工作，依托学生党建联合会、学生党支部、学生团学组织和“调研海南”社会实践等服务平台，鼓励学生参加各种文体活动和科技创新项目，培养学生的学术和科研能力，提高学生专业实践能力。近两年，公共管理学院学生取得省部级及以上奖项 37 项；在学科竞赛中获得省部级及以上奖项 19 项，其中国家级奖项 10 项，省部级奖项 9 项。公共管理学院将继续秉承“海纳百川、大道致远”的校训和“明德知政、笃行为公”的院训，坚持以学科建设为重点，以人才培养为中心，为海南自由贸易港治理体系和治理能力现代化作出更大的贡献。

第二节　公共管理大类培养模式

大类培养模式是一种基于通识教育的宽口径专业培养模式，其作为高校人才教育培养体系改革的重要一环，成为近年来高校人才培养的趋势。大类培养模式为学生提供了更多的自主权，可以让学生按照自身的兴趣、特长进行二次选择。大类培养模式既需要契合教育规律，又需要获得学生群体的认可，学生群体的高满意度则有利于改革的深化。

一、满意度和影响因素研究

(一)研究背景

大类培养模式始于2001年北京大学实施的元培计划,随后各高校相继开展,该模式是一种将传统专业按照专业内容、特点以及在就业领域的相关程度等整合成专业大类进行培养的新型人才培养模式。专业大类因不同高校所依据的划分规则不同而包含不同的子专业,并且依据学生对所分专业的接受情况、社会对人才的需求情况、社会对人才质量的反馈等,专业大类的设定也会不断调整。① 这种人才培养模式的核心为:学生进校后根据专业大类统一学习基础课程,到了高年级由学院组织自主选择专业,由此进入专业培养阶段。公共管理类专业大体可分为行政管理、土地资源管理、公共事业管理等专业,这些专业都要求学生掌握管理学、政治学、经济学等方面的基础知识。目前,这一人才培养模式已成为高校教育教学改革的一种趋势。随着社会对"宽口径、复合型"通才的迫切需求,旨在培养政府、非政府机构以及企事业单位人事和行政单位人才的公共管理类专业逐渐受到重视。

(二)文献综述

以"大类培养"为主题在知网上进行检索,截至2019年12月29日,共检索到1102篇中文期刊论文,并选取了2009—2019年的文献进行梳理,发现我国学者对于高校大类培养模式的研究主要集中在以下几个方面:专业分流和专业选择、课程设置、管理机制、利弊分析。关于大类培养下专业分流和专业选择的探讨主要集中于以下几个方向:第一,对专业分流实施情况的调查,李俏和曾祥华认为,学生的适应过程中存在自主选择受限、跟风现象普遍、学习动力不足等问题。② 第二,专业分流实施机制探讨,吕海生和何菁

① 参见巩曰光,梁广.高校学科大类招生人才培养模式改革探析[J].吉首大学学报(社会科学版),2017,38(S2):168-170.

② 参见李俏,曾祥华.高校大类招生背景下的专业分流与学生适应研究[J].江南论坛,2019(11):44-46.

认为专业分流的依据主要为学生意愿和成绩。[①] 第三，专业分流实施的问题和对策探讨，学者们认为，专业分流过程中存在的问题有：部分学生专业选择具有盲目性，冷热专业分化明显，使得弱势专业面临生存困境[②]；学生专业认同归属不强，专业学习积极性不高[③]，并提出一系列相应的对策，如开展专题活动以加深学生对专业的了解、设置合理的专业分流标准、倾听学生的意见并满足学生的合理要求等。配套合理的课程设置是大类培养模式达到理想效果的关键。学者们认为，大类培养模式的课程设置由三大模块衔接构成：通识课程—大类课程—专业课程，其中通识课程应注重知识的基础性，避免求奇、求难倾向。[④] 应设计灵活多样的专业课程供学生们选择，并注重实践教学。[⑤] 大类培养模式的实施也为我国高校教学管理和学生管理带来了新的挑战。目前，我国高校在教学管理方面采取的措施主要为：合理安排教师授课、定期进行教学考核、实行学分制、调查学生意见并根据反馈改进教学方案等；在学生管理方面，主要表现为实行传统的班级管理和导师制。关于大类培养模式的利弊分析，不少学者认为，高校大类培养能够促进学生的基础扎实[⑥]；增强学生的自主性和积极性，拓宽学生就业面[⑦]；推进专业结构的调整和办学效益的提高[⑧]等。也有不少学者看到了大类培养模式实践中的弊端，如专业分流方案设计有失教育公平[⑨]；专业生源质量差异显著，影

---

① 参见吕海生，何菁.大类招生培养下专业分流机制优化研究——以南京林业大学机械类专业为例[J].中国集体经济，2019(35)：107-108.

② 参见孙鑫君，王存宽，吕慈仙.基于学生自主选择专业的分流模式实践与反思——以宁波大学为例[J].高等理科教育，2014(4)：34-38.

③ 参见梁春花，戴海燕，刘占柱.本科高校“专业招生，大类培养”模式的研究[J].高等农业教育，2018(3)：64-67.

④ 参见黄晓.高校“大类招生培养”改革反思[J].华南师范大学学报(社会科学版)，2013(6)：43-48.

⑤ 参见梁小冲，于白茹，朱俊，等.“厚基础、宽口径、分层次、求创新、拔尖型”人才培养方案的研究[J].大学物理实验，2014，27(2)：122-125.

⑥ 参见陈宪民.大类招生模式下提高大学生就业能力的思考[J].中国教育学刊，2012(S1)：105-106.

⑦ 参见兰海，陈婧.大类招生背景下管理学科人才培养模式研究[J].中国经贸导刊(中)，2018(35)：86-87.

⑧ 参见刘冬冬，贾博寅，刘春慧，等.高校大类招生模式下人才培养方案优化[J].中国冶金教育，2018(6)：47-49.

⑨ 参见尹苗苗.高校“大类招生、分流培养”模式探析[J].合作经济与科技，2019(16)：140-141.

响新小专业的创办[①];学生管理工作的不完善影响培养效果[②]等。

关于大类培养模式的学生满意度和影响因素的研究比较缺乏。吴小宇从专业分流政策的学生认同度的角度,采用问卷调查法和主成分分析法了解到大类培养专业分流政策学生认同度的主要影响因素有:生源地差异、学生学习成绩和进校前对大类培养的了解程度。[③] 其中来自发达地区,学习成绩优秀和良好,进校前对大类培养的了解程度高的学生对大类培养专业分流政策的认同度高。于洁等基于理性选择理论的视角,通过访谈和问卷调查的方法,分析数据得出学生专业选择的主要影响因素有:就业难易程度、家长的意愿、专业师资力量。[④] 大部分学生对分流后的专业感到满意。李瑶通过对贵州财经大学2016级实施大类招生培养的学院进行问卷调查,将影响因素分为对大类招生培养的了解程度、满意程度、认同程度因子,并采用因子分析法等方法对数据进行分析研究,结果显示,认同程度因子对大类招生培养模式的学生满意度的影响最大,其次为满意程度因子、了解程度因子。[⑤]

可见,现有的关于大类培养模式的研究集中于利弊分析、专业分流和专业选择、可行性阐述、课程设置、管理机制角度,从学生满意度这一视角来探究大类培养模式的研究少之又少,多在研究学生的专业选择时涉及,明确研究学生对大类培养模式的满意度的研究仅有《贵州财经大学大类招生满意度的调查与思考》这一篇。

(三)研究方法与研究设计

引用顾客满意度模型和期望不一致理论,结合海南大学公共管理专业

① 参见苏春.基于案例的大类招生政策对新小专业办学负面影响研究[J].东南大学学报(哲学社会科学版),2014,16(S1):201-205.

② 参见张扬,孙志良.高校按大类招生人才培养模式的SWOT分析[J].煤炭高等教育,2011,29(6):57-59.

③ 参见吴小宇.大类招生专业分流政策下学生认同度分析研究[J].科教导刊(下旬),2019(27):28-29.

④ 参见于洁,马瑞娜,武艳艳.学科大类培养模式下学生二次专业选择的动因及满意度调查——基于河北农业大学会计和财务管理专业的比较[J].河北农业大学学报(农林教育版),2016,18(2):54-58.

⑤ 参见李瑶.贵州财经大学大类招生满意度的调查与思考[J].科教文汇(上旬刊),2019(5):9-10.

大类培养模式的具体内容，设计出大类培养模式下学生满意度的分析模型和问卷量表，并对海南大学公共管理类专业大二至大四的在读本科生展开了问卷调查，探索和检验大类培养模式的感知质量、期望质量、感知价值与学生满意度以及忠诚度等相关因素的关系，采用基于偏最小二乘法(PLS)的结构方程模型(SEM)计算方法对模型进行检验。

1.测量模型和研究假设

(1)期望不一致理论。1980年，美国营销学者理查德·奥立佛(Richard Oliver)提出了满意的“期望—实绩”理论，也可称为“期望不一致”理论。该理论阐述了顾客满意心理的形成过程，顾客在消费前对产品或服务形成的期望与消费后所感知的实际绩效间的差距是顾客满意心理形成的基础，当感知绩效高于期望时，顾客会感到满意，反之则感到不满意；当感知绩效符合顾客期望时，顾客则处于既不会满意也不会不满意的心理状态。[①] 目前，关于感知绩效和感知期望差距的测量方法主要有两种：一是测量绩效和期望相减，计算代数差距；二是顾客对感知绩效在多大程度上超过期望的主观评价。[②]

(2)顾客满意指数模型理论。随着顾客满意研究的兴起，众多学者开展了关于测评顾客满意度的研究并建立了相关测评模型，其中美国顾客满意度指数模型(ACSI)被认为是最具代表意义、使用范围最广的测评模型。该模型是基于瑞典顾客满意度指数模型(SCSB)而提出的，包括6个结构变量，其中顾客满意度是核心变量，感知质量、感知价值和顾客预期是顾客满意度的原因变量，顾客忠诚和顾客抱怨是顾客满意度的结果变量，如图7-1所示。[③]

① 参见董大海，汪克艳.西方的顾客满意测量模式研究述评[J].科学学与科学技术管理，2004，25(1)：92-96，119.

② 参见张跃先，马钦海，刘汝萍.期望不一致、顾客情绪和顾客满意的关系研究述评[J].管理评论，2010，22(4)：56-63，46.

③ 参见白雪，李文.顾客满意指数测评基本模型的改进[J].情报科学，2008(5)：704-707.

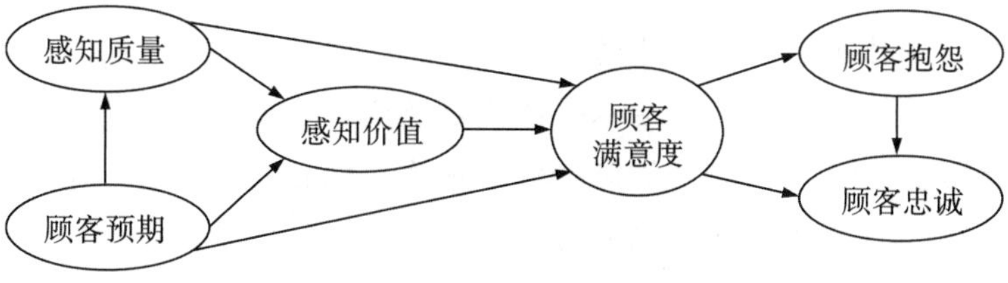

图 7-1　美国顾客满意度指数模型(ACSI)

2.分析模型和研究假设

满意度这一概念最早出现于市场营销领域,1965 年美国学者理查德·卡多佐(Richard Cardozo)首次提出了顾客满意的概念,此后关于顾客满意的研究接连出现。菲利普·科特勒(Philip Kotler)将顾客满意定义为:一个人通过对产品的可感知效果和其期望值相比较后所形成的愉悦或失望的感觉状态。[①] 在大类培养模式下,学生可被视为这一人才培养模式的消费者,因此本书借鉴美国顾客满意度指数模型和期望不一致理论,构建了以学生满意度为目标变量,包括期望质量、感知质量、感知价值和忠诚度四个潜在变量的大类培养模式学生满意度分析模型,如图 7-2 所示。其中期望质量、感知质量和感知价值可视为学生满意度的原因变量,忠诚度则是学生满意度的结果变量。

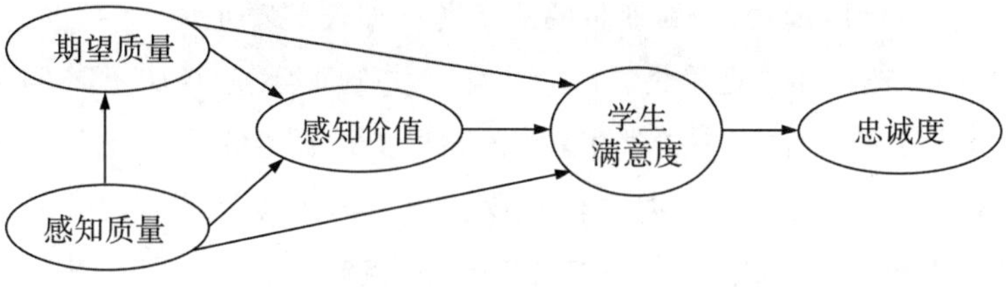

图 7-2　大类培养模式学生满意度分析模型

(1)感知价值和学生满意度。大类培养模式的感知价值是指学生在进入大类培养模式后对各项能力变化的实际感受,学生的感知价值必定会对其对于大类培养模式的满意度评价产生影响。由此提出假设:

H1:感知价值对学生满意度有显著正向影响。

① 参见孙丽辉.顾客满意理论研究[J].东北师大学报(哲学社会科学版),2003(4):18-23.

(2)感知质量、期望质量和学生满意度。大类培养模式涵盖专业分流、课程设置、师资队伍、教学管理等环节和资源。感知质量即学生在大类培养模式下对各个环节设置和资源水平的实际感受。期望质量则指学生进入大类培养模式前对各个环节设置和资源水平作出的预先估计。当学生对于大类培养模式的期望超过其感知的实际情况时,就会对该种人才培养模式感到满意。由此提出假设:

H2:感知质量对感知价值有显著正向影响。

H3:感知质量对学生满意度有显著正向影响。

H4:期望质量对感知价值有显著正向影响。

H5:期望质量对感知质量有显著正向影响。

H6:期望质量对学生满意度有显著正向影响。

(3)学生满意度和忠诚度。学生满意度是所要测评的目标变量,指学生对大类培养模式的整体反应。忠诚度是基于满意度而形成的心理承诺,表现为向他人推荐的意愿或行为等。由此提出假设:

H7:学生满意度对忠诚度有显著正向影响。

3.研究设计

(1)问卷设计与变量测量。本书在研究现有的文献和海南大学公共管理学院相关教学政策的基础上设计出调查问卷,变量测量均采用李克特(Likert)五等级度量法,问卷变量的测量题项如表 7-7 所示。

(2)样本选择和数据采集。海南大学公共管理学院 2016 级本科生作为体验大类培养模式的第一届学生,是必不可少的调查对象。学生在大一统一接受通识教育,大二下学期进行专业分流。为了保证调查对象较为深刻地体验过大类培养模式,将大一本科生排除,选择大二至大四的本科生作为调查对象,即 2016 级、2017 级和 2018 级的本科生。大二至大四的本科生共 783 人,本书采用问卷调查法,共发放问卷 783 份,得到有效问卷 665 份,有效回收率 85%。删除所含缺失值的个案后,样本容量为 664。据统计,调查对象的基本情况见表 7-8。

表 7-7 变量测量题项

潜变量	变量代码	观测变量及题项
期望质量(EQ)/感知质量(PQ)	EQ1/PQ1	招生宣传充分,学生在入学前对大类培养模式有一定了解
	EQ2/PQ2	课程体系多层次(如通识教育课程—学科基础课程—专业课程)、课程选择具有多样性
	EQ3/PQ3	课程设置能够反映社会对公共管理人才的需求
	EQ4/PQ4	课程安排具有递进性、前后衔接、逻辑性强
	EQ5/PQ5	课程数量设置合理、课时安排得当
	EQ6/PQ6	实践课程设计合理且严格执行
	EQ7/PQ7	开展专业分流引导,学生对将分流的专业有较深刻的了解
	EQ8/PQ8	专业分流时间具有合理性
	EQ9/PQ9	专业分流以绩点、学生意愿和专业容量为依据,具有科学性
	EQ10/PQ10	专业分流程序(公布专业分流方案—开展专业分流动员大会—学生现场填报志愿—预分流名单公示—公布最终分流名单)具有合理性
	EQ11/PQ11	教师教学方式符合学生要求
	EQ12/PQ12	教师教学态度好、教学经验丰富
	EQ13/PQ13	教师课后指导能力和实践教学能力较高
	EQ14/PQ14	教师科研水平较高
	EQ15/PQ15	日常教学管理制度较健全且具有灵活性(教学管理制度包括学分制、选课制、学籍管理制度、导师制等)
	EQ16/PQ16	教学管理监督机制较完善
	EQ17/PQ17	实践活动与专业学习联系紧密,活动形式较丰富(如“调研海南”“公务员大赛”“国源杯”“公关策划大赛”等)

续表

潜变量	变量代码	观测变量及题项
感知价值（PV）	PV1	拓宽了您的就业面，提高了您的社会竞争力，增强了您对社会的适应性
	PV2	您的专业学习兴趣比入学时更浓厚
	PV3	您的团队协作能力得到了提高
	PV4	您的创新和创业能力得到了发展
	PV5	您的分析问题和解决问题的能力得到了提高
学生满意度（SS）	SS	您对学院实行的大类培养模式的整体满意度如何
忠诚度（L）	L1	您对大类培养这一人才培养模式的前景充满信心吗
	L2	您愿意推荐他人来报考公共管理专业吗

表 7-8　调查样本基本信息

	样本分布	样本数/人	所占比例/%
性别	男	210	31.6
	女	454	68.4
年级	大二	259	39.0
	大三	205	30.9
	大四	200	30.1
专业	行政管理	272	41.0
	土地资源管理	272	41.0
	公共关系	120	18.0

二、满意度和影响因子研究结果及分析

（一）测量模型检验

采用基于偏最小二乘法（PLS）的结构方程模型（SEM）计算方法对数据

进行检验，分析和计算的工具为 Smart PLS 3.0 软件。结构方程模型一般包含测量模型与结构模型两部分。测量模型描述观测变量（因子）和潜变量之间的关系，检验测量模型的作用在于分析观测变量（因子）是否能很好地反映潜变量，又称"检验性因子分析"。结构模型描述潜变量之间的关系，检验结构模型的作用在于验证潜变量的因果关系，又称"路径分析"。

1.信度分析

评价模型信度的常用指标为 Cronbach's Alpha（克隆巴赫系数）和组合信度系数。当 Cronbach's Alpha 值大于 0.6 时，说明该模型可信度较高。组合信度系数是用来描述测量指标信度的指数，当数值大于等于 0.7 时，则表明所设计的测量指标是有意义的。由表 7-9 可知潜变量的 Cronbach's Alpha 值都大于0.9，证明该模型具有较好的信度。潜变量的组合信度系数都大于0.7，表明该模型中的潜变量与测量指标的一致性程度较高，所设计的测量指标是有意义的。

2.效度分析

平均提取方差（AVE）是用来判定聚合效度的指标，聚合效度是指运用不同测量方式在测验同一特征时所得结果的相似程度，其数值大于 0.5 是合理的。由表 7-9 可知潜变量的 AVE 数值都大于 0.5，说明该模型具有良好的聚合效度。

表 7-9　潜变量各项指标值

潜变量	Cronbach's Alpha	组合信度系数	平均提取方差（AVE）
期望质量	0.976	0.978	0.725
感知质量	0.963	0.966	0.629
感知价值	0.921	0.940	0.759
学生满意度	0.998	0.996	0.886
忠诚度	0.859	0.934	0.876

3.模型的解释能力分析

运用 Smart PLS 3.0 软件中的 bootstrapping 反复抽样法（$N=5000$）计算可得外部模型权重及其 T 值、因子载荷系数及其 T 值，结果见表 7-10。

由表 7-10 可知，所有外部模型权重和因子载荷系数都比较高，且 T 值比较大，说明两者的关系具有显著性，模型中的潜变量对其观测变量具有很好的解释能力，可以通过整体检验。

表 7-10　外部模型权重和因子载荷系数的 bootstrapping 分析

	外部模型权重	T 值	因子载荷系数	T 值
EQ1→期望质量/PQ1→感知质量	0.060/0.065	20.113/24.214	0.731/0.657	29.015/24.585
EQ2→期望质量/PQ2→感知质量	0.074/0.074	30.303/30.665	0.866/0.813	67.575/44.403
EQ3→期望质量/PQ3→感知质量	0.069/0.077	31. 940/34.481	0.849/0.821	53.333/56.040
EQ4→期望质量/PQ4→感知质量	0.068/0.075	3.14433.127	0.866/0.805	67.922/48.417
EQ5→期望质量/PQ5→感知质量	0.064/0.070	30.983/28.961	0.859/0.779	62.286/38.528
EQ6→期望质量/PQ6→感知质量	0.068/0.075	33. 466/34.622	0.879/0.825	72.327/53.372
EQ7→期望质量/PQ7→感知质量	0.069/0.072	33.858/30.056	0.860/0.771	53.962/34.030
EQ8→期望质量/PQ8→感知质量	0.066/0.073	28.144/31.612	0.854/0.759	56. 083/39.389
EQ9→期望质量/PQ9→感知质量	0.068/0.071	29.449/31. 3555	0.825/0.756	44.015/35.848
EQ10→期望质量/PQ10→感知质量	0.072/0.076	33.210/36. 206	0.849/0.791	54.341/44.555
EQ11→期望质量/PQ11→感知质量	0.072/0.075	36.758/36.921	0.889/0.844	68.321/60.181
EQ12→期望质量/PQ12→感知质量	0.068/0.074	32.484/31 321	0.871/0.825	58. 244/48.697

续表

	外部模型权重	T 值	因子载荷系数	T 值
EQ13→期望质量/PQ13→感知质量	0.071/0.075	35. 872/35.124	0.881/0.830	74.713/53.777
EQ14→期望质量/PQ14→感知质量	0.066/0.074	30.519/30.038	0.825/0.790	41.737/37.713
EQ15→期望质量/PQ15→感知质量	0.073/0.079	30.801/30.606	0.863/0.815	52 621/43.007
EQ16→期望质量/PQ16→感知质量	0.071/0.078	29.273/28.376	0.853/0.799	47.764/36.329
EQ17→期望质量/PQ17→感知质量	0.073/0.079	31.021/30.865	0.841/0.783	47.099/38.848
PV1→感知价值	0.256	40.256	0.870	74.003
PV2→感知价值	0.222	43.222	0.849	64.536
PV3→感知价值	0.220	51.008	0.876	68.487
PV4→感知价值	0.226	46.571	0.885	81.187
PV5→感知价值	0.225	47.644	0.875	63.404
SS→学生满意度	0.685	75.855	0.915	150.685
L1→忠诚度	0.568	52.710	0.944	206.950
L2→忠诚度	0.500	63.770	0.928	114.458

（二）结构模型检验

运用 Smart PLS 3.0 软件中的 PLS 建模方法计算潜变量间的路径系数，并用其中的 bootstrapping 进行显著性检验，结果见表 7-11。路径系数、T 值和 P 值是判断变量之间关系强度和是否具有显著性的重要指标。若路径系数大于 0，则变量间为正相关关系，若 T 值大于 1.96，则达到显著性水平。由表 7-11 可知，除期望质量→学生满意度这一测评路径外，其他测评路径的路径系数均处于 0.15 和 0.8 之间，表明各变量之间的关系均具有一定的强度，且 T 值均大于 1.96，表明关系强度达到显著性水平。由此可知，假设 H1、H2、H3、H4、H5、H7 均成立。期望质量→学生满意度的路径系数为－0.090,表现为负相关关系,因此潜变量期望质量和学生满意度之间的关系与原假设不相符,即假设 H6 不成立。将分析模型与路径系数进行拟合,如图 7-3 所示。

表 7-11　路径系数的显著性检验

测评路径	路径系数	*T* 值	检验结果
H1:感知价值→学生满意度	0.431	7.908	支持度显著
H2:感知质量→感知价值	0.694	21.547	支持度显著
H3:感知质量→学生满意度	0.475	7.451	支持度显著
H4:期望质量→感知价值	0.165	4.244	支持度显著
H5:期望质量→感知质量	0.695	20.477	支持度显著
H6:期望质量→学生满意度	－0.090	2.038	不支持
H7:学生满意度→忠诚度	0.789	37.700	支持度显著

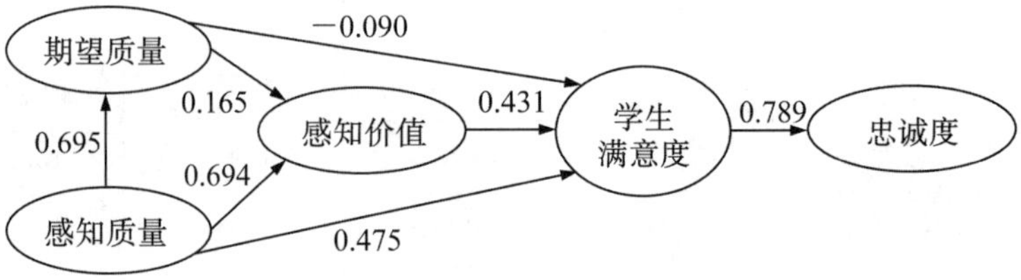

图 7-3　大类培养模式学生满意度影响路径分析

(三)研究结果分析

1.学生整体满意度分析

为了解调查对象对大类培养模式的整体满意度,在问卷中设计了“您对学院实行的大类培养模式的整体满意度如何”这一问题,利用 SPSS 17.0 软件进行描述性统计分析,选择“很满意”和“满意”的学生占 42.6%,选择“一般”的学生占 41.0%,而选择“很不满意”和“不满意”的学生占 16.4%。由此看出,被调查的学生对学院开展的大类培养模式的整体满意度并不高,进一步说明了学院实施的大类培养模式还存在许多不足。

2.感知质量和期望质量观测因子的学生满意度分析

当学生对大类培养模式的感知质量超过期望质量时，学生会感到满意，反之，学生感到不满意；当两者相符合时，学生既不感到满意也不感到不满意。变量测量均采用李克特五等级度量法，且期望质量和感知质量采用相同的观测因子，因此两者的观测因子可进行数值上的比较。对问卷数据进行统计分析得出感知质量和期望质量观测因子的分数均值以及两者之间的差值，如表 7-12 所示。感知质量分数均值和期望质量分数均值的差值均为负数，由此可知学生对观测因子的实际情况均感到不满意，说明大类培养模式还存在较大的改进空间，应从专业宣传、课程设置、专业分流、师资队伍、管理队伍等方面全面展开。

表 7-12　感知质量和期望质量观测因子的学生满意度分析

观测因子	感知质量分数均值	期望质量分数均值	差值	学生满意度状况
招生宣传充分，学生在入学前对大类培养模式有一定了解	2.83	3.40	－0.57	不满意
课程体系多层次（如通识教育课程—学科基础课程—专业课程）、课程选择具有多样性	3.19	3.61	－0.42	不满意
课程设置能够反映社会对公共管理人才的需求	3.18	3.59	－0.41	不满意
课程安排具有递进性、前后衔接、逻辑性强	3.09	3.59	－0.50	不满意
课程数量设置合理、课时安排得当	3.10	3.57	－0.47	不满意
实践课程设计合理且严格执行	3.15	3.55	－0.40	不满意
开展专业分流引导，学生对将分流的专业有较深刻的了解	3.23	3.68	－0.45	不满意
专业分流时间具有合理性	3.20	3.61	－0.41	不满意

续表

观测因子	感知质量分数均值	期望质量分数均值	差值	学生满意度状况
专业分流以绩点、学生意愿和专业容量为依据，具有科学性	3.61	3.75	−0.14	不满意
专业分流程序（公布专业分流方案—开展专业分流动员大会—学生现场填报志愿—预分流名单公示—公布最终分流名单）具有合理性	3.58	3.71	−0.13	不满意
教师教学方式符合学生要求	3.38	3.73	−0.35	不满意
教师教学态度好、教学经验丰富	3.57	3.84	−0.27	不满意
教师课后指导能力和实践教学能力较高	3.40	3.76	−0.36	不满意
教师科研水平较高	3.53	3.91	−0.38	不满意
日常教学管理制度较健全且具有灵活性（教学管理制度包括学分制、选课制、学籍管理制度、导师制等）	3.32	3.67	−0.35	不满意
教学管理监督机制较完善	3.36	3.67	−0.29	不满意
实践活动与专业学习联系紧密，活动形式较丰富（如“调研海南”“公务员大赛”“国源杯”“公关策划大赛”等）	3.63	3.84	−0.21	不满意

3.大类培养模式学生满意度的影响因素分析

感知质量对学生满意度有显著正向影响（路径系数为 0.475），说明学生对大类培养模式提供的教育服务质量的实际感受越好，则对其满意度越高。由表 7-10 可知，在感知质量中，因子载荷系数大小位于前五的依次为：教师教学方式符合学生要求（0.844），教师课后指导能力和实践教学能力较高（0.830），实践课程设计合理且严格执行（0.825），教师教学态度好、教学经验丰富（0.825），课程设置能够反映社会对公共管理人才的需求（0.821）。这说明在感知质量中，教师教学方式、自身能力、教学态度与实践课程设计和执行以及课程设置是否反映社会需求对学生满意度的影响较大。教师作为课程知识的传递者，在人才培养的过程中起着重要作用。大类培养模式下的课程体系呈现多层次、多样性的特点，学生在低年级学习通识课程，在高年级则学习专业课程，因学院内的教师数量有限，所以一名教师往往会负责多数量、多类型课程的教学，教师形成符合学生要求的教学方式和树立良好的教学态度是增强课程对学生的吸引力的有效途径，教师的自身能力则是课程质量的保证，因此教师的教学方式、态度以及自身能力较大程度地影响学生对大类培养模式的满意度。而实践课程设计合理且严格执行以及课程设置是否反映社会对公共管理人才的需求对学生满意度，影响较大的原因在于学生重视自身实践能力和社会适应能力的培养和提高。

感知价值对学生满意度有显著正向影响（路径系数为0.431），说明在大类培养模式下，学生自身能力得到提高，则感到满意。由表7-10可知，在感知价值中，五个题项的因子载荷系数分别为：0.870、0.849、0.876、0.885、0.875，数值均比较高，进一步说明大类培养模式下学生对自身各项能力是否提高的实际感知是其满意度的重要影响因素，原因可能为：学生作为理性经济人，追求效用的最大化，且社会上的激烈竞争也对学生的能力形成了挑战，特别是社会对创新和创业能力的高度重视。

期望质量对学生满意度有显著负向影响（路径系数为－0.090），说明学生对大类培养模式的期望值越高，其满意度越低。由表7-10可知，在期望质量中，教师教学方式符合学生要求，教师课后指导能力和实践教学能力较高，实践课程设计合理且严格执行，教师教学态度好、教学经验丰富，课程体系多层次（如通识教育课程—学科基础课程—专业课程）、课程选择具有多样性，课程安排具有递进性、前后衔接、逻辑性强的因子载荷系数位于前五，依次为0.889、0.881、0.879、0.871、0.866、0.866。因子载荷系数最小的为：招生宣传充分，学生在入学前对大类培养模式有一定了解（0.731）。这些数据说明大类培养模式能否在教师教学态度、教学方式和教师能力以及课程设置、课程安排等方面满足学生的期望对其满意度的影响较大，与前文所证明的在感知质量中，教师教学方式、自身能力、教学态度与实践课程设计和执行以及课程设置是否反映社会对公共管理人才的需求对学生满意度的影响较大相对应。因此在实施大类培养模式的过程中，应注重师资队伍的建设以及实践课程的设计和执行，并使得课程设置具有多层次性、多样性，课程安排具有递进性。

4.大类培养模式学生满意度的影响因素间相互影响分析

由表 7-11 可知,期望质量对感知质量有显著正向影响(路径系数为 0.695)。学生在进入大类培养模式前通过学院招生宣传、阅读学院教学政策等方式了解大类培养模式,并形成期望,而实际体验后的感知质量与这种期望趋同性很强,因此期望质量对感知质量有显著正向影响。这种影响也可用心理学中的同化理论来解释,为避免因期望质量和感知质量不一致而产生负面情绪,学生在感知质量和期望质量差距不大的前提下,会倾向于调整感知质量到期望质量的水平和方向,通过这一反应机制,期望质量水平在一定程度上会提高感知质量水平。①

期望质量对感知价值有显著正向影响(路径系数为 0.165),感知质量对感知价值也具有显著正向影响(路径系数为 0.694),比较两者的路径系数和 T 值大小,可知感知质量对感知价值的正向影响程度更大且显著性更强,说明学生对大类培养模式的感知价值更多地依靠实际感知质量,原因在于学生自身能力随大类培养教育服务质量的提高而提高,具体表现为课程设置反映社会对公共管理人才的需求,有利于提高学生的社会适应能力;实践课程设计合理且严格执行,有利于提高学生的实践能力;实践活动与专业联系紧密且形式丰富,有利于提高学生将专业知识运用于实践的能力和团队协作的能力。

5.大类培养模式学生满意度的结果影响因素分析

由表 7-11 可知,学生满意度对忠诚度有显著正向影响(路径系数为 0.789),说明学生对大类培养模式的满意度越高,则其对大类培养模式的忠诚度越高,进一步证实了忠诚度是基于满意度而形成的心理承诺这一观点。具体表现为当学生对大类培养模式感到满意时,会对其发展前景充满信心,并向他人推荐报考公共管理类专业。由表 7-13 可知,在“您对大类培养这一人才培养模式的前景充满信心吗”一题中选择“有信心”和“很有信心”选项的学生占比为 43.4%,说明大部分学生对大类培养模式的前景信心不强;在“您愿意推荐他人来报考公共管理类专业吗”一题中选择“很愿意”和“愿意”选项的学生占比为 39.0%,说明学生对公共管理类专业的推荐动

① 参见徐娴英,马钦海.期望与感知服务质量、顾客满意的关系研究[J].预测,2011,30(4):14-19.

机不强。

综上所述，学生对大类培养模式的忠诚度不高，而学生满意度对忠诚度有显著正向影响，因此提高学生对大类培养模式的满意度，不仅有利于增强学生的专业自信心，还有利于提高公共管理类专业对未来生源的吸引力。

表 7-13　忠诚度分析

题项	选项	频数	占比/%
您对大类培养这一人才培养模式的前景充满信心吗	很没信心	55	8.30
	没信心	73	11.0
	一般	247	37.2
	有信心	217	32.6
	很有信心	72	10.8
您愿意推荐他人来报考公共管理类专业吗	很不愿意	62	9.30
	不愿意	91	13.7
	一般	252	38.0
	愿意	192	28.9
	很愿意	67	10.1

三、公共管理大类培养模式研究结论和建议

通过前述研究过程及研究分析，可以初步得出一些结论：对于海南大学公共管理学院实施的大类培养模式，学生整体满意度不高，学生的实际感知与其期望存在一定差距，因此学院开展的大类人才培养模式存在较大的改进空间。此外，师资队伍建设、课程设置以及如何让学生各方面能力得到有效提升对学生满意度的影响较大。同时，在学生能力提高方面，得出了“学生对于大类培养模式下自身能力的变化的感知更多的是以其实际感知为依据，而不是事前期望”的结论。

因此，就学生满意度不高的现状，结合实际感知质量，主要从教师队伍、课程设置以及学生能力合理提升方面给出如下建议：

(一)重视教师教学的改进和教师专业素质及能力的提高

以前文提到的教师的教学方式、教学态度、教学能力对大类培养模式的学生满意度的影响较大为依据,并结合大类培养模式相对于传统人才培养模式更注重培养学生的创新能力和动手能力的特点,海南大学公共管理学院应通过建立切实有效的激励措施、加强教学监督等方式提高教师对教学的敬业水平和授课水平,并大力培养在职教师的实践技能,提高教师的实践教学能力。此外,教师应采用启发式和互动式的教学方式,增强对学生专业学习的引导,激发学生的创新能力,还可借助互联网技术,积极探索慕课教学等新型教学方式。教师作为知识的传授者和大类培养模式的维护者,在大类培养模式的运行过程中发挥着重要作用。因此,为保证大类培养模式的顺利实施和持续性发展,必须打造一支专业素质强,专业知识结构合理,年龄结构合理,有着较强的教学能力、课后指导能力以及科研能力的师资队伍,可实施的具体措施包括选送青年教师参加培训、完善教师考核制度、引进教育人才等。

(二)注重课程设置的基础性、多样性和连贯性,完善课程体系

相对于传统人才培养模式,大类培养模式要充分考虑低年级按照统一课程培养阶段的特殊性,因此海南大学公共管理学院应优化课程结构,注重统一培养阶段课程设置的基础性和大类中各专业的需求,充分体现"宽口径、厚基础"的培养理念。在专业培养阶段,则应充分考虑专业的特殊性、学生的需求以及社会对专业人才的要求,使得课程设置更具多样性,并特别注重实践课程的设计和执行,培养学生的实践动手能力、团队协作能力等。在实施大类培养模式的过程中,不仅要注重将通识教育和专业教育相结合,促使各学科知识交叉,避免知识的简单合并,还应注重课程设置的连贯性,使得基础课程和专业课程实现无缝衔接,避免学生在过渡时期对课程学习不适应。

(三)优化专业分流制度

专业分流是学生从通识学习阶段迈向专业学习阶段的关键。目前海南

大学公共管理学院实行的专业分流依据为:绩点优先,遵从学生意愿,并结合专业容量。分流时间为大二上学期。分流程序为:公布专业分流方案—分流前开展专业介绍大会—开展专业分流大会并且学生现场填报志愿—预分流名单公示—公布最终分流名单。考虑到专业选择过程中存在着盲目跟风、只考虑就业前景等问题,对此,学院可在专业分流前发布各专业的教学资源、就业前景以及专业适配度的测试等具体信息,为学生提供可靠的专业分流指导。另外学院可在专业分流后提供二次选择专业的机会,缓解学生因盲目、冲动而错选专业的问题。

第三节　行政管理本科生培养质量影响因素研究

培养质量反映一所大学的人才培养高度及其培养体系的完备性,而影响人才培养质量的因素错综复杂,人才培养质量既受单一要素的影响,又受多重要素的叠加影响。厘清关键变量在人才培养质量中的具体作用程度,有利于为改进人才培养方案提供方向指引。

一、影响因素研究

(一)研究背景

本科教育旨在培养德、智、体、美、劳全面发展的社会主义建设者和接班人。高等教育质量一直是教育学理论研究的热点,高等教育学界的专家和学者已取得了可喜的研究成果,本科生人才培养的质量是高等教育培养人才的重要衡量指标,重视本科生人才培养的质量,不仅有利于高等教育人才培养模式的制定和完善,而且有利于促进社会发展。行政管理专业作为高等教育里的专业之一,其本科人才培养质量研究不容忽视。行政管理专业人才的核心专业能力应与国家公务员通用能力标准框架相一致,即拥有政治鉴别、依法行政、公共服务、调查研究、学习、沟通协调、创新、应对突发事件、心理调适九大能力。行政管理专业作为一个致力于向政府、企业输送人才的专业渠道,重视其人才培养质量,有利于提高政府人员的素质水平和企业管理人才水平。然而,目前鲜有针对行政管理专业本科教育的研究,因此对行政管理专业本科教育，特别是针对行政管理专业人才培养质量的影响因素研究仍是当前高等教育理论和实践研究的一个新方向。

（二）文献综述

对人才培养质量影响因素的研究，国内学者各抒己见，主要围绕应用型人才培养、以高校整体为单位的人才培养、聚焦某专业人才培养质量的影响因素几大方面进行研究。

在应用型人才培养的研究领域，杨跃辉运用因子分析法，从学生情况、教学手段、师资队伍、教学条件和教学内容五个方面对数据进行分析，并得出人才培养影响因素的相关结论：实操条件是最主要的影响因素，其次是师资因素，然后才是学生上课出勤率因素。[①] 任大鹏认为，应用型人才培养质量影响因素分为教育者的因素、教学技术因素、教学管理因素、广义的环境因素和经济社会因素。[②] 在理工类人才培养影响因素研究方面，李明月认为，对理工类院校人才的评价指标包括基本素质、知识结构、从业竞争力、创新能力、就业质量 5 个一级指标，其包括 21 个二级指标。[③] 韩娜娜、朱颖认为，公共管理类专业本科人才培养质量影响因素包括学校整体氛围和资源条件、教师素质能力和教学投入意愿、学生基本素质和需求、人才培养目标、课程体系设置等。[④] 王宏彬等认为，影响人才培养的因素有主次之分，探讨了从学生主体、高校管理、社会环境、家庭因素四个维度入手的影响因素的主次地位，并构建了模型，运用方程结构对模型进行实证分析，得出高校管理是影响最大的，其次为学生主体、社会环境及家庭因素。[⑤]

通过以上文献回顾，目前针对具体某一专业的人才培养质量影响因素的研究为数不多。已有研究主要运用文献分析法、因子分析法以及方程结

---

① 参见杨跃辉.物流管理本科专业应用型人才培养质量的影响因素分析[J].海南热带海洋学院学报，2019，26(5)：111-114，123.

② 参见任大鹏.应用型本科人才培养质量的控制机制研究[J].学理论，2018(8)：193-195.

③ 参见李明月.黑龙江省理工类院校本科人才培养质量评价研究[D].哈尔滨：哈尔滨工程大学，2018.

④ 参见韩娜娜，朱颖.公共管理类专业本科人才培养质量影响因素及提升途径探析[J].高教学刊，2016(13)：24-26.

⑤ 参见王宏彬，韩国元，孙德梅.基于 SEM 的高校本科人才培养质量影响因素研究[J].黑龙江工程学院学报，2018，32(3)：62-67.

构模型等对本科教育进行了影响因素分析，主要聚焦在高校管理、学生主体、社会环境、家庭环境等方面。然而，本科教育涵盖众多学科和众多专业，每个专业的特色和培养目标不尽相同，笼统地将各专业划分到一起进行人才培养质量影响因素的研究，容易忽略专业特色的影响，并且，目前国内关于行政管理专业人才培养质量影响因素的针对性研究尚存有空白。

（三）研究方法及问卷设计

1.研究方法

根据上述文献综述，主要运用因子分析法从教育管理因素、学生自身情况因素、学校环境因素、教学内容因素以及教育者因素五个方面对海南大学行政管理专业进行实证研究。

因子分析法是把一些具有错综复杂关系的众多变量浓缩为少数几个综合因子的一种多元统计分析方法，即将联系比较紧密、相关性较高的变量归在同一类中，每一类变量就代表了一个基本结构，即公共因子。使用少数几个公共因子来描述多个变量，以使人们能透过数据的表面现象洞悉问题的本质。[①] 本书想要探寻行政管理专业人才培养质量的影响因素，涉及较多的变量，运用此方法能够直观地分析出最具有代表性的影响因子。因此，本书主要采用因子分析法，运用 SPSS 分析软件对问卷的回收结果进行分析，得出行政管理专业人才培养质量影响因素的数据，并在原始数据的基础上经过系统分析，确定人才培养质量的各种因素的影响程度。

2.问卷设计

基于国内学者的研究成果，对于行政管理专业人才培养质量的影响因素研究，初步构建 5 个一级指标、16 个二级指标。与其他学者的研究有所不同的是，本书加入了海南大学特有的一些课程与实践，作为探究海南大学行政管理专业人才培养质量的额外影响因素，具体包括调研海南项目、冬季小学期项目以及公务员模拟大赛。因此本次问卷设计最后归纳整理了 22 个主要影响因素。

本次研究由于缺乏实证数据和研究范围较小，因此选择以发放问卷的

① 参见陈飞跃.基于因子分析的高职教育人才培养质量评价[J].智库时代，2019(45)：108-109.

方式获得研究数据。在设计问卷时，前一部分为被调查者的基本信息，具体包括年级和选择行政管理专业的初衷，运用单项选择的方式记录；其余问题均运用计分制，相关因素回答分为影响非常大（记 5 分）、影响比较大（记 4 分）、影响一般（记 3 分）、影响较小（记 2 分）、没有影响（记 1 分）。另外，问卷中还涉及了调查各位同学对目前因素的现状是否满意的选项，分为非常满意（记 5 分）、比较满意（记 4 分）、一般满意（记 3 分）、不太满意（记 2 分）、比较差（记 1 分）。综合询问对影响因素的满意度能够帮助我们了解专业在人才培养中的不足，更好地提升人才培养质量。

3.数据来源

以海南大学行政管理专业就读学生为调查对象，问卷以线上的形式发放。由于该专业属于大类招生专业，故排除大一未分专业学生和大二刚分完专业但还在上公共课的学生，对海南大学行政管理专业大三年级（即 2017 级）、大四年级（即 2016 级）同学进行线上问卷的发放。问卷共发放 5 天，有效填写的问卷数量为 191 份。

二、研究过程及结果分析

（一）统计分析

1.问卷回收及相关性检验

据统计，海南大学行政管理专业 2016 级和 2017 级共有学生 220 人，此次问卷回收 191 份，有效回收率达 86.8%，说明此次问卷发放较为成功，数据可用。其中，2017 级同学占比 48.2%，2016 级同学占比 51.8%。

为了检验原始变量之间的相关性，对指标值进行 KMO 与 Bartlett 球形检验（见表 7-14）。KMO 用于检验变量间的偏相关性，取值在 0 和 1 之间。KMO 值越接近 1，变量间的偏相关性就越强，因子分析效果越好。KMO 值在 0.9 以上极适合作因子分析，0.8 以上适合作因子分析，0.7 以上尚可，0.6 以上勉强可以，0.5 以上不适合，0.5 以下极不适合。Bartlett 球形检验用于判断相关矩阵是不是单位矩阵，即各变量是否有较强的相关性。卡方值为非参数检验中的一个统计量，无负数，卡方值越大，则 P 值越小，说明相关性越显著。P 值为卡方检验的概率，当 $P<0.05$ 时，不服从球形检验，应拒绝各变量独立的假设，即变量间有较强的相关性；$P>0.5$ 时，服从球形检验，说明各变量间相互独立，即不能作因子分析。本次问卷的相关性检验结果显示，KMO 的值为 0.915，远大于临界值；显著性 P 值远小于 0.5；卡方值为 1743.673，远大于 0。这说明本次问卷收集的数据适合作因子分析，可以继续后续操作。

表 7-14　相关性检验

KMO 和 Bartlett 球形检验			
检验名称		临界值	检验值
KMO		0—1	0.915
Bartlett 球形检验	近似卡方值	0	1742.673
	显著性 P 值	0.05	0.000

各变量之间的共同度均接近或大于 70%，说明各变量数据有较小的损失度(见表 7-15)。由此可见，原始数据变量的大部分信息已经包含在了提取的因子里面，因子提取的效果比较理想，可以进行后续的因子比较分析。

表 7-15　变量共同度

变量名称	初始	提取
课程设置	1.000	0.760
社会实践	1.000	0.659
培养目标	1.000	0.662
课堂纪律	1.000	0.668
课程考核	1.000	0.616
辅导员管理	1.000	0.753
导师制的建立	1.000	0.548
管理、激励机制	1.000	0.664
学生对专业的认可度	1.000	0.552

续表

变量名称	初始	提取
生源质量	1.000	0.589
学生个人努力	1.000	0.740
学生个人实力	1.000	0.744
教师教学水平	1.000	0.779
教师教学态度	1.000	0.757
教师教学方式	1.000	0.707
优秀软件资源	1.000	0.743
优秀硬件资源	1.000	0.701
良好学风建设	1.000	0.703

(1)提取公共因子。无量纲化处理原始数据后，对数据进行因子分析，并根据方差贡献率的大小，从教育者因素、教学管理因素、学生自身情况因素、教学内容因素和学校环境因素考虑其对本科生人才培养质量的影响，所以选取 5 个因子，其方差贡献率分别为 44.771％、7.369％、6.684％、5.275％、4.488％，累计方差贡献率达到 68.587％，可以代表大多数因素，如表 7-16 所示。

表 7-16　总方差解释

成分	初始特征值		
	总计	方差贡献率/％	累计方差贡献率/％
1	8.059	44.771	44.771
2	1.326	7.369	52.140
3	1.203	6.684	58.824
4	0.950	5.275	64.099
5	0.808	4.488	68.587

(2)旋转后的因子得分系数矩阵的构建及数据分析。构建出旋转后的因子载荷矩阵及因子得分系数矩阵(见表 7-17)，然后对相关因子进行命名。

表 7-17　旋转后的成分矩阵

	成分				
	1	2	3	4	5
辅导员管理	0.746	0.053	0.441	0.005	−0.005
课堂纪律	0.720	0.124	−0.022	0.270	0.246
课程考核	0.608	0.141	0.013	0.422	0.219
管理、激励机制	0.590	0.417	0.317	0.070	0.192
导师制的建立	0.438	0.229	0.356	0.329	0.262
学生个人实力	0.066	0.774	0.193	0.271	0.170
学生个人努力	0.135	0.752	0.058	0.337	0.201
生源质量	0.294	0.546	0.432	0.075	0.108
学生对专业的认可度	0.445	0.516	0.159	0.087	0.234
优秀软件资源	0.173	0.150	0.771	0.289	0.113
良好学风建设	0.230	0.112	0.701	0.204	0.323
优秀硬件资源	0.019	0.282	0.673	0.010	0.410
课程设置	0.184	0.125	0.190	0.808	0.143
社会实践	0.169	0.271	0.115	0.732	0.090
培养目标	0.125	0.333	0.227	0.560	0.413
教师教学方式	0.255	0.081	0.337	0.105	0.714
教师教学水平	0.105	0.238	0.268	0.365	0.711
教师教学态度	0.313	0.385	0.144	0.147	0.685

F_1 作为第一个公共因子，在指标辅导员管理，课堂纪律，课堂考核，管理激励机制和导师制有较大载荷，我们可以将其命名为：教学管理因素。

同理 F_2：学生自身情况因素；F_3：学校环境因素；F_4：教学内容因素；F_5：教育者因素。

$F_1 = 0.746X_1 + 0.720X_2 + 0.608X_3 + 0.590X_4 + 0.438X_5 + 0.066X_6 + 0.135X_7 + 0.294X_8 + 0.445X_9 + 0.173X_{10} + 0.230X_{11} + 0.019X_{12} + 0.184X_{13} +$

$0.169X_{14}+0.125X_{15}+0.255X_{16}+0.105X_{17}+0.313X_{18}$

$F_2=0.053X_1+0.124X_2+0.141X_3+0.417X_4+0.229X_5+0.774X_6+0.752X_7+0.546X_8+0.516X_9+0.150X_{10}+0.112X_{11}+0.282X_{12}+0.125X_{13}+0.271X_{14}+0.333X_{15}+0.081X_{16}+0.238X_{17}+0.385X_{18}$

$F_3=0.441X_1-0.022X_2+0.013X_3+0.317X_4+0.356X_5+0.193X_6+0.058X_7+0.432X_8+0.159X_9+0.771X_{10}+0.701X_{11}+0.673X_{12}+0.190X_{13}+0.115X_{14}+0.227X_{15}+0.337X_{16}+0.268X_{17}+0.144X_{18}$

$F_4=0.005X_1+0.270X_2+0.422X_3+0.070X_4+0.329X_5+0.271X_6+0.337X_7+0.075X_8+0.087X_9+0.289X_{10}+0.204X_{11}+0.010X_{12}+0.808X_{13}+0.732X_{14}+0.560X_{15}+0.105X_{16}+0.365X_{17}+0.147X_{18}$

$F_5=-0.005X_1+0.246X_2+0.219X_3+0.192X_4+0.262X_5+0.170X_6+0.201X_7+0.108X_8+0.234X_9+0.113X_{10}+0.323X_{11}+0.410X_{12}+0.143X_{13}+0.090X_{14}+0.413X_{15}+0.714X_{16}+0.711X_{17}+0.685X_{18}$

最终，$F_1=0.213$，$F_2=0.204$，$F_3=0.204$，$F_4=0.191$，$F_5=0.187$。

由上述因子分析显示的数据，我们可以得出结论：教育管理因素对人才培养质量影响最大，学生自身情况因素和学校环境因素其次，之后是教学内容因素，教育者因素影响最低。

（二）影响因素研究结果分析

1.教育管理因素

教育管理因素中，首先，辅导员管理的影响最大，为0.746。辅导员作为高等教育中特殊存在的一个职位，年轻与能力是其最具代表性的词汇。在本科教育中，辅导员一般是正在就读本科的同学们的学长或学姐，年龄相差较小，这样能够拉近其与同学们的距离，切实感受同学们在这一阶段存在的问题与想要的生活，能够从自身角度找到更好的解决问题的方式，让同学们的大学生活过得更加愉快。用同辈之间互相能够接受的方式，尽可能多地让学生获得一些接触社会的方式，让学生感受到来自学校的关怀。其次是课堂纪律因素，为0.720。身为学生，课堂仍然是其获取知识的第一来源，注重课堂纪律，能够帮助学生在课堂上集中精力听取老师的讲解，在老师提出相关问题时，快速运用所学知识作出回答，提高课堂互动率，同时也能加深学生对老师传授的知识的印象。再次是课程考核因素，为 0.608。课程考核作为检验学生对所学课程的掌握程度的普遍手段和方式，需要在确定考核方式和考核内容时更加谨慎和符合实际，最大限度地让学生掌握所学的知识。另外，各种有效的管理、激励机制的制定影响为 0.590，说明教学管理过程中也需要注意管理方式和手段，适当的激励机制能够激发学生的学习兴趣，促使学生在大学学习生活中获得更多的技能。最后，导师制的建立，则占 0.438 的影响，说明在一定程度上，有效的导师制能够帮助学生解决学术方面的问题，提高学生的学术能力。

2.学生自身情况

学生自身情况因素中，首先最重要的是学生个人实力，为 0.774。学生个人实力即先天个人能力，例如，一个学生是否具备对本专业的知识的掌握能力和感兴趣程度，如果是一个毫无学习能力的人，即使后期给予他再多的学习资源，他也不能够被培养成这个专业的人才；相反，如果是一个拥有超强学习能力的人，不需要太多的额外指导，他就能够融会贯通，很好地掌握所学习的知识，那么他一定是本专业重点培养的人才之一。其次，学生个人努力也占有较重要的地位，影响为 0.752。学生个人努力相当于后天的培养，所谓“笨鸟先飞”就很好地诠释了这一点，即使是先天能力不足，如果同学们有坚持的毅力，找对方式方法，就能够利用个人的努力追上甚至反超前面优秀的同学，因此，先天因素与后天的努力都是学生成为本专业人才的重要影响因素。再次，生源质量也是其中影响较大的一个方面，为 0.546。人才培养是一个连续不断的过程，受教育效果迟滞性和长效性特点的影响，基础教育阶段的学习会对高等教育阶段的学习产生后继性的持续影响，因此基础教育阶段的生源质量对高等教育的人才培养质量也有着重要的影响。① 本科教育之所以被称为高等教育，是因为其经历了高考这一个被称为中国学子“人生第一道分水岭”的考试，通过高考选拔出的能够进入大学学习的学生，都是具备了一定的学习能力，且能够接受老师后天培养的人，那么从进入大学的学生里择优选优，提高进入高校的生源质量，能够更大程度地提

① 参见贾勇宏.论影响高等教育质量的学校相关因素——基于全国 121 所高校问卷调查的实证分析[C]//张宗萌，范笑仙.质量提升与建设高等教育强国：2011 年高等教育国际论坛论文集.重庆：西南师范大学出版社，2012.

高本专业培养人才的成功率。最后，本专业学生对专业的认可度也是影响人才培养质量的因素之一，为0.516。大学的报名模式即自主选择专业的模式，对于大多数学生来说，选择目前就读的专业的前提是对这个专业感兴趣，即使不了解，也想选择这个专业去学习，有一部分学生会提前了解这个专业。在问卷调查中可以看出，对本专业认可的占79.8%，说明绝大多数学生都是认可行政管理专业才选择到这个专业进行学习的，进而拥有更大的学习空间，“兴趣是学习的第一动力”，因此，学生对专业的认可度也是较大的影响因素之一。

3.学校环境因素

学校环境因素中，首先，最为重要的影响因素是优秀软件资源，为0.771。就海南大学目前提供的软件资源来看，例如校园网能够让学生免费登录国内大多数论文网站，为同学们阅读更多高级别的优秀论文期刊提供了一个便捷的通道，能够很好地培养同学们的学术能力与阅读能力。一般来说，这类论文网站提供的都是国内包括国外的一些研究前沿和专业成果，多多阅读能够帮助同学们提高学术写作能力以及了解更多的关于本专业学术前沿的信息。其次，良好学风建设是第二大影响因素，为0.701。一个专业甚至整个学校的学风建设是否良好，能够影响到学生是否有积极的学习兴趣。本科教育良好的学风建设不仅仅表现在督促同学们在专业课堂上认真听讲、课后积极复习，还表现在课堂之余，以学校或专业或社团等名义发起有助于同学们全面开展课外学习活动。最后，优秀硬件资源是第三大影响因素，为0.673。硬件设施在学习过程中也是必不可少的，就海南大学来说，例如开放图书馆、设立自习室、提供课外活动场所等，优秀的软件资源搭配优秀的硬件资源，能够使同学们的学习事半功倍。优秀的软件资源能够提供学习的便利，而优秀的硬件资源则能够使学习不枯燥，提高学习的效率，保持同学们学习的持续性。

4.教学内容因素

教学内容因素中，首先，最重要的影响因素是课程设置，为0.808。合理的课程设置是对本专业知识学习进度的精准把握，什么时候学习什么样的课程能够达到最佳效果，哪些课程在同一学期或者相邻学期学习能够发挥最好的资源配置效果,是专业在制定教学内容时需要考虑的。其次,各种社会实践的安排是第二大影响因素,为0.732。大学的学习并不是和以前应试教育一样的培养模式,而是更加要求同学们有全面发展的能力,丰富的社会实践活动是快速培养学生的社交能力的渠道,无论是学校要求的假期社会实践,还是课余时间学生自己寻找的兼职工作,都是锻炼社会生存能力的机会。实践机会越多,就能越多地认识到社会需要的能力,相应地,就能获得越多的生存技能。通过结合实践学习,提升学生的实际工作能力,让学生理解各项管理知识的内涵。同时在实践教学活动当中,通过学生对管理知识理解程度的加深,利用各项管理技能对管理行为进行改进与提升,从而进一步提高管理工作效率。[①] 最后,专业培养目标的制定是第三大影响因素,为0.56。专业培养目标的制定代表着这个专业需要培养什么样的专业人才以及如何培养,能够基本反映专业人才所能达到的高度,因此,结合社会需求的变化,制定更加符合社会需求的专业培养目标,能够提高本专业人才培养的成功率。

5.教育者因素

教育者因素中,首先,最重要的影响因素是教师教学方式,为0.714。教学方式反映的是教师对教学内容的掌握与向学生传递的方式,良好的教学方式应该是对需要教授的知识进行系统的梳理,不仅是自己能够理解,更重要的是让听课的学生听懂。无论是教师讲解,还是自由讨论、发散思维,都应该以让学生听懂为最终目的。另外,习惯中国应试教育的学生,容易依赖教师的单向输入,而作为能够更好地适应社会需求的专业人才,更为重要的其实是创新思维和独立思考能力,教师在教学时应该更多地引导学生独立思考,运用所学知识解决问题,这样才能够加深学生对知识的理解与运用。其次,教师教学水平是第二大影响因素,为0.711。能够担任大学教师的人都是教育行业的佼佼者,他们不仅拥有丰富的专业知识,还拥有开阔的眼界与广泛的社会资源。但随着社会发展水平的进步,各学校在人才竞争上越来越激烈,专业人才越来越偏向于知名学府,导致教育资源分配不均,专业

① 参见王孝刚.公共管理人才培养实践教学模式的创新探究[J].管理观察,2018(33):143-144,147.

领导应根据现实需要，主动出击，制定良好的人才吸引战略，为专业带来一批新鲜的年轻血液。年轻教师不仅能够快速掌握新兴教学软件，为专业设施更新换代提供强有力的人才技术支撑，还能与学生拉近师生关系，由于年龄相近，更能用学生接受的新教学方式为学生授课，提高学生的接受度。最后，教师教学态度是第三大影响因素，为 0.685。虽然大学教师是教育行业的佼佼者，但也不能忽视有部分教师因为这份工作带来的各种影响，不认真对待上课这件事，并且有些教师就是单纯为了完成上课这一个任务，以至于不管课堂纪律。教师的基本职责是教学，是培养学生，这是没有争议的定论。然而实际中，高校教师对教学投入不足的现象比较普遍，并且成为影响我国高等教育教学质量的一个重要因素。[①] 瑞士著名教育心理学家让・皮亚杰(Jean Piaget)指出，有关教育与教学的问题中，没有一个问题不是与师资培养问题有联系的。如果没有足够数量的合格的教师，任何最使人钦佩的改革也势必要在实践中失败。[②]

6.特色项目

根据海南大学行政管理专业的现实基础，将涉及的部分特色项目也加入到问卷调查中，主要考察海南大学特有的这些项目是不是影响行政管理专业培养人才质量的因素之一。

根据调查结果，在列举的三个项目中，“调研海南”项目被认为是影响最大的，而冬季小学期和公务员模拟大赛被认为是影响较大的项目。从结果的整体情况来看，“调研海南”项目与公务员模拟大赛项目所获得的分数较高，都在 3.70 分及以上，说明这两项确实对专业人才培养有较大程度的影响，继续实施这些项目能够很好地锻炼学生对专业知识的现实运用能力，提高学生解决问题的能力以及发挥团队合作的精神。而冬季小学期项目相对来说影响较小，但也达到了 3.61 分，其对人才培养的影响也不容忽视(见表 7-18)。

---

① 参见张德江.人才培养质量的影响因素与对策探析[J].中国大学教学，2012(2)：11-13.

② 参见谢维良.教师专业化成长的有效途径及方法[J].西部科教论坛，2009，1：15-17.

表 7-18　特色项目调查结果

项目名称	填写结果(单位:份)						平均值(得分)
	影响很大(A)	影响较大(B)	一般(C)	影响较小(D)	没有影响(E)	总填写数(F)	
“调研海南”	38	79	66	6	4	193	3.73
冬季小学期	25	95	52	14	7	193	3.61
公务员模拟大赛	27	97	56	10	3	193	3.70

(1)“调研海南”。“调研海南”项目主要以海南现实环境为调查研究范围,一方面,可以促进学生的户外探索能力,提高实践运用能力;另一方面,这也是“众人拾柴火焰高”的做法,集中学生的智慧,为海南的发展建言献策。此项目为海南大学全体学生都能参加的项目,组队时可以跨专业,也可以选择独自调查,入选的队伍可以选择专门的导师进行进一步指导。这样不仅锻炼了学生的社会实践能力,还提高了学生的学术能力。而行政管理专业因其特殊的专业优势,可以利用这样的机会锻炼学生的决策能力、思维创造力以及写作能力等多种能力,提升专业人才的专业素养。

(2)冬季小学期。冬季小学期项目是海南大学最富有特色的项目之一。海南正逢自由贸易港建设时期,具有新的发展契机,这就方便了海南大学邀请国内一些著名的学者、专家到学校来给同学们讲解他们的观点、新知识以及领域前沿内容,从而丰富同学们的见闻。这样不仅加深了学校之间的合作,而且还能够激发学生的创新思维,为海南自由贸易港的建设建言献策。这不仅是学术内容的再一次传播,而且还是海南大学学子“开眼看世界”的一个渠道。就行政管理专业来说,冬季小学期邀请过国内知名学校的专家教授、政府单位现任专家以及著名行政管理学会成员等,为同学们讲解关于行政管理的各个方面的知识,同时在讲解过程中结合现实,良性互动,加深同学们的思考与印象,可以说这是学生在专业课堂之外接触专业知识的第二课堂。

(3)公务员模拟大赛。公务员模拟大赛是公共管理学院与校外机构合作的专门为考公务员的同学提供的事先体验通道。行政管理专业的主要输出通道为政府工作人员，因此考取公务员是此专业大多数学生的毕业选择。设置公务员模拟大赛主要是为学生提供考取公务员的一些资料和培训，也帮助学生提前适应公务员考试和面试环节，提高其考取公务员的成功率。此项目不仅可以激励学生关注公务员考试的内容，拓宽视野，而且还能增加社会实践经历，为社会工作积累面试经验，避免在面试中常犯的一些小错误，提高面试成功率。

三、研究结论及建议

由上述因子分析结果可以得出结论，教育管理因素对人才培养质量的影响最大，学生自身情况因素和学校环境因素其次，之后是教学内容因素，教育者因素影响最低。由此，结合行政管理专业的现状和本科教育大环境，给出一些可行性建议，从而为优化行政管理专业人才培养体系提供思考和借鉴。

（一）合理化教学管理

本科生的学习是一个从应试教育到自我学习、教师引导学习的过程，需要比过去的应试教学管理作出更加合理的安排。就行政管理专业本科生而言，根据上文分析，合理的教学管理是影响专业人才培养质量的首要因素。依据教育部制订的本科生人才培养计划，结合本专业实际，不断完善教学管理相关工作，为本专业人才培养提供强有力的保障。把专业特色作为院校办学特色的核心，以专业建设提升人才培养水平，设置对口专业，夯实学科建设，对接区域经济建设。[①] 对于辅导员管理应该加强其培训工作，在某种程度上，可以将辅导员评分加入绩效考核，以督促辅导员工作。对于课堂纪律，本科学习虽然更加强调自主性，但课堂上老师的授课对于学生来说也是至关重要的，良好的课堂纪律能够保证大多数学生在课堂上获取老师传授的信息，提高课堂学习效率。适当的课程考核方式和管理、激励机制也很重要。在评选方式上可以加入更多样化的元素，不以成绩作为唯一的评判标准，拓展同学们的社会实践范围。最后，注重建立有效的导师制度，依据现

① 参见魏惠萍.应用型本科院校行政管理人才培养研究[J].文化创新比较研究，2018，2(4)：176-177.

实基础制定有效的管理手段。

（二）注重培养学生自身的能力

进入大学学习的学生，不仅需要摆脱过去应试教育的观念，要加强自主学习的能力，而且需要参与更多的社会实践活动，增强适应社会的能力。行政管理专业的学生，需要的不仅是学术能力，还需要一定的管理能力和协调能力等。参与社会实践活动，能够丰富自己的人生经历和阅历，获得更多无法从书本上获取的知识或见识，懂得如何处理人际关系。因此，学校应该尽可能多地安排学生参与相关的社会实践活动，培养其动手能力和创新能力等多种综合能力。

（三）完善校内资源设备

学校的图书馆拥有大量的图书和专业资料，是学生获得课堂外知识的良好基地。学校应加强图书馆室内室外环境建设，丰富馆内资源，为学生学习创造一个良好的场所。

据了解，目前国内大多数学校的学生都能通过校园网免费进入期刊论文网站，但总存在着一些只能浏览网站而不能下载论文的问题，因此，学校需要与网站加强联系与合作，保证学生在查阅文献时的便捷性。

此外，借鉴一些学校建立的线上和线下双模式，即线上开放“线上图书馆”，线下开放自习室，这种模式可以很好地满足学生随时随地学习的需求，也能够激发学生的学习动力。

（四）合理规划教学安排

一是合理安排每学期课程。依据行政管理专业培养人才的目标和本科教育的总体要求，合理安排每学期的必修、选修以及课外实践等课程，在保证学生学习的情况下，适当激励本专业学生参与学校社团、学生会或者是校外兼职工作。这样学生在提高学术能力、增加知识的同时，也提升自身其他能力，增长见识。二是增加相应的社会实践课程，帮助学生接触真实的社会从而获得更多真实经验。学习的最终目的是更好地适应社会，进而改造社会，创建更好的社会环境。学校提供的兼职，应该加强审核力度，确保真实性，遇到问题及时安排解决，当遇到拖欠工资或者恶意扣压薪水的事情时，负责人应协助学生获得相应的报酬。学生作为弱势群体之一，涉世未深，需要学校有人专门引导他们。三是开发适合本专业人才发展的特色项目，例如海南大学行政管理专业的“调研海南”、公务员模拟大赛、冬季小学期等项目，为学生学习提供更多的方式，全方面培养人才。加大对相关课程的投入，创新学习方式，为培养优秀的行政管理专业人才提供良好的环境。

（五）创新教学队伍

科学合理的教学手段与方法能够有效提高教学质量，同样也有助于人才培养质量的提升。[①] 借助新媒体技术的发展，创新教学手段与方法能够有效提高老师的授课质量。在人才培养的过程中，一方面，积极引进高学历、高技能的专任教师；另一方面，积极从企业、事业单位聘请“双师双能型”教师到学校任教，为学生职业生涯发展规划和职业能力与素质培养提供指导和教育。在师资队伍体系的打造中，要打造“研、教、专、产”四层结构的师资团队，针对企业和市场的需求，研究教育前沿课题。[②] 校企结合的教学手段不仅能够增加学校与社会的接触，而且能够让同学们切实感受实际工作的情况。

第四节　国际旅游学院行政管理专业培养模式

中外合作办学双学位培养模式更加注重对学生的语言训练，也能让学生接触和了解国外教育培养体系，有利于培养复合型人才。它不同于国内人才培养模式，具有其独特性。深入剖析影响中外合作办学培养质量的内在因素和作用机制，有利于促进中外合作办学的高质量和持久性发展。

---

① 参见刘畅.影响高校人才培养质量的因素分析及对策研究[J].黑龙江教育(高教研究与评估)，2013(3)：66-67.

② 参见刘东玲，张福磊.行政管理专业应用型人才培养体系构建路径思考[J].经济师，2019(2)：182-185.

一、影响因素研究

（一）研究背景及文献综述

本科教育的目的在于培养高质量的德、智、体、美、劳全面发展的人才。其中双学士学位人才培养更是创新性的高校人才培养模式，其目的在于为学生提供跨学科学习、多样化发展机会。重视本科生人才培养的质量，不仅有利于高等教育人才培养模式的制定和完善，而且有利于促进社会发展。行政管理专业作为高等教育里的专业之一，其本科人才培养质量也是不容忽视的。依据 2003 年人事部印发的《国家公务员通用能力标准框架（试行）》（国人部发〔2003〕48 号），对公务员职业能力的社会需求进行总体分析，公务员应具备九种通行能力，即政治鉴别能力、依法行政能力、公共服务能力、调查研究能力、学习能力、沟通协调能力、创新能力、应对突发事件能力和心理调适能力。重视行政管理人才的培养有利于为国家公共部门和企业管理部门输送人才，促进其发展，但目前国内关于行政管理人才培养质量的影响因素研究，尤其涉及双学士学位方面，仍是当前高等教育理论和实践研究的一个新方向。

人才培养质量影响因素主要是围绕应用型人才培养、以高校整体为单位的人才培养、聚焦某专业人才培养质量的影响因素几大方面进行研究。而在高校国际化人才培养方面，夏玉荣和周桂生认为高校国际化人才培养体系包括培养主体、培养客体、培养资源和培养环境。①

通过以上文献回顾，目前，针对双学士学位培养模式下的行政管理专业人才培养质量的影响因素研究仍有空白。因此，在高校国际化人才培养体系构建的背景下对影响人才培养质量的具体因素进行了归纳和分类，主要运用因子分析法从培养目标、课程设置、师资队伍、实施路径和制度机制五个方面对海南大学国际旅游学院行政管理专业进行实证研究，期望得出行政管理专业人才培养质量影响因素的具体影响力度，从而为构建科学的行政管理本科人才培养体系、营造良好的人才培养环境提供一定的参考借鉴。

---

① 参见夏玉荣，周桂生.论高校国际化人才培养体系的有机构成[J].扬州大学学报（高教研究版），2015，19（3）：37-41.

(二)研究设计及研究方法

1.问卷设计

基于国内学者的研究成果,对于研究行政管理专业人才培养质量的影响因素,初步构建5个一级指标、20个二级指标。与其他学者研究有所不同的是,基于海南大学国际旅游学院的学院特色,各指标体系的具体阐述将会更多地围绕双学士学位的培养目标展开。由于缺乏实证数据和研究范围较小,因此选择以发放问卷的方式获得研究数据。在问卷设计时,前一部分为被调查者的基本信息,具体包括年级和对行政管理专业的了解程度,运用单项选择的方式记录;其余主要问题均运用计分制,相关因素回答分为影响非常大(记5分)、影响比较大(记4分)、影响一般(记3分)、影响较小(记2分)、没有影响(记1分)。另外,问卷还设计了开放性的问题,比如学生认为的影响专业学习的因素以及针对专业存在的问题提出意见和建议。

2.数据来源

以海南大学国际旅游学院行政管理专业就读学生为调查对象,问卷以线上的形式发放。由于该专业属于中外合作办学专业,大一学生刚进校,对专业学习可能还不够了解,故排除大一学生,对海南大学国际旅游学院行政管理大二年级(即2019级)、大三年级(即2018级)和大四年级(即2017级)同学进行线上问卷的发放。问卷共发放3天,有效问卷数为140份。

3.研究方法

研究采用的方法与前文行政管理类本科生培养模式的影响因素研究相同,即因子分析法。

二、影响因素研究结果及分析

(一)统计分析

1.问卷回收及相关性检验

据统计,海南大学国际旅游学院行政管理专业2017级、2018级和2019级共有学生163人,此次问卷回收140份,填写率达85.9%。其中,2017级同学占比 84.9%，2018 级同学占比 85.4%，2019 级同学占比 87.1%。问卷回收数量包括了绝大部分调查对象，说明此次问卷发放较为成功，数据可用。

为了检验原始变量之间的相关性，对指标值进行 KMO 与 Bartlett 球形检验（见表 7-19）。KMO 用于检验变量间的偏相关性，取值在 0 和 1 之间。KMO 值越接近 1，变量间的偏相关性就越强，因子分析效果越好。Bartlett 球形检验用于判断相关矩阵是不是单位阵，即各变量是否有较强的相关性。卡方值为非参数检验中的一个统计量，无负数，卡方值越大，则 P 值越小，说明相关性越显著。当 $P<0.05$ 时，不服从球形检验，应拒绝各变量独立的假设，即变量间较强相关；当 $P>0.05$ 时，服从球形检验，说明各变量间相互独立，即不能作因子分析。本次问卷调查的相关性检验结果显示，KMO 值为 0.833，适合作因子分析；P 值为 0.000；近似卡方值为 871.298，远大于 0。说明相关矩阵不是单位阵，相关矩阵间有共同因素存在，适合进行因子分析。

表 7-19　相关性检验

KMO 和 Bartlett 球形检验			
检验名称		临界值	检验值
KMO		0—1	0.833
Bartlett 球形检验	近似卡方值	0	871.298
	显著性 P 值	0.050	0.000

公因子方差就是指每一个变量都可以用公因子表示，公因子方差中的“提取”的大小则代表公因子能表示变量的程度，“提取”的数值越大，说明变量越可以被公因子表达。由表 7-20 可知，“提取”的值都接近或在 0.500 以上，因子提取效果比较理想，可以进行后续的公因子提取分析。

表 7-20　公因子方差

变量名称	初始	提取
有效的管理、激励机制	1.000	0.608
中外合作办学的培养目标	1.000	0.612
培养目标	1.000	0.508
课堂纪律	1.000	0.608
课程考核要求	1.000	0.512
辅导员管理学生工作	1.000	0.521
优势发展机会	1.000	0.432
培养方式	1.000	0.612
社会实践活动	1.000	0.613
丰富的课外活动	1.000	0.621
课程设置	1.000	0.589
学生对专业的认可度	1.000	0.508
生源质量	1.000	0.459
学生个人努力	1.000	0.599
个人英语能力	1.000	0.555
教师教学水平	1.000	0.643
教师教学态度	1.000	0.536
教师教学方式	1.000	0.669
优良教学资源	1.000	0.497
优良硬件资源	1.000	0.541
良好学风建设	1.000	0.618

注：中外合作办学的培养目标是指特殊性培养目标，而培养目标是行政管理专业的一般性培养目标，二者有所区别。

2.提取公共因子

无量纲化处理原始数据后，对数据进行因子分析，并根据方差贡献率的大小，从制度机制因素、实施路径因素、师资队伍因素、培养目标因素、学生自身情况因素考虑对本科生人才培养质量的影响。选取这 5 个因子，其方差贡献率分别为 30.880%、8.264%、6.207%、5.752%、5.161%，累计方差贡献率达到 56.263%(见表 7-21)。

表 7-21　总方差解释

成分	初始特征值		
	总计	方差贡献率/%	累计方差贡献率/%
1	6.176	30.880	30.880
2	1.653	8.264	39.144
3	1.241	6.207	45.350
4	1.150	5.752	51.102
5	1.032	5.161	56.263

3.旋转后的因子得分系数矩阵的构建及数据分析

构建出旋转后的因子载荷矩阵(见表 7-22)，然后对相关因子进行命名。

表 7-22　旋转后的因子载荷矩阵

	成分				
	1	2	3	4	5
丰富的课外活动	−0.122	0.182	0.441	0.675	0.339
辅导员管理学生工作	0.675			0.231	
课堂纪律	0.628	0.219	0.181	0.158	
社会实践活动		0.368		0.421	0.279
课程考核要求	0.588		0.251	0.153	−0.265
有效的管理、激励机制	0.539	0.464		0.306	
优势发展机会	0.435	0.394	0.108	0.155	0.260

续表

	成分				
	1	2	3	4	5
中外合作办学的培养目标	0.113	0.180		0.665	0.353
生源质量	0.140	−0.106	0.108	0.185	0.618
优良硬件资源	0.196	0.517	0.430	0.173	−0.142
课程设置	0.621	0.138	0.435		0.420
教师教学水平		0.296	0.742		
教师教学方式	0.399	−0.232	0.646	0.160	0.111
优良教学资源		0.574	0.500	0.266	0.343
教师教学态度			0.525	0.478	0.216
个人英语能力		0.256			0.687
培养方式	0.336	0.291	0.134	0.614	0.141
良好学风建设	0.416	0.564	0.247		0.221
学生个人努力			0.106	0.280	0.712
学生对专业的认可度	0.333		0.194	0.111	0.586

注:表中空白部分是由于取消小系数构建出旋转后的因子载荷矩阵。

F_1 作为第一个公共因子,在辅导员管理学生工作,课堂纪律,课程考核要求,有效的管理、激励机制,优势发展机会等方面有较大载荷,我们可以将其命名为:制度机制因素。同理,F_2:实施路径因素;F_3:师资队伍因素;F_4:培养目标因素;F_5:学生自身情况因素。

根据因子得分系数矩阵和各原始指标变量的标准化值(设为 X_1—X_{20})可以得到单个因子的得分系数(见表 7-23)。

表 7-23　成分得分系数

	成分				
	1	2	3	4	5
丰富的课外活动	0.128	0.175	−0.145	0.098	−0.058
辅导员管理学生工作	−0.108	0.372	−0.166	0.006	0.165
课堂纪律	0.221	−0.005	0.012	−0.033	−0.047
社会实践活动	0.243	−0.051	0.133	0.009	−0.309
课程考核要求	0.308	−0.169	−0.134	0.121	−0.093
有效的管理、激励机制	0.084	0.140	−0.071	−0.032	0.090
优势发展机会	0.007	0.037	−0.109	0.367	−0.038
中外合作办学的培养目标	0.216	0.114	−0.046	−0.236	0.119
生源质量	0.279	−0.015	−0.065	−0.260	0.195
优良硬件资源	−0.061	0.195	0.193	−0.261	0.198
课程设置	0.076	−0.109	−0.009	−0.069	0.369
教师教学水平	−0.062	0.374	−0.024	0.043	−0.194
教师教学方式	−0.119	−0.113	−0.090	0.130	0.492
优良教学资源	−0.143	0.067	−0.124	0.489	−0.044
教师教学态度	−0.124	0.111	0.472	−0.159	−0.106
个人英语能力	−0.073	−0.142	0.212	0.242	0.023
培养方式	0.151	−0.328	0.401	−0.041	−0.038
良好学风建设	−0.108	−0.017	0.238	0.042	0.126
学生个人努力	−0.038	0.264	0.217	−0.023	−0.263
学生对专业的认可度	0.089	−0.167	−0.010	0.312	0.031

$F_1=0.128X_1-0.108X_2+0.221X_3+0.243X_4+0.308X_5+0.084X_6+0.007X_7+0.216X_8+0.279X_9-0.061X_{10}+0.076X_{11}-0.062X_{12}-0.119X_{13}-0.143X_{14}-0.124X_{15}-0.073X_{16}+0.151X_{17}-0.108X_{18}-0.038X_{19}+0.089X_{20}$

$F_2=0.175X_1+0.372X_2-0.005X_3-0.051X_4-0.169X_5+0.140X_6+$

$0.037X_7+0.114X_8-0.015X_9+0.195X_{10}-0.109X_{11}+0.374X_{12}-0.113X_{13}+0.067X_{14}+0.111X_{15}-0.142X_{16}-0.328X_{17}-0.017X_{18}+0.264X_{19}-0.167X_{20}$

$F_3=-0.145X_1-0.166X_2+0.012X_3+0.133X_4-0.134X_5-0.071X_6-0.109X_7-0.046X_8-0.065X_9+0.193X_{10}-0.009X_{11}-0.024X_{12}-0.090X_{13}-0.124X_{14}+0.472X_{15}+0.212X_{16}+0.401X_{17}+0.238X_{18}+0.217X_{19}-0.010X_{20}$

$F_4=0.098X_1+0.006X_2-0.033X_3+0.009X_4+0.121X_5-0.032X_6+0.367X_7-0.236X_8-0.260X_9-0.261X_{10}-0.069X_{11}+0.043X_{12}+0.130X_{13}+0.489X_{14}-0.159X_{15}+0.242X_{16}-0.041X_{17}+0.042X_{18}-0.023X_{19}+0.312X_{20}$

$F_5=-0.058X_1+0.165X_2-0.047X_3-0.309X_4-0.093X_5+0.090X_6-0.038X_7+0.119X_8+0.195X_9+0.198X_{10}+0.369X_{11}-0.194X_{12}+0.492X_{13}-0.044X_{14}-0.106X_{15}+0.023X_{16}-0.038X_{17}+0.126X_{18}-0.263X_{19}+0.031X_{20}$

最终，$F_1=1.835$，$F_2=1.140$，$F_3=0.722$，$F_4=-0.798$，$F_5=-0.331$。

由上述因子分析显示的结果我们可以得出结论：制度机制因素对人才培养质量影响最大，实施路径因素次之，之后是师资队伍因素和培养目标因素，最后是课程设置因素。

（二）结果分析

1.制度机制因素

在制度机制因素中，首先，辅导员管理学生工作的影响最大，为 0.675。辅导员是管理学生的一个特殊群体。中华人民共和国教育部令（第 24 号）提出，辅导员是高等学校教师队伍和管理队伍的重要组成部分，具有教师和干部的双重身份，同时也是学生最亲近的教育者。对学生而言，辅导员的工作职责包括帮助学生树立正确的世界观、人生观、价值观，帮助学生养成良好的道德品质等。[①] 辅导员贯穿学生培养的全过程，对学生的培养起着重要的

① 参见张艳强.拔尖创新人才培养视角下辅导员工作的思考与探索[D].济南：山东大学，2012.

作用，因此辅导员的教育和管理工作对学生而言也就尤为重要，影响着人才的培养质量。鉴于学院中外合办的特殊性，辅导员的工作也较为特殊，需要对国内外的教学工作进行协调。

其次是课堂纪律，为 0.628。课堂纪律的管理是制度机制大环境下的小环境，即课堂管理。课堂作为学生获取知识的最直接途径，影响着学生的思维塑造，对于人才培养质量有着直接影响。[①] 受语言条件的限制，全英文的课堂可能会存在学生跟不上的情况，需要对课堂进行有效的管理，以保证学生能够听懂授课内容获取知识。由此可见，课堂管理工作对于人才培养质量的影响也是举重若轻的。

再次，课程设置是第三大影响因素，为 0.621。从学生对问卷调查中的开放性题目的回答可以看出，有学生反映其专业课程设置的不合理性。大三学生要为实习、考研究生或者留学的事情作准备，但是学院安排的课程任务仍然繁重，挤占了他们太多的时间，不能达到理想的学习效果，会对个人产生很大的影响。因此，课程设置的合理性和科学性，也对学生培养有着重要的影响。

最后，课程考核要求，有效的管理、激励机制以及优势发展机会等都是制度机制因素中影响较大的因素。同样从问卷调查中学生对开放性题目的回答可以看出，课程考核要求极大地影响了学生出国留学的积极性。由于亚利桑那州立大学课程考核要求与国内有差别，导致一些学生绩点偏低，挫伤了其学习的积极性，由此可见，课程考核机制的协调性对于学生的出国留学和继续深造是十分重要的。有效的管理、激励机制对于学生而言是提高其学习积极性的一种辅助手段，比如奖学金的设置等，对于学生的学习起到了正向反馈作用，由此形成良性循环，有利于人才培养质量的提高。另外，由于中外合办专业的特殊性，学生享有国际化的交流和发展平台，优秀的在校生将有机会获得去亚利桑那州立大学交换学习的机会，享有优先的留学机会以及全球化高端就业平台和实习机会。这些都有助于培养国际化人才，对人才培养有着较大的影响。

---

① 参见朱莲花.课堂环境对大学生学习成果的影响——以学习投入为中介的实证研究[D].大连：大连理工大学，2019.

2.实施路径因素

实施路径因素中，首先，影响最大的是优良教学资源，为0.574。杨开诚认为，学习环境是支持学习者进行建构性学习的各种学习资源的组合。其中学习资源不仅包括信息资源、认知工具、人等物理资源，还包括任务情境等软资源。① 各种学习资源的组合形成了大的学习环境，教学资源影响着整个教学环境。国际旅游学院与亚利桑那州立大学共享优质的教学资源，为学生配备了高水平、国际化的英语教学与培训师资团队，给学生提供优质的教学资源和实习机会等，有利于学生多维度地进行专业知识的学习，开阔视野，锻炼实践能力。

其次是良好学风建设，为0.564。贺平等认为，学习环境是学习活动展开过程中赖以持续的条件，是与学习进程紧紧联系在一起的动态概念。学习环境要素不仅指支撑学习过程的物质条件（学习资源），还包括教学模式、教学策略、学习氛围、人际关系等非物质条件。②

环境不仅包括硬环境，也就是资源设备等实体，还包括软环境，良好学风建设就是软环境中的代表。学风建设对于中外合办的专业来说尤为重要。由于需要同时进行语言和专业课的学习，学生的学习任务较为繁重，良好的学风能够促使学生更具自律性，也更具有积极主动性，形成良性循环，有助于学习任务的完成。同时，良好学风建设也会对学生的心理环境等产生潜移默化的影响，给予学生积极正确的引导。

最后，第三大影响因素是优良硬件资源，为0.517。针对海南大学国际旅游学院的特色，合作办学对硬件资源的要求更为国际化，学院与亚利桑那州立大学共享优质的科研资源及电子图书馆资源等，这些硬件资源是学生学习的基础。

3.师资队伍因素

师资队伍因素中，首先，教师教学水平影响最大，为0.742；其次是教师教学方式，为0.646；最后是教师教学态度，为0.525。西班牙著名思想家奥尔特加·加塞特（José Ortega Gasset）在阐述大学的使命时说，大学的一个

① 参见杨开城.建构主义学习环境的设计原则[J].中国电化教育，2000(4)：14-18.

② 参见贺平，武法提.论学习环境设计的理论基础[J].现代教育技术，2006(6)：36-39.

重要使命，就是利用人类智慧所发明的最经济、最直接和最有效的方法，把普通人培养成为优秀的专业人员。而教师就是把普通人培养成为专业人员的主要群体，所以，从某种角度来说，教师首先得具备较高的专业性。[①] 由此可见，教师首先得是优秀的专业人员，然后才能给学生以积极正确的引导和教育。学生会对其进行模仿，所以教师的水平、方式和态度都会对学生产生较大的影响。就学院而言，教师团队具有多样性，教授的方式、水平和态度也存在差异，对人才的培养有一定的影响，比如教师的外语水平在一定程度上会影响国际化人才的外语水平。"填鸭式"教育和给学生更多自主权的教育方式会影响学生思维的养成。教师的态度会影响学生对于授课内容的态度和看法，教师的态度较差可能会导致学生产生一些抵触情绪等。可以说，教师作为"领路人"，在对学生全方位的培养上有着很大的影响。

此外，由于高校教育的发展，行政和学术有着密不可分的联系。在一定程度上，行政管理与学术是呈对立状态的，但是在实际中，它们又是互补的关系。因此，为提高教师的学术水平，应该将学术与行政进行适当分离。国际化人才的培养在学术方面应该具有更大的包容性，同时也要借助高效率的行政管理为人才培养保驾护航。

4.培养目标因素

培养目标因素中，首先，丰富的课外活动影响最大，为 0.675。国际旅游学院的国际化人才培养，不仅需要关注对学生专业知识的培养，更应该注重学生全方面素质的提升，开展多样化活动，比如特色团体辅导课、环岛研学旅行、辩论赛、"好声音"十佳歌手比赛等。通过这些课外活动丰富教学内容，真正培养出国际化的人才。

其次是中外合作办学的培养目标，为 0.665。就海南大学国际旅游学院行政管理专业而言，其教学目标是培养掌握现代公共管理理论、技术与方法，接受系统的科学思维和专业技能训练，具备国际视野、创新精神和实践能力的高素质复合型国际化人才。教学内容应该围绕教学目标展开。在此教学目标的影响下，学院开设的教学内容也更加注重国际性，进行双语教

① 参见张瑾.试论高校教师心理健康对人才培养的影响[J].合肥工业大学学报(社会科学版)，2004(6)：179-183.

学，打造以旅游、休闲、健康和公共服务为优势学科的国际教育品牌。

再次，培养方式的影响也较大，为0.614。国际旅游学院采取“双导师”和“小班化”教学的方式，借鉴美国一流高校的人才培养模式对人才进行培养。国际化课程体系的构建和完善，会对人才的国际化产生影响。“工欲善其事，必先利其器”，国际化的培养方式会对教学内容起到进一步深化的作用，能够更好地培养人才的国际化素质。

最后，社会实践活动因素也会对学生培养产生影响，为0.421。学院专门为学生设计了包括访问美国知名企业和高校在内的假期游学项目（自费），并通过国际化平台鼓励学生自主寻找各种实践机会。实践是对理论的深化，实践活动的增多更能够深化学生的理论知识，锻炼出更多具有行动力的人才。尤其是国际化的平台更能开阔学生视野，对于学生处理国际化事务的能力有着较大的影响。

5.学生自身情况因素

学生自身情况因素中，首先，学生个人努力影响最大，达到了0.712。由于中外课程体系不同，国外的课程体系学生的自主性较大，老师的监督力度较弱，需要学生自主学习，学生的自律性也就尤为重要。随着中国与世界的交融，学生的自律和自己的努力会越来越重要，成为影响自身发展的一大因素。由此可见，在大环境的影响下，学生个人努力对于教学质量具有不可替代的影响。

其次是个人英语能力，为0.687。出于全英文授课的教学方式以及与亚利桑那州立大学联合培养的中外合办教学模式的要求，海南大学国际旅游学院行政管理专业对于学生的英语能力有一定的要求，学生要能够听懂英文授课，这样才能更好地掌握授课内容，进行进一步的专业学习。

再次是生源质量，为0.618。人才培养是一个连续不断的过程，受教育效果迟滞性和长效性特点的影响，基础教育阶段的学习会对高等教育阶段的学习产生后继性的持续影响，因此基础教育阶段的生源质量对高等教育的人才培养质量有着重要的影响。[①] 生源质量会对本科阶段的继续教育产

① 参见贾勇宏.论影响高等教育质量的学校相关因素——基于全国121所高校问卷调查的实证分析[C]//张宗荫，范笑仙.质量提升与建设高等教育强国：2011年高等教育国际论坛论文集.重庆：西南师范大学出版社，2012.

生持续影响,优质的生源当然会提高本科教育的质量,助力人才培养。自主招生这一模式就是为了提前吸纳更多更有自主意识和更优质的学生,以期提高教学素质和水平。

此外,学生对专业的认可度也对人才培养具有影响。兴趣是最好的老师,如果学生对于专业认可度不高,将会影响其学习积极性,进而影响专业知识的学习,也就更谈不上人才培养。在本次问卷调查中,我们也询问了这个问题,在回收的140份问卷中,了解行政管理专业后选择的人占27.14%,之前不了解但感兴趣才选择的占比38.57%,由于学校、专业各种因素导致调剂到该专业的占比10.71%。综合来看,学生对专业认可的占65.71%,可以说,绝大多数同学都是认可国际旅游学院行政管理专业才选择到这个专业学习的,这样就有更大的学习空间。学生对专业的认可度会对学院工作的开展和人才培养有着较大影响,因此也是人才培养质量的影响因素之一。

三、研究结论及建议

由上述分析结果我们可以得出结论,制度机制因素对人才培养质量影响最大,实施路径因素次之,然后是师资队伍因素和培养目标因素,最后是课程设置因素。结合目前行政管理教育和应用型人才培养的模式,提出一些可行性的建议,从而为构建科学的中外合办模式下行政管理本科人才培养体系、营造良好的人才培养环境提供支持。

(一)总体培养目标细化落实

多数行政管理专业院校的培养方案总体目标和毕业要求是依照教育部《普通高等学校本科专业目录和专业介绍(2012年)》的有关规定制定的,即规定专业以行政事务为研究对象,主要培养适应现代社会需要,掌握系统的行政管理理论与方法,具备管理、策划等能力的应用型高级专门人才。总体来看,各高校在行政管理专业培养方案中设置的培养目标和毕业能力要求有较大的相似性,对行政管理人才的知识结构和能力要求不够清晰具体。① 同时,双学位培养模式是弹性学制在高校的生动实践,在行政管理教育深化

① 参见苏静.高校行政管理专业学生能力培养及教学改革探析[J].广西教育学院学报,2016(5):129-133,138.

和与国际接轨的背景下，双学位制是学校不断革新和优化完善人才培养模式的有益尝试。[①]

由此可见，行政管理教育结合双学位的教育，更应该将总体的培养目标进行细化，为公共管理学科的发展创造历史性的新契机。同时，海南省以打造国际旅游区作为未来发展立身之本，也为海南大学培养具备国际视野的公共管理人才提供了天然的试验场。

（二）合理设置课程，考核形式多样化

现在大部分学校采用学分制，但是笼统的课程设置并不与专业人才的培养相适配。要使得学分制能够真实反映学生对于知识的掌握情况以及符合专业人才培养的需求，就需要将课程设置模块化，即每一个课程模块大小适当、内容完整，方便学生个性化地学习。通过模块化的课程设置，能够降低课程设置的不合理性。

此外，由于行政管理学是一门应用性较强的学科，为了提高此类应用型人才培养质量，应该加强理论课程与实践的结合，从而有效地提高学生的知识运用能力。在设置理论体系与课程结构的时候，需要将人才培养的具体要求与课程教学相结合。要重视实践对于吸收理论知识的促进作用。在进行课程设置的时候，应该尽可能地减少课程的重复性，增加课程的实用性与实效性，为社会培养更多同时具有理论知识和实践经验的复合型人才。[②] 可以积极地寻求和校外企业等的合作，进行实习培训等，使学生能够将理论知识进行应用，满足学生的不同发展需求。尤其针对中外合办专业，开展更多的与国外进行交流的合作学习项目，更有利于学生未来发展目标的确定。

根据《中华人民共和国中外合作办学条例》规定，中外合作办学机构应当按照中国对同级同类教育机构的要求开设关于宪法、法律、公民道德、国情等内容的课程。课程设置应当包括这些方面的基本内容，进行基本的意识形态教育。而且由于中外合作办学是市场经济的产物，课程设置必须符

① 参见月皓姝.本科双学位培养工作的学生满意度研究——以 N 大学为例[D].南昌：南昌大学，2015.

② 参见田宇，周文静.本科高校应用型人才培养质量影响因素研究[J].中国多媒体与网络教学学报(上旬刊)，2019(8)：79-80，113.

合市场的需求才有生命力。因此,中外合作办学机构应该把握市场的脉搏,认真分析和预测未来市场的需求。[①] 由此可见,国际旅游学院行政管理专业的课程设置更应该迎合市场需求,优化课程设置。

在现在知识获取比较方便、知识爆炸的时代,对知识记忆的要求在减弱,学习和掌握为了完成具体任务而搜集资料、整理资料、组织资料、分析问题、展示结果的方法成为学生未来工作和发展的基本要求。[②] 为使学生能够掌握这些能力,就需要根据不同的课程设置进行不同的考核。除采取笔试形式外,还可以采取其他多种形式,比如口试、调研报告、小组汇报等形式,锻炼学生的多种能力,以适应更高层次的人才需求。

(三)加强实践教学,优化实施路径

教育部《关于进一步加强高等学校本科教学工作的若干意见》指出:"高等学校要强化实践育人的意识,区别不同学科对实践教学的要求,合理制定实践教学的方案,完善实践教学体系。"由此可见,实践教学对于应用型人才培养来说不可或缺。

可以通过理论和实践教学给学生提供理论知识学习及应用分析的机会,但是现实问题往往比课堂案例问题更为复杂。因此,针对国际旅游学院的中外合办特色,要加强实践教学,还需要学校及学院拓展教学实践平台。

第一,就国内而言,与地方政府、城市社区及企事业单位共建教学实习基地;就国外而言,与亚利桑那州立大学共建更多的实习基地。通过多种实习基地的建设,增加学生锻炼的机会,使学生更有机会面对实际管理问题,提升理论知识的应用水平和分析决策能力。

第二,拓展科学研究平台,鼓励学生参与各类中外合作的项目。一方面,教师要发挥导师作用,主动给予学生与政府对接、与企事业单位对接或者与国外合作的项目课题;另一方面,要积极鼓励学生自主申请学校和国内外各类科研项目。通过参与和主持课题项目,锻炼学生的思维创新能力、文

---

① 参见钱景炜.浅谈中外合作办学[J].西南民族大学学报(人文社会科学版),2005(3):349-351.

② 参见徐洪涛,陆威.国际化人才培养模式下的课程体系及课程内容改进的研究[J].高等工程教育研究,2019(S1):90-93.

字表达能力、外语能力及分析和解决问题能力。

第三，拓展各种社会实践活动平台，提升学生参与社会管理的能力。鼓励学生积极参与社会实践，进行社会调研，了解社会动态以及明确社会缺乏哪方面的人才，进而针对人才缺口进行专门的能力训练。校内外的各种社会实践往往是大学生参与社会管理、培养组织管理能力的重要平台，企事业单位在招聘的时候也往往看重学生的学生工作及社会实践经历。因此，学院要鼓励行政管理专业学生积极参加学校和学院社团管理活动，组织学生参加各种寒暑期实践活动，引导学生参加各类大学生竞赛活动，给学生提供各种兼职体验的机会。各种中外合作的实践机会，对于国际旅游学院的学生来说尤为重要。通过多种社会实践平台，为学生提供参与社会、参与管理、提升综合素质和实践能力的机会。通过实践教学方式的改进和实践教学平台的构建，优化实施路径，以期落实人才培养的目标，提高人才培养的质量。

（四）完善教师队伍建设，加强外籍教师管理

教师在教育中起着重要的引导作用，在教学过程中，教师应当贯彻“以学生为本”的教学理念，与学生之间实现良性互动。要积极引导学生学习和掌握专业理论知识，在此基础上，进行创新思维训练，提高分析问题、解决问题的能力。① 同时也要考虑到不同岗位教师的设置，使师资队伍的能力能够得到最大限度的发挥。落实双导师制度，对双学位学生加强专业引导和教育，帮助学生制订平衡好中外两边的学习计划，减少学习的盲目性。

在外籍教师管理方面，首先要建立明确的准入机制，根据《中华人民共和国中外合作办学条例》，中外合作办学机构聘任的外籍教师和外籍管理人员，应当具备学士以上学位和相应的职业证书，并具有 2 年以上教育、教学经验。对外籍教师的资格和质量进行严格把控，同时，对外籍教师进行系统的管理，充分利用现代信息技术开展国际人才交流，建立类似于国际人才交流信息网络管理平台的体系，建立标准的外籍教师管理信息系统、国际人才资

---

① 参见赵敬丹，陈冬蕾.高校行政管理专业教学改革的几点思考[J].沈阳师范大学学报（社会科学版），2012，36(5)：132-133.

源管理专家系统。[①]

此外，还可以使外籍教师参与部分教学设计工作以及参与学生的一些课外集体活动，促进校园文化建设，使外籍教师在参与活动的过程中明确本校的规章制度，能够对其进行思想上的管理和教育。

（五）紧跟时代步伐，培养现代人才

党的十八届三中全会提出将推进国家治理体系和治理能力现代化作为全面深化改革的总目标，在国家治理体系和治理能力现代化的背景下，行政管理人才培养需要着力培养青年人的现代自觉，塑造现代人格。[②] 在中外合办双学位的培养模式下，行政管理人才的培养也应该突出国际化，培养人才的国际化视野，锻炼其实践能力，因此，应紧跟时代的步伐，培养出社会需要的现代化、国际化的人才。

通过上述研究可以了解到，由于公共管理大类培养与中外合作办学培养是两种基于不同的培养目标而形成的培养模式，因此具有不同的培养体系，但在不同的培养体系中仍有着共性和相通的地方，比如，课程体系的设置、师资队伍的建设以及各种制度机制的设置和优化。这都是不同的培养模式共同重视的部分，能够为拔尖人才培养提供一定的方向借鉴。

---

① 参见王敏丽.中外合作办学与外籍教师管理问题刍议[J].黑龙江高教研究，2004(9)：48-50.

② 参见周生虎.国家治理现代化视域下行政管理本科教育模式探讨[J].华北理工大学学报(社会科学版)，2019，19(3)：91-96.

第八章　海南大学公共管理拔尖人才培养模式的优化路径

海南自由贸易港自2018年设立以来，急需大量的人才。海南大学作为海南唯一和全国热带地区唯一、面向南海最前沿的国家“双一流”建设高校和“部省合建”高校，承担着服务国家重大战略全局的时代任务。其中，立足海南自贸港发展具有特色的国内公共管理拔尖人才培养体系尤为重要。本章第一节从五个方面搭建海南大学公共管理学科“政产学研用”深度融合的育人机制，第二节阐述提升公共管理拔尖人才培养质量的五个重要保障。

第一节　搭建海南大学公共管理学科“政产学研用”深度融合的育人机制

立足于本学科特质以及培养目标，海南大学公共管理专业在深入分析传统人才培养模式存在的问题及其成因的基础上，积极探索“政产学研用”协同育人模式，逐步形成了以课程思政建设为引领，“政产学研用”协同为“四梁”，多元调研项目、资政献言献策、实践基地建设、校外导师制度、参办学科赛事、学科交叉融合、研究基地建设、学术交流合作等为“八柱”，“五大特色项目”为“地基”的多元化、多平台、多师资、多项目、多学科的“一顶＋四梁八柱＋地基”的复合型人才培养模式（见图8-1）。经过多年的实践，海南大学公共管理专业逐步解决了人才培养中的结构性失衡问题，培养出了一大批具有多学科通识能力、理论能力、实践能力与创新能力的“智识汇通、知行合一、卓越为公”的复合型公共管理人才。围绕公共管理专业复合型人才的培养，海南大学基于“政产学研用”并着重从资源整合、平台建设、师资队伍、培养方式、学科交融等五个方面推出完善措施。

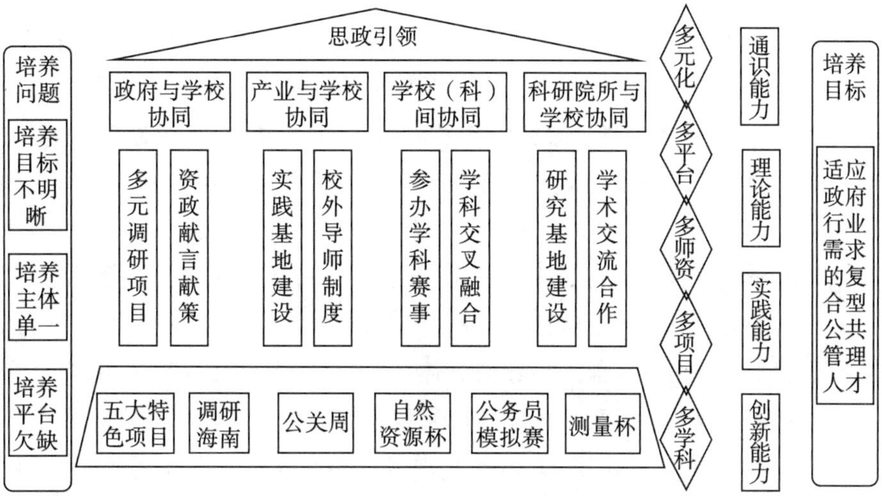

图 8-1　海南大学基于“政产学研用”的公共管理专业复合型人才培养模式

一、整合多方资源，构建良性发展的协同育人机制

公共管理学科“政产学研用”协同育人的重点在于深度整合多方教育资源，在人才培养过程中充分整合政府、产业、学校、科研院所的资源，进而实现多元化、多平台、多师资、多项目、多学科育人。政府部门应扮演好战略制定者的角色，一方面，政府有充足的工作和财政资源；另一方面，政府也有人才引进的需要，因此要充分发挥政府的作用，确立公共管理学科“政产学研用”协同育人的整体规划、战略定位及目标方向，加大财政投资的力度，用财政补贴、税收减免等手段成立专项合作基金项目，为大学和企业有机融合发展提供投入和政策支持。通过科技投入引发和维持协同育人机制的创新需求，制定常态化人才交流政策，构建绩效评估体系，完善“政产学研用”保障机制以及构建校政协调机制，从而提高“政产学研用”资源共享水平，有效促进协同育人机制的构建。[①] 行业企业的需求主要来自市场、政策、资金、技

① 参见李卫国，白岫丹.“政产学研用创”六位一体协同创新模式研究[J].中国高校科技，2020(S1)：38-41.

术、人才。学校的需求来自公共管理学科的发展、学科水平的提升以及公共管理专业人才培养。企业与学校之间的合作是“政产学研用”协同育人机制建立的核心内容之一,双方存在经济与社会双重层面的交流,因此行业企业应准确把握市场上公共管理事务的动向与需求,并及时反馈给学校,通过需求信息的传达与反馈,为学校提供公共管理学科相关研究的资金支持与成果转化支持,为学生提供更多的工作实习岗位,如管培生、行政助理等,促使对本科生的培养能瞄准行业应用需要,推动以学校为公共管理人才供给侧主体、以企业为公共管理人才需求侧主体的双向有机互动。科研院所需积极依托科研项目合作与科研成果转化,分别联合行业企业与公共管理学院,一方面增加对科研项目的经济支持,实现技术优势共享与创新人才共建。公共管理学院作为学生能力培养的主体,应将政府部门的战略规划、行业企业的市场动态以及科研院所的创新成果积极转化为人才培养的课程教学内容。此外,参与各方要紧密配合,建立通畅的信息交流与共享渠道,充分整合与发挥各自的资源优势,实现“政产学研”四位一体。①

二、搭建多方平台,打造多元、完备的协同育人机制

传统的公共管理人才培养主要是基于“教学+实验”的模式,难以满足新时代公共管理对人才在创新、实践以及业务掌握等方面的高标准与高要求。为此,以公共管理学科为载体,探索实施教学、实验、实践、实习、探索等五大环节相嵌套的人才培养模式,充分整合国家或省级政府部门、行业企业及科研院所的力量,搭建课堂教学、虚拟实验、政府实践、企业实习、科研探索等五大育人平台,并贯穿公共管理人才培养的各个环节,使学生在学习和成长中享有多方平台的资源,以此打造公共管理学科学生“走出去”的多平台协同育人模式。② 政府、企业、高校要坚持统一谋划、一体部署、相互协作、共同实施,着力建立决策共商、资源共享、联动共建、协作共赢的人才协同发展机制,促进人才开发政策协调、制度衔接、服务贯通。

首先,政府要推动实践教学基地“联盟型”发展,实现实践教学基地“协

① 参见闫娟,朱水成,钱林玲.政、校、社合作共享视角下共建大学生实习基地探索与实践——以公共管理类专业为例[J].上海理工大学学报(社会科学版),2020,42(4):371-376.

② 参见张君.协同育人视域下应用型高校产教融合创新研究[J].教育与职业,2020(19):51-55.

同型”管理。应联合行业企业与高校每年组织重点产业人才需求企业，互赴对方所在地开展区域合作专区招聘或公共管理人才专场活动。依托地方政府的人才网络架构开设公共管理人才培训频道，搭建网络联合培训平台，构建网络人才培训互通模式，推动人才服务网站信息对行业企业、公共管理学院的统一发布和集中展示。推进人才服务网站信息共享，政府、行业企业与公共管理学院相互发布人才政策、人才服务活动、高校毕业生服务举措等资讯，搭建公共管理专业的人力资源服务共享网络平台。加强公共管理专业人才的服务合作，推动公共管理类人才网平台建设，建立公共管理平台交流学习机制，探索开展政府与行业企业、高校的教育培训合作，通过线上和线下培训、经常性和集中性培训、公开课和封闭式培训相结合的方式，互建公共管理人才教育培训基地，做好公共管理专业教育培训交流工作。

除此之外，还可以通过与行业企业、高校签订人才发展合作协议书来为公共管理专业人才提供发展平台，构建合作机制，建立公共管理专业人才发展的联席会制度并建立高效率的工作机制，在人才交流、培训和全周期发展等方面进行沟通合作。高校要主动吸引其他教育主体共同建立“政产学研用”教育培训基地，主动参与人才政策制定过程，提出有利于公共管理专业人才发展的政策建议，积极对接行业企业和重点科研院所，展开多层次、多方面的合作，创新性地推进与政府和行业企业之间的合作，增加科研人员参与公共管理专业类事务的深度与广度，有效利用政府与行业企业的资源优势，打造公共管理专业研究团队，积极参与或承接公共管理专业科研项目研究，提高公共管理专业人才的科研水平和实际工作能力。① 通过共建平台，获取政府政策支持，获得更多人才培养的资金投入，并融合行业企业的先进管理经验和技术，实时把握市场需求，有利于推进协同育人机制稳步构建并发挥优势。

三、打破认知壁垒，共筑师资互通的协同育人机制

公共管理学科“政产学研用”协同应坚持“走进来”的育人战略，打破政界、企业界、科研界、教育界对教师队伍的认知壁垒，将政府部门中业务能力

---

① 参见徐畅，解旭东.产教融合视角下职业教育政校行企协同育人机制构建[J].教育与职业，2018(19)：25-30，32.

过硬的人员、行业企业中从业经验丰富的人员、科研院所中的专家学者统统纳入协同育人的教师队伍中，实现跨界的师资互通，共同指导复合型人才的培养。一方面，要通过人才引进，积极地让许多教师参加各种各样有意义的学术研讨会，以及向许多名牌高校输送国内优秀的访问学者等多种途径，鼓励并加强不同背景师资力量之间的相互学习，在政府部门或行业企业中为公共管理学科教学一线的教师人员预留挂职岗位，使高校教师在实践项目中加深对公共管理业务的认知，并把握公共管理热点话题，达到显著提高学校师资水平的目的；另一方面，为了全方面提高全国的公共管理学科的教师教学水平，高校可以在校际开展互相评课活动，多多增强学术交流，可以以讲座、联合实践教学等方式，鼓励政府部门主管干事、企业家、科技工作者和党政人才到公共管理学院从事教学兼职或担任合作导师，探索推进“产学研”联合培养研究生，建立公共管理学科人才培养的校内外双导师制，积极进行名牌教师、名牌课程、名牌教材的“三名”工程建设，培养出更多高质量、优秀、年轻且有一定影响力的学科带头人。①

尽快与同类高校、省内高校和非名校三个层面建立起横向的合作关系，这也是使教学科学研究横向合作得到增强的重要步骤。促进成立全国分省分类高校专门学科指导委员会，合作编著相关主要课程的教材，开展科研课题合作研究等，都可以有效地培养社会所需的优秀人才，进而使优秀学生培养战略得到很好的实施。鼓励教师积极参与学术交流和科研工作，制定资助、奖励政策以促进学术成果的发表，并对青年教师申报国家级课题给予专门指导。此外，高校可以从政府部门或事业单位中挑选出一批文化学识水平高、办事业务能力强、娴熟地掌握公共政策并有扎实理论基础的领导、干部或公务员主办专题讲座或者担任本专业的课程导师，并在公共管理学院及相关科研院所为政府部门或行业企业中的干事人员提供再教育的机会，进一步提升政府工作人员或从业人员的基础理论知识。②

---

① 参见田家才.政产学研协同创新中的知识流研究[D].武汉：华中师范大学，2014.

② 参见王阳.政产学研合作模式下基于吸收能力的组织间协同创新影响因素实证研究[D].武汉：华中师范大学，2013.

四、拓展培养项目，探索灵活互补的协同育人机制

坚持科学研究为人才培养服务，大力提高科研育人能力。依托公共管理学院及科研院所人员申请的国家级、省部级与校级科研课题，以及政府与行业企业提供的多门类横向课题，面向公共管理学院本科生、研究生设立开放性课题，并创建以学生为主导的创新研究和创业实践基地群，激励学生通过项目探索来架构公共管理类专业知识网络，以此加深对专业知识体系的理解与认知，并拓展对前沿公共管理知识的了解。[①] 同时，通过团队协作的形式，大力增强公共管理学生的团结协作精神和解决实际问题的团队作战能力。公共管理学院或科研院所要坚持教学内容创新与教学方法改革的"双推进"和持续探索。一方面，坚持课堂为本、内容为主，增强公共管理教学内容的针对性；另一方面，积极探索模式创新，推进多元立体综合教学方法改革，组织课程组开展集体观摩，推动"零时差"进课堂，开设公共管理专业各试点课堂，鼓励教师探讨教学方法，设立互动式教学模式探讨等专项试点项目，发挥学生在教学中的主体地位，注重教学相长。深化线下教学与线上教学的"双创新"和优势互补。精心设计知识点、教学模块和讲授逻辑。在此基础上，积极探索适合在线开放课程特点的讲授风格，用学生们喜闻乐见的方式，充分运用慕课等信息化手段，增强课程的吸引力。定期召开公共管理专业课程建设联席会，与其他主体共同探索建立协同育人机制。在课程设置上，要转变传统的教学和思维方式，培养机构要积极引入国外或其他先进院校、科研院所的培养方式或经验，提高学生的主体地位，让学生参与到课程设置和教学设计的过程中来。做到以人才为中心，并提供多项灵活的教育模式，模拟真实的公共管理情景，提高公共管理学生的专业知识和业务能力。此外，要推进公共管理专业与企业文化融合，提升学生的职业素养。[②] 公共管理学院或科研院所应将企业文化融入课程教学、日常管理中，提升学生的职业素养，培养学生的职业行为。一方面，更新人才培养方案，

---

① 参见陈维霞.应用型大学协同育人管理机制研究——基于产教融合的视角[J].中国职业技术教育，2017(32)：42-47.

② 参见陈维霞，韩志达，钱斌，等.基于协同育人的专业学位硕士创新实践能力培养研究[J].广西社会科学，2016(10)：207-210.

将企业文化的相关课程和企业实习纳入其中并严格落实学分制，以此培养职业素养；另一方面，在对学生的日常管理中加入企业管理模式或引用企业管理经验，将公共管理实际教育“渗透”进学生生活中，促进专业知识与实际工作的有机融合。[①]

五、吸纳多元学科，建立交叉融通的协同育人机制

随着数字化政府改革的持续推进以及大数据时代的到来，公共管理学科建设以及人才培养也亟须引入传统文科课程体系以外的理科或工科等课程。习近平总书记指出：“文明因多样而交流，因交流而互鉴，因互鉴而发展。”[②]对于丰富多彩的学科门类，我们应该秉持兼容并蓄的态度，虚心学习他人的长处，在独立自主的基础上将其消化吸收。在保持公共管理学科基本内核的前提下，积极拓展专业的内涵与外延，重点突出数字化、人工智能化时代公共管理复合型人才的培养。鼓励计算机科学、信息科学、网络空间安全科学、生态学等关联或交叉学科进行有效集成、交叉与融合，联合不同学科教师共同开发并承担本科生课程与教学、共同组建科研团队、共同组建创新创业指导团队等。[③] 探索协同育人教学规律，攻克科学研究难关，指导创新创业竞赛，不断完善教师团队的知识结构，并优化公共管理学科人才培养的知识网络，实现公共管理的理念模式与工科的技术手段等互相渗透、融合创新，进而促进多学科协同育人能力的提升。建立交叉融合的多学科协同育人机制，可以通过以下三种方式来进行：

一是多主体共同创新公共管理专业教学课程，在原有单一的公共管理专业教学内容的基础上，融入相关学科的内容，使课堂教育作为构建多学科协同育人机制的基础。院校作为推动课堂教育的直接主体，在改进过程中起到引导作用，应积极对接科研院所或行业企业的先进培养模式，充实课堂内容。

二是引入多学科交叉融通项目，政府应提供更多的政策或财政支持，支

---

① 参见王超，李庆丰，王大勇，等.协同创新：政产学研用融合模式的转型——基于北京工业大学的案例分析[J].现代教育管理，2015(9)：51-53，88.

② 中共中央党史和文献研究院.十九大以来重要文献选编(中)[M].北京：中央文献出版社，2021：81。

③ 参见唐未兵，金继承.新常态下政产学合作机制创新与实践[J].中国高校科技，2018(3)：4-7.

持科研院所及项目基金单位，行业企业为项目开展提供更多的调研空间和资金支持。院校要积极鼓励学生参与相关项目，建立以公共管理专业为基础、多学科知识为辅的项目，以多学科交叉融通为基础的项目培养公共管理人才。[①]

三是多学科协同育人机制制度化。运用政策、教学制度和行业企业相关的支撑推进公共管理学院与其他学科学院或科研院所之间的交流，建立跨学科学院，整合跨学科交流的各项资源，降低跨学科交流的行政运行成本，推进协同育人机制的运行。

第二节　提升公共管理拔尖人才培养质量的重要保障

公共管理拔尖人才培养是系统性、综合性、全面性工程，提升公共管理拔尖人才培养质量需要构建全方位的保障措施，不仅回答“钱学森之问”，更能够推动公共管理学科的可持续性建设，培育出满足社会需求的高质量公共管理拔尖人才。

一、结合学科特色，明晰公共管理拔尖人才目标定位

公共管理拔尖人才培养目标是建构培育模式的基石，是引领公共管理学科教育发展的方向标，科学、准确、明晰地定位公共管理拔尖人才培养目标也是实现公共管理学科教育改革的首要任务。新时代背景下，公共管理学科人才的培养离不开对教育规律和学科特色的精准把握，需要在实现量的发展下推动质的建设，实现社会经济发展需求和学科理论发展的动态平衡，实现学科特色发展助力学校建设。

一是在实现通识教育的基础上，设置合理的拔尖人才培养数量。公共管理拔尖人才培养仍属于精英教育，在选拔学生进入拔尖人才培养序列的过程中，需要设置合理的比例，从而实现资源的集约化利用，促进公共管理人才规模培养和高质量教育协同发展。

二是满足经济发展和学术研究需求的二元结构平衡。在公共管理拔尖

① 参见朱兆斌.推动高校科技创新和学科建设的产学研合作模式探索与研究[J].研究与发展管理，2012，24(1)：112-117.

人才培养中，在培养服务经济发展的应用型拔尖人才的同时需要培育出一定数量的学术型人才。特别是针对拔尖人才的不同培养层次，本科生和硕士中大部分学生可以成为应用型人才，其中一定比例的学生应作为学术型人才进行训练。

三是将学科建设融入学校发展战略规划。公共管理学科作为高校建设的一个方向，需要将自身的管理体制、发展方向和功能模式有机融入学校整体战略部署。尤其是在探索拔尖人才培养模式的过程中，可以充分借鉴学校其他学科发展情况。

二、调整资源配置，支持公共管理拔尖人才培养模式创建

公共管理拔尖人才培养模式的创建离不开丰厚的学科资源，既包括学科内部共同体的建设，也需要学校及社会各界提供的资源，通过有效调配资源，实现资源最佳配置。

首先，培育拔尖人才，关键在于形成浓厚的共同体意识，既包括学术共同体，也包括师资团队共同体，在共同目标的指引下，按照成熟的既定模式开展。要依据学院历史发展和现实情况，开设公共管理二级学科特色专业，大力引进人才，并且整合学术优质资源。特别是可以建设学科发展研究团队，负责统筹学科资源。学校和学院需要在教师的人才引进制度、岗位职责设置、管理考核评估、绩效奖惩制度、流动晋升机制等各个环节进行大胆改革和创新，从而建立起“双一流”竞争背景下肩负人才培养重任的强大的教师团队。

其次，公共管理学科所在学院需充分加强与学校的纵向沟通，争取学校对学院建设公共管理学科的相关支持，加快形成本硕博一体化培育模式。学院应当充分借助学校平台，充分利用全校既有资源开展拔尖人才培养模式的创建。

最后，基于共生理念，与社会主体建立共生关系，实现拔尖人才培养、科学研究和社会服务有机融合的模式。李晓华和郑美丹认为，要以互利共生为视角，理解大学职能间的共生关系；以社会需求为基准，树立新型人才培养质量观；以科学研究促进教学，推进创新型人才培养；科学研究和社会服

务相统一，提升人才培养质量。[①] 高等教育要焕发持久的生机与活力，离不开社会力量的支持，尤其是公共管理学科人才培养更需要与劳动实践相结合。公共管理学科可与地方政府、社区、企事业单位共建实习基地，从而促进学生群体走向社会，获取更为丰富和直观的经验。

三、优化课程设置，提高公共管理拔尖人才主体地位

首先，课程设置应在满足广博性的基础上增加深度，实现拔尖人才在课程选择上兼具通识性和钻研性，所以要避免课程设置的杂糅性。公共管理拔尖人才培养的课程设置在满足国家规定的核心专业课程的基础上，可以结合学院整体定位和优势，并根据学生的实际诉求，设置更多个性化的课程，充分给予学生群体选择专业课和选修课的自主性空间。除此之外，应当制定系统化的课程组合套餐，在保障学生自主性的同时又能够完成教学目标。

其次，在课程设置中，理论型和应用型课程需要均衡，针对不同的培养对象，调整两类课程的比重。但不管哪种情形，都需要确保应用型课程发挥其在教学过程中的作用，增强学生理论联系实际的能力。而且在实践教学中，能够进一步激发公共管理学生对于专业的热爱。

再次，不同课程之间需要具有连贯性，既充分尊重学生主体性，又要实现教师教学间的内在联系性，特别是妥善安排好不同学科背景教师间的教学内容的一体性，实现理论知识体系的完整性教学。

最后，课程设置需要充分保障教学质量。张智光提出，提高教学质量的根本出路不在教学单元内部，而在于将教学、科研和社会服务构成一个超循环的互利共生系统，改变三者相互对立的局面，即建立教学—科研—社会服务超循环共生系统及其运行机制，从而使一流大学拥有一流的教学质量。[②]

四、完善培育体系，实现公共管理拔尖人才内涵式发展

内涵式发展是健全教育体系的内在要求，也是保持生机与活力的长效

---

① 参见李晓华，郑美丹.提升大学人才培养质量的根本出路——构建大学三大职能的共生系统[J].江苏高教，2020(11)：35-38.

② 参见张智光.提升一流大学人才培养质量的根本出路——教学—科研—社会服务的超循环共生系统[J].国家教育行政学院学报，2019(3)：11-18.

机制，重在对价值观、学校文化、发展模式的探索和打造。公共管理学科所在学院及学校首先要明确公共管理在社会发展中的价值和作用，引导全体管理人员、教师和学生形成公共价值的理念，致力于掌握公共管理系统理论知识而后能够解决公共问题，并且要有对真理的追求。学校文化需要贯穿教学始终，学校的培育理念和校史校训都以明德、务实和求真为根本，因此需要将学校文化有机融入公共管理拔尖人才培养全环节，从而为公共管理教学注入强大的历史文化底蕴。公共管理拔尖人才培养模式要依托学校，建设与学校一脉相承的路径与逻辑，在以单纯依靠资金投入以换取产出的时代，需要秉持发展初心，着力在课程设置、学科平台、教学方式等方面进行开拓式创新。特别地，应关心关注公共管理拔尖人才在培养过程中的变化，其在不同阶段体现不同的发展特征，应聚焦重点以明确有所为有所不为。

五、健全评估机制，保障公共管理拔尖人才培养质量

公共管理拔尖人才培养体系离不开健全的评估机制和制度，因此质量评估也是学科建设发展的重要内容。面向公共管理拔尖人才培养体系建设，必须重塑拔尖人才培养质量的考核评估标准和制度，加快建设符合学科及学院发展实际情形的质量保障机制。

首先，需要制定对多元主体进行评价的质量评估指标，并且要针对不同环节和流程分别制定，包括针对学生主体的招生选拔、竞争激励、课程学习、社会实践、科研成果等，针对教师主体的培养时间、培养成效、竞赛科研指导、毕业答辩等，针对管理主体的奖助建设、档案整理、平台搭建等，各方面均应建立量化的质量考核体系。

其次，对于公共管理拔尖人才培养建立进、培、出全程档案记录，组建专业质量评估委员会，根据培养计划清单时时评估，从而有效地引导人才发展方向。剑桥大学安娜·朗斯黛尔（Anne Lonsdale）认为，在高等教育领域，质量保障一是大学内部的需要，即大学管理并为师生提供健康环境的需求；二是外部要求，即大学要制定一套公认的授予相应资格和学位的标准。[①] 所以，公共管理拔尖人才培养的出口关，需以高标准进行把关。

---

① 参见朗斯黛尔.教师发展与教和学中的质量保障[C]//教育部中外大学校长论坛领导小组.中外大学校长论坛文集.北京：高等教育出版社，2002.

最后，要使更多的评估主体参与教学质量评价和保障，不同主体应承担不同的职能。学院组建的评估专家组作为内部运行机制和资源配置评估主体，要拥有更多的自主权，并具备基础性地位。社会用人单位和学校行政组织作为外部评估主体，可以发挥相应的监管和调研作用，并及时给予建设性的建议。质量评估的最重要一环是建立信息反馈机制，即将公共管理拔尖人才培养的过程、主体、结果等情况全面准确地反馈给培养单位，并及时交流国内外先进的培养理念和方式。

第九章　国家治理现代化视域下公共管理拔尖人才培养体系的优化完善

世界正处于百年未有之大变局，新技术、新经济带来了一系列新变化，治理主体、结构、机制等正发生剧烈变革，推动新文科建设正是契合新时代发展的适时应变之举。新文科理念突破了传统文科的思维模式，以继承与创新、交叉与融合、协同与共享为主要途径。新文科理念的发展有利于各学科的交融发展，为学科建设方案及发展格局提供指引。

国家治理体系和治理能力现代化既是改革目标导向，也是助推国家进入现代化的关键，而治理体系的更迭和治理能力的提升急需大量公共管理人才。本章共有六节：第一节介绍新文科理念及其背景下公共管理拔尖人才培养体系的变革，第二节讨论国家治理体系和治理能力现代化的内涵，第三节介绍国家治理现代化阶段公共管理拔尖人才培养目标的新方向，第四节描述国家治理现代化阶段公共管理拔尖人才培养体系的新变化，第五节提出实施系统性教改工程的原则及其具体内容，第六节讨论公共管理拔尖人才培养的课程改革内容。

第一节　新文科理念下公共管理拔尖人才培养体系的发展

新文科理念突破了传统文科建设的思维模式，更具创新性和融合性。构建新文科人才培养体系，有利于促进我国文科高质量发展。公共管理拔尖人才培养体系应沿着新文科理念不断发展，包括设定多元性目标、设置融合性课程、打造综合性师资队伍，以及更新和再创公共管理理论知识体系，从而服务于现代化建设。

一、新文科概念与常态化发展

2019年4月29日，教育部、中央政法委、科技部等13个部门在天津联合启动"六卓越一拔尖"计划2.0，此次计划是在2009年实施系列卓越拔尖人才教育培养计划基础上的再创新，是将原先的单个计划变成系列计划的组合，由"单兵作战"转向"集体发力"，旨在全面推进新工科、新医科、新农科、新文科建设，提高高校服务经济社会发展的能力。由此，哲学社会科学也有了新的发展方向和目标，即新文科建设要推动哲学社会科学与新科技革命交叉融合，培养新时代的哲学社会科学家，创造光耀时代、光耀世界的中华文化。通过实施"六卓越一拔尖"计划2.0，在全国高校掀起了一场"质量革命"，形成覆盖高等教育全领域的"质量中国"品牌，全面实现高等教育内涵式发展。

我国正在全面迈入信息化时代，发展新文科建设，一方面是期望新文科教育能够发挥育人作用，让受教育者掌握新科技技术，更好地认识社会阶段性发展问题和面貌，把握经济社会运行规律，进而培养论证和解决时代性问题的思维逻辑，更好地适应时代需要；另一方面则是为了实现文科研究领域、范式和内容与现代信息技术等科学的融合，激发人文社会科学的原创能力，以此重新建构新时代下的人文精神、价值理念，规范科学技术发展的伦理要求，回应变革中民众的文化需求。

高等教育中关于文科的范围界定清晰，其主要涵盖人文科学与社会科学，前者包括哲学、历史学、文学、艺术学等，后者包括管理学、法学、经济学、社会学、教育学等。实际上，学术层面话语体系中的文科和管理层面话语体系中的文科概念略有差异。在日常生活中，哲学社会科学代替了人文社会科学，哲学从人文学科中被单独另立出来并置于社会科学前，这主要是由于我国学习借鉴苏联模式，突出强调意识形态的地位和作用。总体而言，文科的概念在学术界和实践领域大体相同，但对于何为新文科却没有统一明确的答案。"新文科"这一概念由美国希拉姆学院于2017年率先提出，是指对传统文科进行学科重组、文理交叉，即把新技术融入哲学、文学、语言学等诸如此类的课程中,使学生进行综合性的跨学科学习。

国内学者也纷纷给新文科下定义。王铭玉和张涛提出,新文科是相对于传统文科而言的,是以全球新科技革命、新经济发展、中国特色社会主义进入新时代为背景,突破传统文科的思维模式,以继承与创新、交叉与融合、协同与共享为主要途径,促进多学科交叉与深度融合,推动传统文科的更新升级,从学科导向转向以需求为导向,从专业分割转向交叉融合,从适应服务转向支撑引领。① 权培培等指出,新文科是后工业时代基于知识高度综合化、信息化、数字化的一种文科知识生产与再生产的新形态,以交叉前沿、战略需求、现代技术、区域优势为建设动力,以专业及课程体系的构建、跨学科师资队伍的构建、教研评价标准的确立以及运行模式的形成为四大核心要素。② 熊澄宇认为,从形态角度而言,新文科希望以文理融合为思路,带动人文科学内部文、史、哲、艺术的相互融合,人文科学与社会科学的法、经、教、管等学科的相互融合,以及人文社会科学与理、工、医、农等自然科学的融合。通过这种学科间的融合,最终达到学科建构与产业结构和社会发展的融合,使学科建设与社会发展同步。③

纵观学界对于新文科概念的探讨,呈现出了百花齐放、百家争鸣的局面,虽然关于概念并没有达成一致性观点,但可以看出新文科具备交叉性、融合性的特点,是信息化时代的知识再生产。简言之,新文科要求打破学科间的壁垒,推动文、史、哲有机融合,积极拥抱大数据、人工智能、区块链、量子与基因技术等新兴技术,不断更新理论体系,同时输出时代所需的文化艺术产品、公共政策及各类解决方案。

在我国,新文科自 2019 年被提出后,备受各界关注。尤其是 2020 年 11 月 3 日教育部新文科建设工作组发布了《新文科建设宣言》(以下简称《宣言》),吹响了全面推进新文科建设的号角。《宣言》提出了新文科的作用,明确了所要遵循的发展规律,以及提出了构建世界水平、中国特色的文科人才培养体系的重要任务。新文科需要能够提升国家综合国力、塑造核心价值

① 参见王铭玉,张涛.高校“新文科”建设:概念与行动[N].中国社会科学报,2019-03-21(004).

② 参见权培培,段禹,崔延强.文科之“新”与文科之“道”——关于新文科建设的思考[J].重庆大学学报(社会科学版),2021,27(1):280-290.

③ 参见熊澄宇.关于新文科建设及学科融合的相关思考[J].上海交通大学学报(哲学社会科学版),2021,29(2):22-26.

观、培养有为时代新人、推动高教强国发展和促进文科教育融合。文科教育教学兼具价值性与学术性，强化价值引领是新文科建设的内在要求。因此，新文科建设应当尊重文科教学发展规律，既要守正创新，立足传统文化进行开拓创新，也要分类推进，依据不同学科内容设计建设路径，最终实现文、史、哲促人修身铸魂，经，管，法助力治国理政，教育学培元育才，艺术学美人化人。

构建新文科人才培养体系既是执行新文科理念的重要路径和手段，也是实现新文科建设常态化发展的关键保障。《宣言》从总体目标、价值引领、专业设置、课程体系、模式创新和质量文化等方面对新文科人才培养体系进行了规定和说明。具体来说，新文科建设致力于形成哲学社会科学中国学派，以习近平新时代中国特色社会主义思想为文科教育的价值导向，推动人工智能、大数据等现代信息技术以及理、工、农、医和文科专业深度融合，鼓励支持高校开设跨学科、跨专业新兴交叉课程、实践教学课程，聚焦应用型文科人才培养，构建中国特色文科教育质量保障体系，从而建设文科特色质量文化。

二、新文科理念下公共管理拔尖人才培养体系的变革

公共管理作为一门重要的社会科学，在国家治理体系和治理能力现代化中起着举足轻重的作用，因此推动公共管理学科沿着新文科理念不断发展，能够助力现代化建设。实际上，公共管理本身就是一门交叉融合型学科，其六个二级子学科分别为行政管理、土地资源管理、社会医学与卫生事业管理、社会保障、教育经济与管理、应急管理，每个子学科都要求受教育者具备多学科视野。例如，虽然行政管理专业的研究对象为行政机关对社会公共事务的管理及其内部运行，但由于社会公共事务涉及的领域具有广博性、复杂性和多样性，包括各类公共服务供给、行政执法行为等，因此要求行政管理专业受教育者掌握法学、政治学、经济学、社会学等基础性知识，以此更好地应用本专业知识解决社会问题。

大数据时代，技术手段在撬动政府的办事流程、组织结构和行事逻辑变革的同时，也推动着公共管理理论知识体系的更新和再造，尤其是电子政务的兴起使得政府实务部门对于掌握相关知识的公共管理人才的需求度急剧

增加。因此,公共管理拔尖人才的培养目标符合新文科培养的价值导向。此外,高速城市化进程的时代也是危机四伏的时代,各类公共问题层出不穷,且逐渐呈现出多点式发散的特征。公共危机可以划分为公共卫生事件、社会事件、灾难事故、自然灾害等,不同领域内的公共危机要求的应急能力有较大差异。例如,建筑施工过程中导致的灾难事故不同于舆论危机,其具体的应对措施包括救援、事故调查、新闻发布、善后和应急系统的重建等工作,其中救援和事故调查都需要专业技术支持,这也要求应急管理教学中涵盖相关的基础知识,或者采取双学位培养的方式等,从而实现公共危机的应对过程和措施更加系统化。

公共管理学科具有极强的实用主义倾向,在课程体系设置上以政治学、公共政策学、经济学、法学、社会学、统计学等社会科学类课程为主,较少涉及历史、文学、美学、哲学等人文科学类课程。公共管理学科旨在研究如何更好地应用公权力解决社会问题,除了需要回答应该采取何种工具、手段和方式处理公共事务的问题,还需要时刻反思什么算是更好的解决路径。故而,公共管理的人才培养在课程设置上需要增加哲学等人文科学课程,以此让受教育者能够对公平、正义、效率、价值等观念有着更为深刻和理性的认知。

培养目标的多元性和课程设置的融合性共同要求师资队伍建设的综合性,而且一流的师资队伍是培养拔尖人才必不可少的核心要素。公共管理教师队伍应具有多学科背景,在人才引进机制上,可以重点开展高层次人才、创新团队和青年优秀教师的引进工作,注重提升跨学科教师的引入力度,比如引入经济管理专业、管理科学与工程专业等优秀教师;在人才培养机制上,继续开展教师学历提升、国内外培养、素质能力提升培养等工程;在薪酬激励机制上,积极探索构建年薪制管理办法,针对各类特设岗位和人才计划,坚持岗位任务完成情况与业绩相结合,坚持收入与责任、贡献相匹配,调动高水平人才的工作积极性和创造性。

第二节　国家治理体系和治理能力现代化的内涵

2013 年,党的十八届三中全会正式提出国家治理体系和治理能力现代化，不同学者从多个维度对国家治理体系和治理能力现代化进行解读。就国家治理体系概念而言，习近平总书记提出："国家治理体系是在党领导下管理国家的制度体系，包括经济、政治、文化、社会、生态文明和党的建设等各领域体制机制、法律法规安排，也就是一整套紧密相连、相互协调的国家制度。"[①]对其基本内涵的讨论总体上较少，但对其外延的界定目前学术界仍存在激烈的讨论。一方面，国家治理体系虽是一整套紧密相连、相互协调的国家制度，但这一体系应当包含哪些具体制度，不同学者也有不同的论述。刘志丹从制度论视角和系统论视角对国家治理体系进行论述，基于制度论视角认为国家治理体系是一系列制度和程序，基于系统论视角认为国家制度体系是国家治理体系的一部分而非全部。[②] 曾保根运用体制、法制和机制"三位一体"的分析框架，将国家治理体系的组成要素提炼为：核心层的体制创新包括政治、经济、行政和社会四重体制的改革，中观层的法制创新即要实现国家治理有法可依，微观层的机制创新即包括权力运作、监管、决策等多种机制的创新。[③] 关于国家治理体系实现路径的研究，学者们有不同的视角和措施，但共同点是他们均提出需要建构全社会共同认可的核心价值理念并将此作为其他举措的前提以实现制度创新。就国家治理能力内涵界定而言，一部分学者是对习近平总书记在党的十九大报告中有关实现国家治理能力现代化的讲话内容进行阐述。申建林认为，实现国家治理能力现代化的四维路径包括提高党的执政能力，增强国家政权机构履行宪法和法律规定的职责能力，提升人民参与国家管理和自治的能力，以及实现领导立法科学化、机关执法规范化、全民守法自觉化。[④] 还有一部分学者根据国家治理的内涵提出实现国家治理能力现代化的路径。郑智航认为，当下中国需要将资源汲取理念由"管理型"转变为"治理型"，通过转变控制技术、动员方式和渗透手段加强基层渗透能力、在党的领导下加强政治民主和政治权利、

---

① 中共中央文献研究室.习近平关于全面深化改革论述摘编[M].北京：中央文献出版社，2014：24.

② 参见刘志丹.国家治理体系和治理能力现代化：一个文献综述[J].重庆社会科学，2014(7)：33-40.

③ 参见曾保根.推进国家治理体系现代化的行动逻辑解析[J].天津行政学院学报，2015，17(5)：11-16.

④ 参见申建林，秦舒展.实现国家治理能力现代化的四维路径[J].中州学刊，2018(4)：6-12.

提升制度治理能力和国家学习能力这几项国家能力。[①]

从以上论述来看,国家与社会的运作模式和发展目标都以国家治理现代化为导向,而且实现这一现代化的关键是政府与社会组织二元主体治理能力的共同现代化。政府与社会组织作为治理社会公共事务的主体,也是治理能力现代化的核心要素。从现实需求角度,特别是对政府而言,国家治理现代化要求政府实现治理理念创新、治理能力提升、治理手段多元化、治理目标综合化、治理效果全面化,因此,政府行为方式的转变急需大量具备公共管理知识的人才加以支撑。此外,社会各项公共事务的复杂化,也需要具有复合型知识结构的管理型人才从事相关工作。对公共管理拔尖人才的需求大幅度增加,新时代也要求公共管理拔尖人才充分发挥自身专业优势,为提升公共事务治理水平作出应有的贡献。公共管理学科教育具有培养能够从事公共管理领域研究的学者或者从事公共事务管理的实用型人才的目标导向,需要承担起这一历史使命。

第三节 国家治理现代化阶段公共管理拔尖人才培养目标的新方向

2020 年 10 月 29 日发布的《中国共产党第十九届中央委员会第五次全体会议公报》(以下简称《公报》)提出"十三五"规划目标任务即将完成,全面建成小康社会胜利在望,国家治理体系和治理能力现代化加快推进,中国共产党领导和我国社会主义制度优势进一步彰显。同时《公报》还提出了到 2035 年基本实现社会主义现代化远景目标:基本实现国家治理体系和治理能力现代化,人民平等参与、平等发展权利得到充分保障,基本建成法治国家、法治政府、法治社会。此外,还提出了"十四五"时期社会发展的主要目标:国家治理效能得到新提升,社会主义民主法治更加健全,社会公平正义进一步彰显,国家行政体系更加完善,政府作用更好发挥,行政效率和公信力显著提升,社会治理特别是基层治理水平明显提高,防范化解重大风险体制机制不断健全,突发公共事件应急能力显著增强,自然灾害防御水平明显

① 参见郑智航.当代中国国家治理能力现代化的提升路径[J].甘肃社会科学,2019(3):36-44.

提升，发展安全保障更加有力。《公报》内容多次指出要深化推进国家治理体系和治理能力现代化发展，同时还指出要提升社会整体治理水平，尤其着重强调应对突发公共卫生事件的能力。

国家治理体系和治理能力现代化的推进，为公共管理学科的发展创造了历史性的新契机。公共管理学科的研究方向或者培养目标应紧紧围绕我国制度优势和国家治理体系建设，聚焦治理能力现代化这一重大议题，以关注现实土壤、践行中国道路、探索治理实践为核心使命，坚持摸清实情、找准症结、破解难题，为在国家治理体系整体视域下提供中国方案作出新贡献。[①]而且公共管理学科的培养目标需要突出能够推动政府体制机制健全、社会治理更加公平和多元参与、应急管理体制机制完善的理论和实务型人才。因此，推进国家治理现代化，对公共管理拔尖人才所应具备的知识结构提出了新的要求。

一是公共管理拔尖人才需要具有完备的行政管理理论基础和知识体系，能够推动政府体制机制创新和适应发展需求。公共管理拔尖人才应当在掌握理论的基础上，具备一定的实践经验。一方面，利用已有的理论框架解释实践过程并指导实践行为的发展；另一方面，基于对实践经验的反思与总结，重新建构和修正理论，并且可以以实践问题为导向，深入剖析问题根源和产生机理。尤其是政府作为实现国家治理体系和治理能力现代化的重要主体，不仅需要大量具备行政管理理论的学者为政府发展模式提供观念指引、为政府组织结构转变给予理论支撑、为公共政策制定和执行寻求合法性依据，还需要大量具备扎实理论基础的实务者从事具体工作，进而提升整体治理水平。

二是公共管理拔尖人才应具有应急管理专业知识体系，能够处理和应对重大突发公共事件。中国社会早已进入到风险社会时代，经济金融风险、超大城市社会风险、自然灾害风险、重大公共卫生事件风险、工程建设项目风险等各类风险交织。政府作为资源配置、力量凝聚、集体行动的主导者，在应对和化解各类风险中起到关键作用。这既需要政府具备风险意识，也需要政府建构起能够应对风险的组织结构和功能机制。基于风险全流程逻

① 参见蔡劲松.聚焦治理能力现代化　促进公共管理学科创新[J].中国高等教育，2019(23)：10-11.

辑，需要公共管理拔尖人才从事风险认知、风险预警、风险研判、风险应对和风险评估等各个环节的工作和相关研究，为庞大的风险应对网络和体系提供源源不断的智力支持和人才保障。

三是公共管理拔尖人才的知识结构需要交叉联动、整合集成，并且拔尖人才需要掌握新兴学科和事物的基础知识。公共管理作为一门以政府为主要研究对象的学科，其产生、发展和壮大离不开对其他学科的借鉴。公共管理既有其特定的研究对象，又因为研究对象需要处理的公共事务涉及面广、范围大、事项多元，所以需要其他学科理论的支撑。但是学科的交叉性并非简单的累加，而是在仍以本学科理论为整体框架的基础上，吸收和融合相关学科知识内容，并使之适用于本学科研究和实操范围，从而达到知识结构体系的集成性和系统性。此外，随着社会的快速变化发展，新兴事物的井喷式发展，急需公共管理学科吸纳新兴学科，以此倒逼公共管理学科的发展并使其成为推动和维护新兴事物增长的动力来源。

在新时代发展阶段，我国的发展目标更多元且要求更高，人们的诉求更多元且丰富，世界博弈更多元且激烈，思考模式更多元且创新，因此建设社会主义现代化国家所需要的知识体系也更加多元化。这也对公共管理拔尖人才所应具备的素质提出了新的要求。

第一，公共管理拔尖人才既要深刻理解中国特色，也要理解现代化发展中的共性。中国的公共治理体系以卓著的治理效果彰显了优越性，基于本土治理场域，公共管理也形成了独特的治理模式和理论体系，如项目制治理、领导小组制、运动式治理、小马拉大车等。但同时公共管理拔尖人才要意识到，现代化是一个整体进程，具有广泛的相似性，西方世界在建设现代化过程中所总结的经验教训都值得我们广泛学习和借鉴，这样才能够实现博采众长、弯道超车。

第二，公共管理拔尖人才既要深入实践调查研究，也要广泛学习理论体系。了解社会发展样态、国家运行情况、事件产生机理都离不开调查研究，公共管理拔尖人才无论是从事学术研究还是在公共部门供职，都需要基于实践经验和扎实的数据，在感性体验的基础上再进行理性分析，从而能够更深刻地认识到实践发展的丰富性。此外，通过实践产生的认识也有限度，因此需要通过理论观点，达到触类旁通的目标，具备对更多间接信息作出恰当评估的能力以及预判未来的能力。

第三，公共管理拔尖人才既要不懈追求理论创新，也要充分吸纳知识。公共管理拔尖人才作为理论知识的生产者和改革实践的探索者，必须要有创新思维，特别是从中国治理场域中，从成熟的实践经验中，提炼出具有普适性解释的价值理论体系，以此保持和加强中国特色治理的优势，同时探索新的改革开放发展之路。创新的重要知识来源之一是从中国故事中进行讲述，另一重要来源便是积极汲取现有国内外理论话语，以便用普适的学术语言讲述中国故事，阐释中国经验的普遍意义和历史地位。

第四节 国家治理现代化阶段公共管理拔尖人才培养体系的新变化

公共管理拔尖人才培养体系的现代化是大学教育与治理现代化的具体要求，大学治理现代化即立足现代背景并指向现代大学建设的回归过程。"回归"并非重返原始状态或历史倒退，而是重拾、激活和发扬大学优秀文化，使之具有充盈的现代生命活力，其中，治理体系现代化强调以大学"善治"为目标，治理能力现代化强调大学治理多元主体及其能力的现代化，要求大学治理理念、治理手段、治理艺术、治理方式的现代化，充分体现新时代多元主体共同治理的诉求。[①] 因此，公共管理拔尖人才培养路径和模式也应该遵循大学治理现代化的新路向，尤其要适应新时代下的各类要求。

一、课程精深设置：凸显公共性与融合性

公共管理是一门以社会公共问题和追求公共价值为导向的学科，而在国家治理现代化阶段，基于时间维度考虑，中国经济上正处于工业化时代与后工业化时代交织的时期，文化上正处于传统文化与现代文明复杂融合的时期，生态上正处于高消耗破坏环境向绿色节能环保转变的时期，政治上处于党的领导下全能型政府模式向在党的领导下由政府主导构建多方共商共享共建的格局转变的时期。就行政大系统而言，其子系统均表现出不同的

① 参见孙杰远.国家治理背景下大学治理现代化的本质与策略[J].国家教育行政学院学报，2020(2):3-8.

变化特征,行政模式从传统行政向公共管理转变,行政理念从对行政决策负责、维护社会秩序向以人民为中心优化营商环境转变,行政制度从简单职能调整向深度结构功能改革转变,涉及行政执行者的系统也由传统人事干部管理模式向科层制模式转变。再加之随着社会治理问题更加复杂化和交织化,治理主体也愈趋多元化,政府不再是公共政策的单一决策者、制定者和执行者。行政管理学科的培养目标也需要发生相应变化,由培养主要在行政管理部门从事业务管理和综合管理工作的人才,转为培养在各类公共领域部门从事相关工作的复合型人才。因此,课程设置要以行政学为主干,包括政府治理的理论与实践、治理结构、组织安排、政策工具、责任体系等,但同样需要涉及包括非公共部门组织管理的相关课程,如社会组织的治理模式、社会功能、组织文化、协作机制等,更需要涵盖现代化基本技能的课程。对于本科生而言,公共管理拔尖人才培养的课程设置应该兼顾多学科、跨学科、前沿学科的特性,在保证本学科专业课程设置的完备性的基础上,开设经济学、政治学、社会学以及人工智能、计算机等相关课程。对于硕士和博士生来说,学科设置可以结合其研究兴趣和方向,开设与之相关的理工类或者新兴类课程,以完备其知识结构,拓展研究视角,从而能够面对复杂交融的治理问题,提出更多具有创新性思维的问题和构建相应的理论框架。

二、师资队伍建设:彰显人文性与交叉性

公共管理作为一级学科,下设六个具有较大差异的二级学科,且随着公共事务的变化和调整,以及新兴交叉二级学科渐趋成立,均要求公共管理教师队伍组成多元化。而且,为培养拔尖人才,还需要以从事理论研究和实务工作两方面为导向,要求教师具有不同的主旨任务。这不仅意味着教师研究背景应当具有多样性,而且需要组建高效化、专业性的团队。《中共中央国务院关于全面深化新时代教师队伍建设改革的意见》(以下简称《意见》)也明确要求,全面提高高等学校教师质量,建设一支高素质创新型的教师队伍。着力提高教师专业能力,推进高等教育内涵式发展。搭建校级教师发展平台,组织研修活动,开展教学研究与指导,推进教学改革与创新。加强院系教研室等学习共同体建设,建立完善传帮带机制。全面开展高等学校教师教学能力提升培训,重点面向新入职教师和青年教师,为高等学校培养

人才培育生力军。加强高端智库建设，依托人文社会科学重点研究基地等，汇聚培养一大批哲学社会科学名家名师。《意见》直指要实现教育内涵式发展，需要着力提升教师专业素养，以打造教学、研究共同体为重要措施，从而为人才培养提供强大的“软件”保障。具体来说，公共管理学科教师队伍应兼具本土和国外学者，既能够以本土化视角培养学生，又可以从国外视角获得经验和理论借鉴。教师团队应当具有多元学科背景，教师可以系统受过管理学、经济学、法学、政治学等学科的训练，也可以以理工科为基础受过管理学等训练。教师应当由老、中、青三层次构成，形成传帮带机制，并且不同年龄段的老师，其主攻任务不同，老教师因其理论积淀厚重，可以以理论研究等科研为主要工作内容，中青年老师则需兼顾课程教学和科研两方面。最后，在充实教师队伍方面，基于公共管理实践问题导向原则，可以聘请具有多年实务操作经验的工作人员作为导师。

三、制度机制制定：体现特定性与灵活性

公共管理拔尖人才培养体系既是育人体系的根基，也是实现人才培养可持续性的重要保障。具主要包括招录选拔制度、分类培养制度、教学管理制度、资源配置制度、奖惩激励制度等。培养机制作为人才培养的具体举措和路径，其建构和实施直接决定人才能否按照预期目标进行培养。培养机制具体包括投入机制、运行机制、评价机制、竞争机制、考核机制、奖惩机制、实践机制、保障机制等。具体来说，投入机制是指各类资源如国家财政、社会资源的投入等具体执行方式；运行机制包括准入数量、准入质量、培养目标、课程设置、教学方式、导师队伍建设等各方面的具体运作；评价机制是在尊重人才差异化发展的条件下对人才取得的成果作出全面、客观的评价，服务于适配性人才培养体系的建立；竞争机制的设定，旨在促进人才之间形成良性竞争，有利于人才的选拔和重点培养，但机制的设定需要遵循公平、公正、公开的原则；考核机制由考核频度、考核侧重内容、考核结果应用等部分构成，可以较为全面地反映人才培养的质量；奖惩机制包括正向激励和反向激励；实践机制的有效运行是打通“政产学研用”链条的关键一环，需要设计丰富、翔实的实践内容，成立专业、高效的指导团队；保障机制的执行主体包

括外部保障主体(如政府、社会等)以及内部保障主体(如学校、学院及导师等)。[①] 制度和机制两者相互融合,制度是规定了的行为准则或是规范化的内容及运行流程,机制则是各要素之间具体的结构关系和运行方式,良好的制度功效离不开完备的机制支撑,程序化、规范化的机制又是制度的重要组成部分,同时机制的具体行为方式又是对制度的补充。《中国教育现代化2035》指出,发展中国特色世界先进水平的优质教育,完善教育质量标准体系,建立以师资配备、生均拨款、教学设施设备等资源要素为核心的标准体系和办学条件标准动态调整机制,健全国家教材制度,创新人才培养方式,推行启发式、探究式、参与式、合作式等教学方式以及走班制、选课制等教学组织模式,构建教育质量评估监测机制,建立更加科学公正的考试评价制度,建立全过程、全方位人才培养质量反馈监控体系。现有的公共管理拔尖人才培养体制机制渐趋成熟,但是各高校间的差异性不大,应当从制度或机制上加大创新力度,尤其可以加强教育质量评估监测机制的建构,从而有效地衡量公共管理人才培养的效用和价值。可以引进包括但不限于社会用人单位、深造培养高校、政府咨询机构等与本学科紧密相关的评价主体,参与到高校自身的教育质量评估当中。公共管理人才培养单位可以基于本单位的实际情况集中一定的资源用于支撑竞争和激励机制的有效运转,通过竞争倒逼学生自主能动性的发挥,从而实现人才能力的全面提升。

四、专业特色实训:注重经验性与进阶性

高校需要围绕专业方向开展特色类实训项目和交流,使得学生能够置身于更多国家治理现代化阶段中存在的真实场景,并依托于自身所学,独立地解决相应问题,从而培养应用能力。《中国教育现代化 2035》提出,推进教育现代化的八大基本理念:更加注重以德为先,更加注重全面发展,更加注重面向人人,更加注重终身学习,更加注重因材施教,更加注重知行合一,更加注重融合发展,更加注重共建共享。专业特色实训活动作为知行合一的重要平台和措施,能够让学生在实践学习过程中接触本专业领域的工作,拓宽知识面,增强感性认识,也作为学生接触社会问题和现实的重要桥梁。在

① 参见任胜洪,陈倩芸.研究生培养机制改革的政策话语:维度、特征及其价值——基于1987—2018 年教育部“工作要点”的文本分析[J].现代教育管理,2019(4):116-122.

实践当中，培养、锻炼学生综合运用所学的基础理论、基本技能和专业知识应对现实问题的能力，结合理论加深认识，再次学习，将专业知识与实践接轨，从而更好地将所学知识运用到工作中去。专业特色实训并非单一的活动行为，而是需要系统性设计，其包含实践教育体系、社会调查体系和实习实践体系等。在引导公共管理学生从事社会实践之前，应当以学生如何认知实践为教育核心，并基于公共管理学科特性，首先，可以采用案例教学或者情景模拟等沉浸式教学方式；其次，应当开展社会调查研究类实践活动，引导学生在观察和调查中应用理论框架分析现实问题；最后，可以为学生搭建实习平台和基地，让学生投入到实际工作当中，旨在使学生能够应用专业所学解决各类公共管理问题。

五、扩充经费额度：提高保障性与平衡性

公共管理拔尖人才培养体系的实施离不开充裕的资金保障，而且人才培养因为具有长周期性，所以资金来源应当稳定、长效和可持续。由于人文社科类相比于理工医学类，所需实验次数和耗费器材较少，因而获得的学校财政划拨额度总体较少。为了推动拔尖人才战略和计划的实施，二级学院既要开源，如从学校层面或者社会上争取更多的办学资金，也要节流，集中有限的人才培养科研经费，采取精准投入的方式，以实现资源利用产出效用的最大化。

公共管理拔尖人才培养需要花费的项目类别大体上可以分为科研经费、实践活动经费、奖助学金、其他类经费支出四大类。其中，人才培养的科研经费不同于教师所获得的科研经费，其主要是指支持学生从事调查研究等的费用，如为鼓励学生从事学术研究而设立专项的科研课题，为学生参与必要的学术交流活动提供差旅费用，以及支持学生组建学术研究团队，自行开展和组织学术调研实践活动所需的各项必要经费。科研经费能够有力地支撑学生投入学术研究活动，并且使得学生获得相应的激励，从而进一步激发学术科研热情。目前，国内关于学生科研经费的来源有多种渠道，如教育部设立的各类科研课题项目、学校基于财政预算设立的资助项目等，但公共管理学院或设立公共管理类专业的学院较少单独划拨院级科研项目经费。因此，为能够有针对性地引导、鼓励和支持公共管理类学生从事科研活动，应当逐步设立院级专项经费。

实践活动经费是指为学生参与和从事社会实习、实践类活动提供的经费保障，如学生开展实习时，为学生发放的劳务费，报销学生往来实习基地和校园的差旅费，为学生购买的人身保险费以及聘请专家为学生进行指导所需的专家费等。实践活动经费的专项设立，能够明确拔尖人才培养导向。学生参与社会实践实习是公共管理拔尖人才培养的重要一环，因此，各学校应提高实习经费，并鼓励设立公共管理专业的学院开源节流，以便为开展实习实践活动提供充裕的经费保障。

奖助学金的设立，一方面有利于资助家庭经济困难的学生顺利完成学业，而且能够成为满足学生日常学习、生活等基本需要的重要保障来源；另一方面有利于激发学生的科研兴趣，通过丰厚的奖学金设置，引导学生成长成才。国内奖助学金体系设置相对较为完善，但助学金资助额度相较于发达国家仍较低，助学金补助经费仅能满足学生日常伙食费开支。国内全日制硕士研究生的助学金补助每月为600—800元，全日制博士研究生的助学金补助每月为1500—2500元，地区间和学校间的差距也较大。特别是目前国内尚未设立公共管理类专项奖助学金，所以应适当提高奖助学金额度。

第五节　实施系统性教改工程

公共管理拔尖人才培养模式处于不断变化、改革的过程中，其变化的内容需要紧扣社会对人才的需求、学生对能力的诉求以及党和国家对人才培养目标的定位。而且，公共管理拔尖人才的成长并非线性发展，虽然在时间向度上发展具有不可逆性，但人才的发展方向具有极大的不确定性。加之公共管理拔尖人才的培养不是暂时性工程，并非短时间内就可以实现人才的内涵式发展，培养目标的实施需要采取循序渐进的步骤。

一、实施系统性教改工程的原则

公共管理拔尖人才培养模式的改革是一项系统性工程，涉及教学内容的更新、教学方法的创设、新型课程的开办、质量评估体系的变革、实验实训基地的优化以及激励制度的调整等。教改工程遵循的原则具体包括以下四大方面：

首先，教改工程的推动和实施，离不开学校与学院的大力支持。一方面，校、院两级通过划拨专项经费，鼓励教师参与教改项目的研究，引导教师以公共管理的专业性视角制定和完善教改工程；另一方面，教改工程的具体实施也主要依靠教师，在这个过程中需要调动教师的积极性，提升教师的创新意识。特别是，教改工作应当由教师团队共同推进，这一团队中教师应有多学科教学背景，而且需要着重培养青年教师对教研教改理念、内涵与作用的认识，对教研教改基本规律和方法的理解与应用。

其次，人才培养需要关注不同环节和要素间的依赖与约束关系，抓住教改工程中的主要矛盾。校、院两级教改项目的设定应契合国家出台的相关政策和重大课题，特别是要紧扣地方治理发展需要，然后再基于实证调查研究，结合市场的需求、学生的期望和教师的要求以及培养质量评估结果，梳理出现阶段公共管理拔尖人才培养模式中的主要不足，进而寻找和发现有助于人才成长发展的新的增长点和重要环节。

再次，教学改革应以学生为中心，必须考虑他们的主张、焦虑和争议，重视学生的主体地位，提升学生在教学改革过程中的话语权。各个高等院校实施教学改革的类型、模式和细节都有较大差异，教改成效也有显著不同。虽然教改成为各高校实现内涵式、跨越式发展的重要手段，但教改仍以校、院两级领导为主要推动力，以教师为主要参与主体，学生在教改过程中往往成为被动的接受者，因此教改所形成的新教学理念并没有得到学生的支持。实际上，教改涉及多方主体间的互动，尤其要认识到学生是教改工程的重要的利益相关者。公共管理专业学生一般具备强烈的主人翁意识和公共性理念，因此，鼓励公共管理学生成为教改项目的发起者、推动者、参与者、倡导者和支持者有必要且具有可行性。诸如教改会议中需要吸纳一定数量的学生代表，在教改成效评估中让学生成为最重要的打分人，在教改项目的实施中赋予学生最终的决定权。

最后，教改既要注重薄弱环节的建构，也要推动全环节领域内的创新。我国高校教育体制改革与发展着眼于可持续发展道路的科学构建，不断提升高等教育服务经济社会发展的价值，从而使高等教育为推动社会又好又快发展提供有力保障。公共管理类教学改革涉及领域广、内容复杂和主体多元，因此改革一般采取由点及面的方式，需要重点攻克制约公共管理专业教育发展中的“卡脖子”环节，并按照系统性推进教改的原则以及遵循国际公共管理教育发展趋势、国内社会发展特征，制定长期发展蓝图和战略规划。

二、实施系统性教改工程的具体内容

（一）基于信息化技术变革教学手段

信息技术的发展变革，一方面会直接推动公共管理学科教学内容形式的创新，另一方面也可以和传统的教学手段相结合，从而有利于吸引学生的注意力、增加教学过程的趣味性，最终提高教学的质量，促进学生牢固识记理论专业知识。具体来说，现代信息化技术既包括QQ、微信等实时通信工具，也包括邮箱、论坛、博客等一些延时性交流工具，还包括腾讯会议、钉钉会议等多向共时性交流工具，教师应当学习和熟练掌握这些交互工具，拓展教师和学生互动交流的渠道和平台。这样既能满足教师及时了解学生学习和发展状态的要求，也能够及时有效地解决学生在学习和成长中的困惑。

教师在具体开展教学的过程中，可以采用“互联网＋微课”的教学手段，利用幻灯片、视频媒体播放公共管理案例等相关教学视频。同时，也可以借用媒体技术制作教学视频片段，将瞬时性的课堂教学转变成持久性的课堂教学，有利于打破时空的局限，便于学生反复学习。此外，教师也应当借用MOOC（慕课）、哔哩哔哩、网易公开课、学习通等各类软件，引进校外优秀教学资源，例如公共管理名家大师的课程讲座等，从而推动优势教学资源均衡化发展，而且能够拓展学生获取教学资源的渠道，满足学生对多元化知识获取的需求。

（二）基于学生发展诉求改革考核方式

考核是促进学生发展的第一推动力，学生能否全面成长与发展很大程度上取决于考核指标和方向的设定。[①] 公共管理拔尖人才的培养目标应该聚焦于激发学生的创新能力、提升学生的理论掌握能力以及锻炼学生的实践应用能力，但是现阶段考核还存在诸多不足。本科生阶段的考核多以学

① 参见顾铁凤，贾月梅，武瑛，等.基于创新型人才培养的高校学生考核评价体系构建——以工科专业为例[J].教育理论与实践，2017，37(24)：9-11.

业绩点为关键权重，考试制在一定程度上有利于促进学生采取背诵的方式识记知识，但不利于提升学生应用知识的能力。研究生阶段的考核又过于弱化考试成绩，更加注重学生创新能力和学术水平，这种方式虽提升了学生对于理论的理解能力，但不利于促进研究生牢固记忆学科基础知识。而且，不同培养阶段都侧重于结果性考核，忽略过程性考核，从而难以及时发现学生在成长发展中的薄弱环节。

公共管理拔尖人才培养采用精英教育的模式，培养目标的设定标准需要高于大众型教育，既要注重对基础专业知识如管理学、组织行为学、公共政策学等理论体系的考核，也需要根据培养阶段的重心不同，依次增加考核的难度，将支撑从事公共管理行业工作的技能，如公文写作、社会研究、机关管理等都纳入考核范围。公共管理拔尖人才的考核原则需要兼顾灵活性、动态性、准确性和规范性，重视定量和定性考核相结合的方法，将不同考核目标加以细化和标准化。换言之，公共管理拔尖人才需要牢固掌握本专业基础知识，所以考核的方式以笔试、作业、论文等为主，以便增强和巩固学生知识逻辑体系的完整性。同时，高校应当不断地对考核体系进行创新。例如，采取阶段式考核选拔机制，设置下一阶段的准入门槛和标准，以便及时分流不同的学习群体。

改进考核方式和考核内容成为教学改革中的重要一环和关键举措。首先，考核应分为形成性考核和终结性考核两部分，尤其是应提升形成性考核的比例，注重学生的过程发展，以便及时调整改革培养模式和培养方案。将学生参与政府等部门的实习实践情况作为阶段性考核的重要内容。其次，加大对学生能力和素质的考核力度，重视开发和挖掘学生的创新潜力，培养学生的发散性思维。将公共管理学生参与学科或非学科类竞赛等纳入考核指标体系当中，合理地调整各类考核内容的权重。最后，制定包括考试制、考核制等在内的多元化考核方式。在保留闭卷考试制的同时，改革考核内容：一是保证“三基”，即基础知识、基本理论、基本技能；二是反映“三度”，即梯度、深度、广度；三是包含“三点”，即重点、难点、疑点；四是提倡“三维”，即逻辑思维、灵感思维、创新思维。由于公共管理学生需要具备的综合能力较为广泛，因此不能以单一的形式进行考核，需要针对不同学生的发展情况，有针对性地分类并制定相应的考核方式和指标体系。

(三)基于系统化理念创设教学内容

由于教学资源有限,院校授课模式仍以书本为主,尽管采取了多种现代化教学手段,引入校外资源进课堂等来扩充学生视野,但由于公共部门的具体运作复杂烦琐,理论探讨和实践应用仍存在脱轨等问题。特别是相较于理论分析中有限的要素变量,政府科层体系中要素更加多元,且变量间的关系也更加复杂,不同结构的组合所形成的功能类型都有差异。因此,单靠课堂讲解,学生缺乏感知经验作为支撑。另外,为了方便教学工作的开展,教材编写和课程讲授都采取章节式的方式,不利于学生形成系统化的知识体系,难以有效把握理论与理论之间的联系。

课程内容改革需要更加注重讲授理论体系之间的相关性,按照“理论缘起—学科发展—核心理论—前沿理论”的顺序设计课程教学内容和组织教材的编写。针对学生难以直观了解到政府运作的实际情况,可以利用公共管理仿真决策系统,创设模拟多种情景,强化学生对理论的应用能力。同时,在开展研究生教学的过程中,更加注重培养研究生的创新思维,其课程内容的来源主要是目前社会实践中亟待解决的热点问题,通过设定开放性题目引导研究生自主开展前沿性课题研究。

第六节　公共管理拔尖人才培养的课程改革

课程结构设置的合理性、科学性、完善性将直接影响拔尖人才培养体系的实施成效。因此,公共管理拔尖人才培养的课程设定,需要顺应社会和时代的发展而不断变革与调整,包括改革教材体系与教学内容、创新教学方法以及建立适配性的考核评价体系。

一、增添案例元素,丰富特色化教学的内涵

(一)改革教材体系、教学内容

教学质量的提高离不开优秀教材的支撑,在现代化发展背景下,推动拔尖人才的培养需要一批精品教材。

一是在教材编写上体现本土特色。当前公共管理学教材中的内容主要是西方理论。建立在中国改革实践基础上的公共管理学，需要进一步与中国语境相结合，回应现实需要，体现中国观点。公共管理事业的快速发展，为教材编写提供了丰富的素材。因此，在西方经典理论介绍与论证的过程中，需要结合本土案例，与经典理论形成对话，不盲从西方经典理论。① 在放眼国际的同时，应加强对中国声音的关注，使公共管理拔尖人才树立文化自信和理论自信。

二是教材选用体现前沿性。教材体系和教学内容不仅需要体现本学科基本框架、学科研究范式的基本情况，而且需要加强本学科各个研究部分的内在联系以及公共管理学科和其他相关学科的外在联系。要使学生可以学习最前沿的学科知识，不能闭门造车，应广泛深入地对本学科新成果展开调查和研究。教材内容的整理要放眼国际，积极吸纳国内外优秀研究成果，对经科学论证和实践检验过的理论观点予以补充。已出版的教材需要及时修订，及时更新本学科的新研究和新进展。

三是教材适应网络化传播。新形态教材尝试与互联网相结合，书本所呈现的知识起到阐释和引导的作用，为课后学生的学习预留出空间。② 结合在线讲解课程，可以安排学生自学。疫情期间线上教学的发展，充分展现出线上资源共享的便捷性。进一步建立人才需求和教材调整的灵活机制，以应对环境变化无限性与教材内容有限性的矛盾。

四是教材遵循严谨的学术规范。遵守教材写作的原则和规范，做好学术综述撰写，应该对已有研究和现状进行准确描述及总结。教材附录应涵盖公共政策、案例汇编、权威著作索引，专业词汇简称与全称对照表及相关索引，为广大教材使用者深度学习提供便利。

（二）教师理论知识与专业教材相结合

在当前公共管理学科规模迅速扩大的情况下，夯实教师基础素质是关键一环。公共管理学是融合管理学、经济学、政治学等多学科知识的融合学

---

① 参见娄成武.我国当前公共管理学科发展的若干问题探讨[J].中国大学教学，2010(5)：4-6.

② 参见李齐，贾开，曹胜.数字治理时代公共管理学科的回应与发展——第三届数字政府治理学术研讨会会议综述[J].中国行政管理，2018(11)：35-38.

科，需要教师有充足的知识储备，而且应当了解诸多现实场域中的治理案例。面对多元化、数字化、前沿化的公共管理教材，教师需要实现打基础与扩视野螺旋式发展。一是需要有充足的公共管理学科知识。这要求教师不断加强自身理论修养，充分了解课程教材，能够做到课程建设与教材建设相同步。[①] 二是要扩展学术视野，积极开展各类学术交流活动和前往地方政府挂职锻炼，特别是青年教师要把握发展机会，把自身调研与工作经验和教学结合起来。部分学者开始积极探索案例教材的使用，结合本土情况以及教师研究内容，开展针对性社会领域问题教学。

二、依托治理情境，塑造多元化互动模式

教学方法是手段，传统形式下的教学方法多为灌输式教学，即以教师上课讲授为主，学生被动地获取知识，教学方式比较单一。现代社会对拔尖人才培养提出了更高的要求，学生也对知识获取有了更加多样化的需求。单一的灌输式教学难以培养出理论与实践能力兼备的复合型人才。

（一）改变教学观念

首先，公共管理教师应该改变传统的教学思想，摒弃照本宣科式的教学方式，在课堂讨论中加入更多的社会问题。只有教师做到教学观念创新，才能突破原有教学方法的狭窄眼界。与此同时，只有在教师创新观念的带领下，才能激发学生产生创新思想，掌握深入分析问题的能力。坚持学生为上课主体的理念，教师更多的不是传授知识，而是帮助学生拓展思维，掌握学习的方法。在教学过程中，教师可以借鉴问题式教学法，来培养学生发现问题、分析问题的能力。

（二）优化教学方法

在公共管理专业教学中，应针对学科的性质和规律，选择与公共管理教学实际情况相结合的教学方法。

一是案例教学法。案例教学是将理论知识应用于解决问题的有效手

① 参见磨玉峰，龙海平.公共管理学科建设的问题与对策[J].桂林电子工业学院学报，2003(4)：68-71.

段。需要重视案例教学在公共管理学科的开展，围绕教学目标和培养方向编选案例，选择具有代表性和典型性的案例。善于引导学生参与案例讨论环节，可以通过开展小组案例分析的方法，以案例材料结合所学知识进行分析，充分调动学生的参与性和积极性。教师进行开放式点评，对于多角度的答案保持包容、接纳的态度，鼓励学生思考为主，不提供固定范式的标准答案。①

二是情景模拟法。在传统的课程教学中，学生难以接触到真实的工作情景。通过安排学生进行情景模拟，可以使书本中抽象的知识形象化，在学生模拟和感受的过程中，加强对知识的理解和认识。另外，在教学模拟过程中，在预设的公共管理矛盾中，可以增强学生敏锐的判断力和决策能力。②

三是多媒体教学法。多媒体结合现代信息技术，可以达到沉浸式学习的效果。强化 PPT 课件的完善，形成图、文、声综合交互式学习环境，并融入现代信息技术，如大数据智能学习、SPOC（小规模限制性在线课程）教学等。

（三）根据课程内容和教学对象选用教学方法

教学方法是实现教学目标的必要手段，教师需要根据开展的公共管理课程选取合适的教学方法。公共管理专业涉及众多课程，所呈现的课程特点也是丰富多样的。比如行政案例分析课，可以结合专题研讨法和案例分析法。对于不同年级的教学对象，可以选择不同的教学方法。一般而言，对于低年级的公共管理同学，其还没有搭建完整的公共管理知识框架，因此以传统教学法和案例分析法教学更为适当。

三、培养治理能力，构建立体化评价体系

（一）创新考评方法

为培养复合型人才，需要建立多元化的考核方法。在选择考核方法时，

---

① 参见樊凡，任宣仪.以实践为导向的公共管理专业教学策略[J].黑龙江教育（高教研究与评估），2018(4)：28-29.

② 参见李燕凌.公共管理教学中案例教学法的理论与实践研究[J].高校教育管理，2016，10(2)：103-110.

需结合课程安排、学生专业程度、具体实践情况，选取多元化的考评方式。

一是加强阶段性考试。教师在教学过程中可以通过平时测验、课后作业的形式，帮助学生在课后及时吸收课上所学内容。通过提高平时成绩的比重，一方面，可以将检验合理地分配在学习各阶段，在提高学生课堂投入度的同时，也能得到教师上课效果的反馈；另一方面，可以减轻学生期末的突击复习压力，阶段式测验也能更加真实地反映学生掌握所学知识的情况。

二是考查自主性学习。在拔尖人才培养过程中，单方面的知识灌输会扼杀学生的主动性。在教学中，教师应起到启发、引导的作用。通过引导式的自主性学习，能够培养学生独立思考的能力，提高其对于专深问题的研究兴趣。如开展读书报告的检验方式，写读书报告可以使学生对课上所学的知识内容进一步加深理解，培养学生自主学习的能力。将灌输式教学转变为自主性学习，但自主性学习不等于放任自流，引导以及考核反馈环节都离不开教师的持续关注。

（二）考核引入学生评价

传统的由上而下的考核方式主体较为单一，教学过程中可以参考人力资源管理中的360度考核法，在考核中引入学生评价，考核的主体不再只有教师。可以参考同学之间相互评价的结果，特别是在团队共同完成的任务中，如在小组作业、专题汇报活动中，可以组织学生互评或者自评。[①] 学生的综合素质和成绩在团队成员中会有更加清楚的体现。自评与互评相结合，使得学生的考核来源不是单一的，而是多元、全面的。学生在发现自身存在的问题的同时，也促进了同学间的相互学习，不仅对学生的考评参与起到了激励作用，而且考核结果将更加客观充分。最后对于考核过程本身存在的问题，通过学生评价可以更快地发现其中的问题并予以反馈。

（三）加强实践考核环节

实践是检验学生是否具有解决问题的能力的关键环节，要重点考核学生解决实际问题的能力和应用所学知识的能力。首先，在平时的学习中，教

---

① 参见唐重振，乙永一.大数据视角下地方高校行政管理专业人才培养体系建设——以“教学质量国家标准”为指导[J].智库时代，2020(8)：73-74.

师可以通过案例分析等方式开展实践教学。同时，通过学习运用实践调研需要的模拟和分析软件，培养学生的实践能力。通过引导学生参与公共管理调研活动，培养学生的调研能力、统计分析能力以及撰写书面报告的能力。① 在学生论文的选题上，应当偏向社会实践应用课题，督促学生进行社会实践调研，完成论文。在课下加强实践课程考核，学期实践与毕业实习相结合。合理安排公共管理实践课程课时，增加实践课程学分在课程总学分中的比重。与社会实习单位建立合作关系，如与政务中心制定共同的培养方案，让学生将所学知识在实习过程中进行检验，制定一套系统、科学的实践考查标准。

① 参见郭斌.公共管理类本科教育考核模式改革探析[J].陕西行政学院学报，2012，26(3)：64-66.

参考文献

[1]陈振明.中国特色公共管理学的建构与发展(构建中国特色哲学社会科学)[N].人民日报,2018-06-11(16).

[2]娄成武.我国当前公共管理学科发展的若干问题探讨[J].中国大学教学,2010(5):4-6.

[3]张大良.完善具有中国特色的拔尖创新人才培养机制——在拔尖人才培养工作研讨会上的致辞[J].中国大学教学,2017(6):4-5,17.

[4]朱枝富.如何选准党政管理型人才?[J].政治学研究,1986(2):61-65.

[5]张端明.培养拔尖人才的初步探索与试验——华中理工大学教改(少年)班综合改革的实践与思考[J].高等教育研究,1990(3):33-39.

[6]王玉章.努力在博士生中培养拔尖人才[J].学位与研究生教育,1992(6):13-14,56.

[7]“本书编写组”.“基础学科拔尖学生培养试验计划”进展报告:2009.01—2011.12[M].北京:高等教育出版社,2012.

[8]曾海春,龚洪.“双一流”建设中拔尖创新人才培养的内生逻辑与路径构设[J].江汉大学学报(社会科学版),2020,37(5):115-123,128.

[9]郝克明.造就拔尖创新人才与高等教育改革[J].北京大学教育评论,2004(2):5-10.

[10]袁贵仁.价值观的理论与实践:价值观若干问题的思考[M].北京:北京师范大学出版社,2013.

[11]李嘉曾.拔尖人才基本特征与培养途径探讨[J].东南大学学报(哲

学社会科学版),2002(3):138-142.

[12]李永瑞,黎翔.50后两院院士高等教育传记特征与政策建议[J].北京师范大学学报(社会科学版),2010(4):33-39.

[13]王树国.关于一流大学拔尖人才培养模式的思考[J].中国高等教育,2011(2):9-11.

[14]张红伟,刘黎,高博.四川大学拔尖创新人才培养模式创新试验区——吴玉章学院2007级人才培养方案的改革与思考[J].高等理科教育,2009(2):83-85.

[15]张伟.华中科技大学培养拔尖创新人才的案例研究[D].武汉:华中科技大学,2007.

[16]叶赋桂,罗燕.拔尖创新人才培养的新思维[J].复旦教育论坛,2011,9(4):19-23.

[17]叶俊飞.从"少年班""基地班"到"拔尖计划"的实施——35年来我国基础学科拔尖人才培养的回溯与前瞻[J].中国高教研究,2014(4):13-19.

[18]周叶中.关于跨学科培养研究生的思考[J].学位与研究生教育,2007(8):7-11.

[19]焦磊,谢安邦.美国研究型大学跨学科研究发展的动因、困境及策略探究[J].国家教育行政学院学报,2016(10):89-95.

[20]李元元.开放环境下的研究型大学拔尖创新人才培养模式构建——基于华南理工大学的探索与实践[J].现代教育管理,2011(5):98-101.

[21]董险峰.研究型大学校长执行力模型构建及其优化路径研究[J].国家教育行政学院学报,2012(2):30-33.

[22]LEE S H. Jumping the curse: Early contracting with private information in university admissions[J]. International Economic Review, 2009,50(1):1-38.

[23]AVERY C,LEVIN J D. Early admissions at selective colleges[J]. American Economic Review,2010,100(5):2125-2156.

[24]JENSEN E J,WU S. Early decision and college performance[J]. Economics of Education Review, 2010,29(4):517-525.

[25]GRESHAM P M. An exploratory study of the career aspirations

and self-perceptions of university honors program students [J]. Dissertations & Theses-Gradworks, 2010:128.

[26]阎琨,吴菡.拔尖人才培养的国际趋势及其对我国的启示[J].教育研究,2020,41(6):78-91.

[27]陈庆云,鄞益奋,曾军荣,等.公共管理理论研究——概念、视角与模式[J].中国行政管理,2005(3):15-18.

[28]陈振明.什么是公共管理(学)——相关概念辨析[J].中国行政管理,2001(2):13-16.

[29]蓝志勇.公共管理学科的理论基础与基础理论[J].学海,2020(1):30-37.

[30]李亚萍,金佩华.我国高校本科人才培养模式理论研究综述[J].江苏高教,2003(5):103-105.

[31]吴绍芬.高校人才培养模式改革的理性思考[J].大学教育科学,2010,2(2):31-34.

[32]王青林.关于创新应用型本科人才培养模式的若干思考[J].中国大学教学,2013(6):20-23.

[33]葛秋萍,李淑芳.公共管理类创新人才培养与社会需求的和谐发展路径[J].中国行政管理,2008(12):53-56.

[34]何菊玲.因材施教原则的教育正义之意蕴[J].华东师范大学学报(教育科学版),2018,36(2):110-116,157.

[35]陈光磊,杨晓莹.大学教学"以学生为中心"的现实困境与超越[J].国家教育行政学院学报,2018(12):72-77.

[36]辛涛,李雪燕.教育评价理论与实践的新进展[J].清华大学教育研究,2005(6):38-43.

[37]雷新勇.关于教育评价改革的若干思考[J].中国考试,2020(9):10-14.

[38]闵维方.人力资本理论的形成、发展及其现实意义[J].北京大学教育评论,2020,18(1):9-26,188.

[39]蔡翔,谢梅英,程发新,等.中国院士群体师承效应的量化研究[J].科技管理研究,2021,41(23):133-140.

[40]梁传杰,丁一杰.我国硕士研究生招生制度:演变轨迹与演进逻辑[J].研究生教育研究,2021(4):59-65,84.

[41]王荣.高校人才选拔制度改革成就、问题与前瞻——基于考生视角[J].人才资源开发,2019(11):15-17.

[42]裴秋蕊.研究生奖助体系对提高研究生培养质量的作用机制研究[J].学位与研究生教育,2015(10):39-42.

[43]高小平.论中国行政管理学研究的拓展性与聚合性——兼谈行政管理学科定位[J].学海,2020(1):23-29.

[44]张成福.变革时代的中国公共行政学——发展与前景[J].中国行政管理,2008(9):8-13.

[45]李文钊.变革时代公共管理学科的新整合——中国公共管理学科的再思考[J].江苏行政学院学报,2016(6):107-112.

[46]谢矜,王有强.清华大学公共管理学院的人才培养模式探索[J].中国大学教学,2018(7):42-49.

[47]蔡三发,缪铮铮."政产学研用"五位一体模式探究[J].中国高校科技,2019(12):72-75.

[48]陈浩,董颖.略论"政产学"协同培养人才的机制和模式[J].高等工程教育研究,2014(3):67-71,105.

[49]徐斯雄,田联进.政产学共同体制度链及其形态跃升——地方本科院校向新型本科院校三种性质的跨越[J].西南大学学报(社会科学版),2021,47(2):136-142.

[50]闫娟,朱水成,钱林玲.政、校、社合作共享视角下共建大学生实习基地探索与实践——以公共管理类专业为例[J].上海理工大学学报(社会科学版),2020,42(4):371-376.

[51]徐和清,柳和生,赖明谷.地方本科高校应用型人才培养质量影响因素的实证研究——基于"同级类差"与"同类级差"的视角[J].高等工程教育研究,2017(4):94-98.

[52]盛明科,蔡振华.面向"双一流"建设的研究生教育综合改革路径探析——以公共管理学科为例[J].研究生教育研究,2017(2):57-61,95.

[53]金一平,吴婧姗,陈劲.复合型人才培养模式创新的探索和成功实

践——以浙江大学竺可桢学院强化班为例[J].高等工程教育研究,2012(3):132-136,180.

[54]叶景佳.拔尖创新人才培养模式与核心要素的研究——以浙江大学竺可桢学院为例[J].教育教学论坛,2016(34):11-12.

[55]李猛.北京大学元培学院:自由学习的共同体[J].中国大学教学,2019(12):12-15.

[56]孙华.北京大学博雅教育的探索与实践[J].高教发展与评估,2018,34(1):60-65,122.

[57]孙华.北京大学元培博雅教育计划人才培养理念及路径[J].中国大学教学,2015(12):15-21.

[58]赵菊珊,董甲庆.高校拔尖人才小班化培养模式探析——以武汉大学弘毅学堂为例[J].高等理科教育,2020(3):107-112.

[59]宋娟,夏阳.完善高校基础学科创新人才选拔机制培养拔尖创新人才——以武汉大学为例[J].当代继续教育,2015,33(5):80-83.

[60]袁驷,张文雪."清华学堂人才培养计划"改革与探索[J].中国大学教学,2014(3):9-13.

[61]拔尖创新学术人才培养之改革与实践——以清华大学计算机科学实验班为例[J].北京教育(高教版),2013(9):67-68.

[62]易金生.中美著名高校拔尖创新人才培养模式的比较研究[J].天津市教科院学报,2014(6):31-34.

[63]李俏,曾祥华.高校大类招生背景下的专业分流与学生适应研究[J].江南论坛,2019(11):44-46.

[64]吕海生,何菁.大类招生培养下专业分流机制优化研究——以南京林业大学机械类专业为例[J].中国集体经济,2019(35):107-108.

[65]梁春花,戴海燕,刘占柱.本科高校"专业招生,大类培养"模式的研究[J].高等农业教育,2018(3):64-67.

[66]黄晓波.高校"大类招生培养"改革反思[J].华南师范大学学报(社会科学版),2013(6):43-48.

[67]陈宪民.大类招生模式下提高大学生就业能力的思考[J].中国教育学刊,2012(S1):105-106.

[68]苏春.基于案例的大类招生政策对新小专业办学负面影响研究[J].东南大学学报(哲学社会科学版),2014,16(S1):201-205.

[69]张跃先,马钦海,刘汝萍.期望不一致、顾客情绪和顾客满意的关系研究述评[J].管理评论,2010,22(4):56-63,46.

[70]徐娴英,马钦海.期望与感知服务质量、顾客满意的关系研究[J].预测,2011,30(4):14-19.

[71]韩娜娜,朱颖.公共管理类专业本科人才培养质量影响因素及提升途径探析[J].高教学刊,2016(13):24-26.

[72]王孝刚.公共管理人才培养实践教学模式的创新探究[J].管理观察,2018(33):143-144,147.

[73]张德江.人才培养质量的影响因素与对策探析[J].中国大学教学,2012(2):11-13.

[74]刘畅.影响高校人才培养质量的因素分析及对策研究[J].黑龙江教育(高教研究与评估),2013(3):66-67.

[75]夏玉荣,周桂生.论高校国际化人才培养体系的有机构成[J].扬州大学学报(高教研究版),2015,19(3):37-41.

[76]蒋琴儿,徐晴.融合式国际化人才培养体系建设的研究与实践[J].吉林省教育学院学报,2017,33(5):110-113.

[77]单琰秋.公共管理创新型应用人才培养的实践教学体系探究[J].人才资源开发,2015(14):40-41.

[78]张瑾.试论高校教师心理健康对人才培养的影响[J].合肥工业大学学报(社会科学版),2004(6):179-183.

[79]周悦,周鲁宁,李红梅,等.以课程考核优化推进高校课堂教学模式改革研究[J].教育现代化,2018,5(18):43-44,50.

[80]徐洪涛,陆威.国际化人才培养模式下的课程体系及课程内容改进的研究[J].高等工程教育研究,2019(S1):90-93.

[81]周生虎.国家治理现代化视域下行政管理本科教育模式探讨[J].华北理工大学学报(社会科学版),2019,19(3):91-96.

[82]李卫国,白岫丹."政产学研用创"六位一体协同创新模式研究[J].中国高校科技,2020(S1):38-41.

[83]闫娟,朱水成,钱林玲.政、校、社合作共享视角下共建大学生实习基地探索与实践——以公共管理类专业为例[J].上海理工大学学报(社会科学版),2020,42(4):371-376.

[84]陈维霞,韩志达,钱斌,等.基于协同育人的专业学位硕士创新实践能力培养研究[J].广西社会科学,2016(10):207-210.

[85]王超,李庆丰,王大勇,等.协同创新:政产学研用融合模式的转型——基于北京工业大学的案例分析[J].现代教育管理,2015(9):51-53,88.

[86]唐未兵,金继承.新常态下政产学合作机制创新与实践[J].中国高校科技,2018(3):4-7.

[87]朱兆斌.推动高校科技创新和学科建设的产学研合作模式探索与研究[J].研究与发展管理,2012,24(1):112-117.

[88]李晓华,郑美丹.提升大学人才培养质量的根本出路——构建大学三大职能的共生系统[J].江苏高教,2020(11):35-38.

[89]张智光.提升一流大学人才培养质量的根本出路——教学—科研—社会服务的超循环共生系统[J].国家教育行政学院学报,2019(3):11-18.

[90]权培培,段禹,崔延强.文科之“新”与文科之“道”——关于新文科建设的思考[J].重庆大学学报(社会科学版),2021,27(1):280-290.

[91]熊澄宇.关于新文科建设及学科融合的相关思考[J].上海交通大学学报(哲学社会科学版),2021,29(2):22-26.

[92]申建林,秦舒展.实现国家治理能力现代化的四维路径[J].中州学刊,2018(4):6-12.

[93]郑智航.当代中国国家治理能力现代化的提升路径[J].甘肃社会科学,2019(3):36-44.

[94]孙杰远.国家治理背景下大学治理现代化的本质与策略[J].国家教育行政学院学报,2020(2):3-8.

[95]任胜洪,陈倩芸.研究生培养机制改革的政策话语:维度、特征及其价值——基于1987—2018年教育部“工作要点的文本分析[J].现代教育管理,2019(4):116-122.

[96]娄成武.我国当前公共管理学科发展的若干问题探讨[J].中国大学教学,2010(5):4-6.

[97]李齐，贾开，曹胜.数字治理时代公共管理学科的回应与发展——第三届数字政府治理学术研讨会会议综述[J].中国行政管理，2018(11)：35-38.

[98]樊凡，任宣仪.以实践为导向的公共管理专业教学策略[J].黑龙江教育(高教研究与评估)，2018(4)：28-29.

[99]李燕凌.公共管理教学中案例教学法的理论与实践研究[J].高校教育管理，2016，10(2)：103-110.

[100]唐重振，乙永一.大数据视角下地方高校行政管理专业人才培养体系建设——以“教学质量国家标准”为指导[J].智库时代，2020(8)：73-74.

[101]郭斌.公共管理类本科教育考核模式改革探析[J].陕西行政学院学报，2012，26(3)：64-66.

后　记

作为一名高校教师，我深刻牢记“为党育才，为国育人”的崇高使命。尤其是在百年未有之大变局的关键时刻，如何培养出时代与社会所需的公共管理拔尖人才，成为我们公共管理学者需要不断思考的重大议题。在经过前期大量调研和系统阅读相关资料后，我也逐渐萌生对国内公共管理拔尖人才培养体系进行系统研究的想法。

本书自2019年动笔，至今已有近三年时光，虽与自己预期付梓时间相去甚远，但好在也顺利完稿。为保证书稿的质量，我和我的学生亦是本书的合著者——华南理工大学博士研究生蔡龚涛力图资料翔实和准确，以便总结出强有力的经验证据，并与已有理论进行对话，进而提出系统性的优化路径。

当然，这一成果也凝结了研究团队众多成员的心血。海南大学徐扬老师、魏诗强老师、王强老师，海南大学本科生、武汉大学硕士研究生王凯强，海南大学本科生、湖南师范大学硕士研究生陈秀红，陕西师范大学硕士研究生常艺威，海南大学本科生晏静、朱婷婷、敖利婷等均为本书的写作提供了重要支持和帮助，在此一一表示感谢。

在此，还要特别感谢北京大学政府管理学院周志忍教授提出宝贵意见和建议，使得本书得以日臻完善。

本书能顺利出版,还得益于海南省教学研究重点课题"公共管理拔尖人才培养体系建设研究"(Hnjg2019ZD-5)的资助。还要感谢海南大学公共管理学院和国际旅游学院在本书的写作过程中的鼎力支持。目前,两个学院的教育教学改革仍在进行,公共管理拔尖人才培养体系在不断健全和完善,人才培养质量也得到了师生及用人单位的认可,这也将有力地服务于海南自贸港建设。最后,对于本书参考和引用的各类研究成果,对其作者给予最诚挚的谢意。

由于本人学养与认知的局限,书中不免存在纰漏和不足之处,还望学界同人、各位读者能够不吝赐教!

徐艳晴

2022 年 8 月